高职高专国际商务专业系列教材

外贸商品概论 第2版

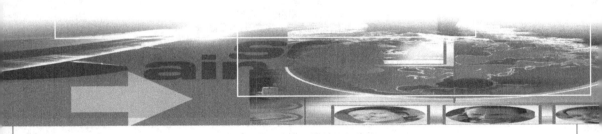

主　编／李国冰　　副主编／赵艳俐　黄志斌

重庆大学出版社

内容提要

本书较为系统地介绍了外贸商品的基本知识和基本理论。全书共 10 章,内容包括概述,外贸商品的成分与性质,外贸商品的分类和编码,外贸商品质量与认证,外贸商品标准与标准化,外贸商品包装、装潢和商标,外贸商品的运输,外贸商品的储存与养护,外贸商品检验和外贸商品的特性等。

本书内容丰富、通俗易懂,同时注意吸收了外贸商品研究的最新成果,是高职高专国际商务专业或其他经贸类专业学生学习和掌握外贸商品知识的专业教材,还可以作为外贸企业员工在职培训的教材或参考书。

图书在版编目(CIP)数据

外贸商品概论/李国冰主编.—2 版.—重庆:
重庆大学出版社,2011.7(2021.7 重印)
高职高专国际商务专业系列教材
ISBN 978-7-5624-3766-6

Ⅰ.①外… Ⅱ.①李… Ⅲ.①对外贸易—商品学—高
等学校:技术学校—教材 Ⅳ.①F746

中国版本图书馆 CIP 数据核字(2011)第 021664 号

高职高专国际商务专业系列教材
外贸商品概论
(第 2 版)

主 编 李国冰
副主编 赵艳俐 黄志斌
责任编辑:顾丽萍 版式设计:顾丽萍
责任校对:李小君 责任印制:张 策

*

重庆大学出版社出版发行
出版人:饶帮华
社址:重庆市沙坪坝区大学城西路 21 号
邮编:401331
电话:(023)88617190 88617185(中小学)
传真:(023)88617186 88617166
网址:http://www.cqup.com.cn
邮箱:fxk@cqup.com.cn(营销中心)
全国新华书店经销
POD:重庆新生代彩印技术有限公司

*

开本:720mm×960mm 1/16 印张:19.75 字数:350 千
2011 年 7 月第 2 版 2021年 7 月第 9 次印刷
ISBN 978-7-5624-3766-6 定价:49.00 元

编委会

总　序

　　进入 21 世纪以来,随着经济全球化的深入发展,世界经济贸易发生了巨大变化,特别是我国加入 WTO 后的权利与义务,对我国的国际经济贸易环境产生了深远影响,也对我国的人才素质和知识结构提出了更高的要求。对我国高等职业教育提出了要求:如何跟上我国国际经济贸易的迅速发展? 如何为我国培养出合格的、综合型和实用性的国际商务职业人才?

　　高职高专教育是我国高等教育的重要组成部分,担负着为国家培养输出生产、建设、管理和服务第一线技术应用型人才的重任。进入 21 世纪后,高职高专教育的改革和发展呈现出前所未有的发展势头,在校学生数量和毕业数量已占我国高等教育的半壁江山,成为我国高等教育的一支重要的生力军;"以就业为导向"、"够用、适用"、"订单式培养"的办学理念成为高等职业教育改革与发展的主旋律。

　　为适应我国开放型经济和高等职业教育的发展要求,必须加强高职高专院校的教学改革和教材建设。为了进一步提高我国高职高专的教材质量,重庆大学出版社在全国范围内进行了深入的调研,2005年 8 月在昆明组织了 10 多所在国际商务专业方面有丰富办学经验的高职高专院校的专家和一线骨干教师,就该专业的系列教材在书目品种、结构内容、编写体例等多个方面进行了科学严格的论证。

在重庆大学出版社精心策划下，经过与会者的共同努力，我认为本套系列教材具有如下的亮点：

第一，全新的课程体系。本套系列教材是根据岗位群的需要来规划、设置而编写的。

第二，立体化的教材建设。课程突出案例式教学以及实习实训的教材体系，并配套推出电子教案，为选用本系列教材的老师提供电子教学支持。

第三，突出实用性。参与本套教材编写的教师均具有多年的国际贸易实践经验和长期从事教学和研究工作的经历。在教材编写中力求把二者结合起来，做到实用，使学生较好地掌握实际操作本领，使得"实务"课程真正体现"务实"。

第四，内容体现前沿。本套系列教材反映了国际商务的最新研究成果和规范。教材内容既能满足高职高专国际商务专业学生培养目标的需要，又能满足培养具有外贸实务操作、业务外语交流、熟悉电子商务技术等具有较强业务能力的复合型人才的需要。

本人1964年从北京对外贸易学院（对外经济贸易大学前身）研究生毕业，留校至今，一直从事国际贸易的教学与研究。对我国的国际贸易教育与研究一直积极支持。2005年8月重庆大学出版社邀我参加"国际商务高职高专系列教材"编写会议，就这套教材编写应考虑的国际商务发展背景、教材定位、书目品种、结构内容、编写体例发表了意见，还就已经编写出的教材大纲发表了修正建议，与参会的老师进行了交流。

　　总之,我相信,在重庆大学出版社精心策划下,在全体编写老师和编审委员会的共同努力下,一套内容新、体系新、方法新、工具新的符合我国国际商务发展需要的"国际商务高职高专系列教材"已基本成型,其中有的教材已被教育部列为普通高等教育"十一五"国家级规划教材。相信本套系列教材能够满足国际商务教学和高等国际商务职业人才培养的需要。

对外经济贸易大学教授、博士生导师

2006 年 7 月 13 日

第 2 版前言

　　2006 年编写、出版的《外贸商品概论》，是在较为成熟的《商品学》教材的基础上，针对"国际商务"专业的特点，结合外贸商品的实际情况和当时的社会经济发展状况而编写形成的教材。经过了 4 年多的应用，尽管学科知识结构仍然合理，也深受广大师生读者的欢迎，但是，毕竟学科研究和学科知识随着社会经济的发展都得到了进一步的发展和丰富。再版教材在保持原来的知识结构的基础上，希望把当今本学科最新的研究成果和学科知识融合进教材中，使广大读者能了解和掌握学科最新最前沿的知识。因此，在修订后重新出版的教材中增加了适应社会经济发展要求的"有机食品、绿色食品与无公害食品"知识点，使广大读者能了解三者的涵义、特点和区别；同时还增加了社会热点"假冒伪劣商品的鉴别"版块，使广大读者能够对假冒伪劣商品的涵义、范畴、危害、特点、泛滥的原因以及鉴别方法等有较为全面的认识。

　　尽管我们想法很好，热情也很高，但由于水平能力有限，再版中难免存在着这样那样的不足或谬误，希望使用本教材的广大师生读者批评指正。

编　者

2011 年 5 月 26 日

第1版前言

随着我国加入WTO和经济全球化步伐的加快，我国在全球国际贸易中扮演的角色越来越重要，国际双边贸易额所占全球贸易额的比重也越来越大；同时，我国企业直接参与国际贸易的机会也越来越多。这就促使我国经济社会需要越来越多的既熟悉国际贸易规则又全面掌握国际贸易知识与技能的高级人才。

外贸商品概论是高职高专院校经贸类专业的专业基础课程。学生通过学习本课程，可以比较全面地了解和掌握外贸商品的品种、商品质量、质量管理、商品包装、商品检验、商品储存和养护的基本知识，熟悉和掌握食品、工业品、纺织品、家用电器等几类主要外贸商品的结构、性能、质量要求等有关知识，为专业课程的学习和今后从事外贸工作打下坚实的基础。

外贸商品概论是一门综合性很强的学科，既涉及经济学、管理学、社会学等方面的知识和内容，又涉及物理、机械、化学、生物、电子电工等多方面的知识和内容。同时，高职高专院校国际商务专业中安排外贸商品概论课程的教学课时相对较少，学生的来源既有理科生，也有文科生，文理类知识教育参差不齐。本书在编写过程中考虑到以上这些因素，注意借鉴了许多国内外最新的学科研究成果，同时也有编者近年来的研究成果和教学经验。本书从高职高专国际商务专业的教学和社会实际需要出发,按照理论知识"必须"、"够用",注重操作技能的原则构建本书的结构。本书各章按照"本章导读"、"章节内容"、"本章小结"、"习题"、"思考题"、"实训"和"案例分析"等模块进行编写,具有内容翔实、思路清晰、案例丰富、针对性强、通俗易懂、易于学习的鲜明特点。

本书由广西财经学院李国冰负责整体策划和最后统稿,并撰写第1,10章;深圳职业技术学院的赵艳俐负责撰写第4,6,7章;广西财经学院的黄志斌负责撰写第5,8,9章;河南职业技术学院的田嘉负责撰写第2,3章。

本书在编写过程得到许多高校国际贸易专家和外贸企业管理专家的大力支持,在此一并表示感谢。

由于编者水平有限,加上时间仓促,本书难免存在疏漏和不当之处,欢迎专家和广大读者批评指正。

编　者

2006 年 7 月

目 录 CONTENTS

第1章
概述

【本章导读】

本章主要是介绍外贸商品概论的研究对象、任务,以及外贸商品概论的研究内容和方法,目的是让读者对外贸商品概论有一个概括性的了解。

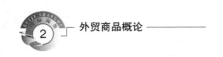

1.1 外贸商品概论的研究对象与任务

1.1.1 外贸商品概论的研究对象

商品学是一门专门研究商品的科学,它的研究客体是商品,而商品具有价值和使用价值,商品的价值属于政治经济学的研究范畴,商品的使用价值才是商品学的研究范畴。马克思说:"商品的使用价值为商品学这门学科提供材料。"因此,可以进一步明确,商品学是研究商品使用价值的一门科学,商品学的研究对象是商品的使用价值,即研究商品使用价值及影响使用价值实现的相关因素的客观规律。外贸商品概论是商品学的一个分支,它的研究客体是我国国际贸易的外贸商品,因此,外贸商品概论的研究对象就是外贸商品的使用价值,即研究外贸商品使用价值及影响使用价值实现的相关因素的客观规律。而外贸商品与一般商品没有本质的区别,对外贸商品进行研究同样要进行一般商品的研究,只是对外贸商品有所侧重而已。

商品的使用价值是指商品满足人们某种需要的效用,即商品的有用性,如钢笔能书写,保温瓶能保温开水,食品能充饥和满足人们生长发育的营养需要等,这些都是商品的使用价值。消费者之所以愿意花钱购买商品,是因为所购买的商品能满足消费者的某种需要,也就是该商品对消费者有用。在国际贸易中,我国的商品之所以能够出口,是因为我国的商品使用价值能满足进口国人们的某种需要。

商品必须具有使用价值才能成为商品,而不同的商品具有不同的使用价值,这是由商品本身的属性所决定的。电视机具有视听效用,这是由电视机本身的属性所决定的,而电视机的这种属性取决于它的结构和特殊的电器元件,如电视图像的显示功能是由显像管和相关的电子元件实现的,而声音的输出是由喇叭和相应的电子元件实现的。

电视机如果仅仅具备音像收视性能是不能充分满足消费者需要的,还需要安全可靠、电磁辐射少、稳定性能好、有较长的使用寿命等。此外,电视机外形还应该坚固美观,显示器的尺寸也应该有不同的型号,以适应不同消费者的需要。

同样,保温瓶的保温效用,也是由它本身的属性所决定的,这种属性来源于该商品的瓶胆的特殊结构:瓶胆的原料是玻璃,分内外两层,夹层被抽成真空,起到很好的阻碍热的传导和对流;夹层的玻璃表面镀有一层极薄的银,银的反光能力极强,可防止热的辐射。这样,保温瓶瓶胆使热的传导、对流和辐射降低到极弱的程度,从而具有良好的保温性能。保温瓶的这种属性与商品体的瓶胆存在着极为密切的关系。因此,在研究商品体时,必须从与商品使用价值相关的属性入手,来研究有关的各种问题。

保温瓶如果仅仅具备了较好的保温性,还不能充分满足消费者的需要,它还需要具有热稳定性、耐水性和较强的机械强度,在使用时才能坚固耐用。作为商品,它还要有坚固美观的外壳。

现代的商品种类非常繁多,这决定了商品的使用价值属性的复杂性,这些属性归纳起来有:商品的外观形状、构成成分、组成结构、物理性质、机械性质、化学性质和生物学性质等,这些不同属性的综合,反映了商品使用价值的高低,是衡量商品使用价值的尺度,所有这些商品的属性都是属于商品的自然属性的范畴。而商品除了具有自然属性之外还具有社会属性,商品的社会属性是由市场所决定的,即由消费者的需求所决定,属于市场营销学研究的范畴,本书只是通过商品的自然属性去研究商品的使用价值。

研究商品使用价值的目的,是为了满足市场需要和消费需求,要使商品使用价值最终发挥出来,必须经历使用价值的转化过程。首先,在流通领域实现商品使用价值的交换,最后在消费领域实现商品使用价值的消费。如果商品交换因个体使用价值的低劣或群体使用价值不当没有实现,那么商品的使用价值的消费也无法实现。只有商品使用价值的消费最终得以实现,商品的使用价值才算真正发挥作用。因此,商品学对商品使用价值的研究更强调使用价值的实现。外贸商品概论则更强调在国际贸易过程中外贸商品使用价值的实现。

1.1.2 外贸商品概论的研究任务

外贸商品概论是一门研究外贸商品使用价值和使用价值实现的学科,通过为国际贸易的外贸商品流通服务,促进我国外贸企业的生产和社会经济的发展,指导社会对外贸商品使用价值在国际贸易过程中的评价和维护,保证外贸商品在消费领域中实现它的使用价值。因此,外贸商品概论的研究任务是:

1) 阐述外贸商品的有用性和适用性

外贸商品的有用性和适用性是构成外贸商品使用价值的最基本条件,离开

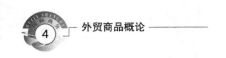

了对外贸商品有用性和实用性的研究,就无从谈起外贸商品的使用价值。只有对外贸商品有用性和适用性进行全面的阐述,才能发现和明确外贸商品的用途和使用方法,从而扩大外贸商品的使用范围,使国际贸易能够更加顺利进行。

2)为评价外贸商品质量奠定基础

外贸商品质量是外贸企业的生命,又与最终消费者的切身利益密切相关。通过对商品成分、结构和性质的分析,探讨与研究商品质量特性和检验商品质量的方法及方法的选择,可以更好地为制定、修订商品质量标准和商品检验标准提供依据,从而为评价商品质量奠定良好的基础。

3)分析外贸商品的质量变化规律

商品质量是在生产过程中形成的,但不是一成不变的,往往处于动态的变化之中。由于商品在流通领域中的运转和停留,必然会受到各种外界因素的影响,从而发生不同的质量变化。外贸商品概论不仅要研究外贸商品的质量变化类型及其特征,更重要的是分析外贸商品质量变化的原因,并从中找出抑制外贸商品质量劣变的有效方法。

4)研究外贸商品的科学系统分类

商品经营管理的目的不同,商品的分类体系也相应不同。通过对商品分类原则和商品分类方法的研究,提出明确的分类目的,选择适当的分类标志,才能进行科学系统的商品分类,将分类的商品集合形成适应需要的商品分类体系、商品目录和商品代码。

5)指导外贸商品使用价值的形成

通过对外贸商品各种属性的研究,不仅可以促进对外贸商品个体使用价值内容的把握,也可以促进对外贸商品群体使用价值构成的了解,从而为外贸企业提供有效的外贸商品需求信息,提出对外贸商品质量要求和品种要求,保证国际贸易的商品适销对路。

6)促进外贸商品使用价值的实现

从事国际贸易的经营管理者通过学习研究外贸商品概论,不仅可以掌握外贸商品的有关理论知识,经营管理好各种商品,实现商品使用价值的交换,还可以通过大力普及商品知识使消费者认识和了解商品,学会科学地选购和使用商品,掌握正确的消费方式和方法,促进使用价值的最终实现。

1.2　外贸商品概论的研究内容

外贸商品概论的研究内容是根据外贸商品概论研究的对象、任务而确定的。外贸商品概论是以外贸商品为研究对象的,而且是研究外贸商品使用价值的一门学科。外贸商品质量是外贸商品使用价值的基础。因此,外贸商品概论研究的中心内容是外贸商品质量,外贸商品概论是围绕外贸商品质量这个中心内容研究外贸商品质量的形成及其影响因素,研究外贸商品质量标准、质量评价方法、质量鉴定方法,研究外贸商品包装、保管、运输、储藏、养护、维修及其使用方法等。

1.2.1　研究外贸商品的品质

商品使用价值的具体体现就是商品的品质。因此,商品品质是决定商品使用价值高低的基本因素,是决定商品竞争力强弱、销路、价格的基本条件。外贸商品品质关系到商品能否进入国际市场、能否打开销路、售价的高低、商品的声誉,以及商品生产、科学技术发展、医疗卫生和人民健康的重要问题。因此,外贸商品品质是外贸商品概论研究商品使用价值的中心内容。

1.2.2　研究外贸商品的化学成分和性质

商品的化学成分、结构和性质与商品品质、制造、用途、效用、营养价值、包装、安全储运等有着密切的关系,是研究商品使用价值不可缺少的基本知识,是反映商品质量高低的具体体现,是决定许多商品品质的重要指标,是国际贸易商品交易中"凭规格买卖"的重要内容。因而是掌握商品品质、推销宣传、正确签订合同品质条件和包装条件等重要问题必备的基本知识。

1.2.3　研究外贸商品的用途

商品用途是构成商品使用价值的基础条件,是消费者购买和消费商品的主要目的。研究并掌握外贸商品的用途和食品的营养价值,对加强对外宣传工作,并根据消费者使用商品的习惯要求,不断改进商品品质规格、性能、花色品

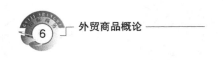

种都有重要意义。

1.2.4 研究外贸商品分类及编码

商品种类繁多,性质各异,用途复杂,在贸易中的地位有主有次,因此,必须采用科学的商品分类,以便分工负责,分类经营管理。为了便于研究商品的使用价值,也需要对商品进行分类,主要包括研究商品分类中各类别的概念及相关关系,确立商品种类的划分依据,建立科学的、系统的商品分类体系,并力求与国际分类体系接轨,以适应国际贸易的需要。

1.2.5 研究外贸商品标准和鉴定

商品的标准是评价商品质量好坏的理论依据,商品质量、使用性能、质量指标等为商品标准的制定、修订提供了科学依据。

商品标准和商品鉴定是掌握商品品质,实行品质管理,保证商品品质规格、花色品种符合要求,从而贯彻执行"重合同守信用"、"重质量优于重量"原则的依据和手段。商品标准是国际贸易中"凭标准购买"的依据。加速采用国际标准和国外先进标准,对促进技术进步,提高产品质量,加快与国际惯例接轨具有重要意义。

此外,建立快速、准确、实用的商品检验方法,用于商品验收和质量监督检验,对防止不合格商品和假冒伪劣商品进入流通领域、确保商品的质量、保证商品品质规格和要求、保护消费者的利益起到重要作用。

1.2.6 研究外贸商品的包装

商品包装是许多商品不可缺少的组成部分。外贸商品的包装具有保证外贸商品在流通过程中不变质、不减量,并具有美化商品、提高商品身价、提高商品国际竞争力、扩大出口以及便于储存和运输、便于管理等重要作用。

1.2.7 研究外贸商品的储存养护与安全运输

外贸商品的储存养护与安全运输是国际贸易过程中一个必不可少的环节,是降低外贸商品损耗、维护外贸商品质量的重要措施,是保证外贸商品使用价值实现的主要手段之一。外贸商品在存放和流通过程中,由于受到各种外界因素的影响,往往会发生各种各样的质量变化现象,如果采取科学的储存养护措施,控制各种外界条件对商品质量的不利影响,就可以使商品质量趋于稳定或延缓其质量的恶化。而对有些外贸商品来说,在适宜条件下经过一段时间的储存,其质量还会得到改善。

1.3 外贸商品概论的研究方法

由于商品的使用价值是商品的自然有用性和社会适用性的有机统一。因此,对外贸商品概论的研究方法就是根据研究的具体情况,采用不同的方法进行。

1.3.1 科学实验法

这是一种在实验室内或一定试验场所,运用一定的实验仪器和设备,对商品的成分、结构、性能等进行物理化学鉴定的方法。这种试验方法,大多在实验室内或要求条件下进行,对控制和观察都有良好的条件,所得的结论正确可靠,是分析商品成分、鉴定商品质量、研制新产品常用的方法。如食品中细菌总数的测定就是采用科学实验法。

1.3.2 现场实验法

现场实验法是一些商品评定专家或有代表性的消费者群,凭人体的直觉,对商品的质量及其商品有关的方面做出评价的研究方法。这种方法运用起来简便易行,适用于很多商品的质量评定,但其正确程度受参加者的技术水平和人为因素的影响,往往具有非确定性。水果、茶叶、酒类的品质鉴定,某些新产品的使用、服装的试穿等,大多采用现场实验法。

1.3.3 技术指标法

技术指标法是一种在分析试验的基础上,对一系列同类产品,根据国内或国际生产水平,确定质量技术指标,以供生产者和消费者共同鉴定商品质量的方法。保温瓶在生产过程中就是采用这种方法。

1.3.4 社会调查法

商品的使用价值是一种社会性的使用价值,全面考察商品的使用价值需要进行各种社会调查,特别是在商品不断升级换代、新产品层出不穷的现代社会里,这方面的调查就显得更加重要,而且这种方法具有双向沟通的作用,在实际调查中既可以将生产信息传递给消费者,又可以将消费者的意见和要求反馈给生产者。几乎所有的商品在研制、生产过程中都运用到社会调查法来评估商品的市场潜力,为商品成功打开市场尤其是国际市场提供有价值的信息。

1.3.5 对比分析法

对比分析法是将不同时期、不同地区、不同国家的商品资料搜集积累,加以比较,从而找出提高商品质量、增加花色品种、扩展商品功能的新途径的方法。运用对比分析法,有利于经营部门正确识别商品和促进生产部门改进产品质量,实现商品的升级换代,更好地开拓国际市场。

本章小结

外贸商品概论研究的对象是外贸商品的使用价值及其实现;研究的任务是通过为外贸商品流通服务促进我国外贸企业的生产和社会经济的发展,指导社会对外贸商品使用价值的消费;研究的内容包括:外贸商品的质量和外贸商品的分类、外贸商品的储运和养护,以及外贸商品的包装、外贸商品的特性等知识;研究的方法有:科学实验法、现场实验法、技术指标法、社会调查法、对比分析法等。外贸商品概论是从事国际贸易工作者必须掌握的一门重要学科,外贸商品知识也是商品消费者在消费和使用外贸商品时需要了解的基本知识。

思考题

1. 外贸商品概论的研究对象是什么?
2. 外贸商品概论的主要研究任务是什么?
3. 外贸商品概论的主要研究内容有哪些?

4.外贸商品概论的研究方法通常有哪些?

5.如何理解外贸商品概论的研究对象是外贸商品的使用价值?

实　训

以3~5人为一组,深入当地外贸企业了解企业从事国际贸易的外贸商品的基本情况。

第2章
外贸商品的成分与性质

【本章导读】

本章重点是介绍外贸商品的基本成分与性质，明确其对商品的使用价值的影响，目的是使读者了解商品的自然属性及其与商品使用价值间的联系。

2.1 外贸商品的成分与性质对使用价值的影响

商品的使用价值是由商品自身的有用性构成的,而商品的有用性又是由商品的自然属性决定的。商品自身所具备的成分与性质,深刻影响了其使用价值的具体体现。对于商品成分与性质的研究,是研究商品自然属性、商品质量及其变化规律的依据。

2.1.1 外贸商品的成分对商品使用价值的影响

商品都是由一定种类和一定数量的成分所组成。商品所含成分的种类和数量对商品品质、用途、营养价值、性质(或性能)或效用有着决定性的或密切的影响。

1)商品成分与用途的关系

商品具有适合消费者需要的适宜用途,是商品进入市场,打开销路必须具备的基本条件。商品具有何种用途,用途的多少,在消费过程中能满足消费者需要的程度,与其所含成分的种类和含量有密切关系。

如茶叶之所以成为世界性的饮料,是因其中含有:赋予茶叶以鲜爽醇厚的滋味及具有抑制动脉硬化、解毒、止泻和抗菌药理作用的儿茶素;具有兴奋神经中枢、解除大脑疲劳、加强肌肉收缩、消除疲劳、强心利尿等药理工效的咖啡碱和使茶叶具有芬芳馥郁香气的芳香物质;大豆之所以是重要的油料和工业原料,是由于其中含有丰富的脂肪和蛋白质。

2)食品成分与营养价值的关系

人体每日必须摄入一定数量的食品,才能维持正常的生活机能。食品之所以对人体具有如此重要的影响,是由于其中含有为人体生长发育和新陈代谢所必需的各种营养物质,如淀粉、糖、蛋白质、脂肪、矿物质、维生素等营养物质。食品是否具有营养价值和营养价值的高低,完全取决于其中所含化学成分的种类和数量及其能被人体消化吸收的程度。

如大米和面粉由于含有人体能量的主要来源的淀粉,以及蛋白质、矿物质、维生素等营养物质,因此成为许多国家与地区人们的主食。

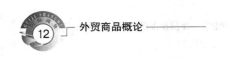

3) 商品成分和商品品质的关系

部分商品品质的优劣取决于其中化学成分的种类和含量,商品成分是判断许多商品品质优劣的重要指标。如:白砂糖等级的高低,取决于蔗糖的含量,优级白砂糖的蔗糖含量不少于 99.75%,一级白砂糖不少于 99.65%,二级白砂糖不少于 99.45%。钢根据是否含有合金元素,分碳素钢和合金钢。合金钢因含有合金元素,综合机械性能显著优于碳素钢,且合金元素种类越多总含量越高,质量愈优。普通钢、优质钢和高级优质钢的根本区别在于硫和磷含量的不同。

4) 商品成分与商品性质(或性能)的关系

商品中化学成分的种类和含量是决定许多商品性质或性能的主要因素。在国际贸易中对许多商品要求明确规定与商品品质、营养价值、疗效、效用等直接有关的化学成分的名称和含量。对有损商品品质或影响人体健康的成分,如罐头中的锡、铜、铅,陶瓷、玩具涂料中的铅,食品中的残留农药、激素以及许多商品的含水量及杂质等均加以限制。因此,商品化学成分是许多进出口商品合同品质条款的主要内容。

研究商品的成分,可以更深入地认识各种商品的自然属性、使用价值及质量变化规律。这对于保护商品,提高商品使用价值,确保消费者利益有很大意义。

2.1.2　外贸商品的性质对商品使用价值的影响

商品的性质与商品品质、合理使用、包装、储存和运输等有着极为密切的关系。它是判断商品品质优劣的重要指标,是研究和选用包装、储存和运输条件的依据,对商品的使用价值有密切的影响。

1) 商品的物理性质与商品使用价值的关系

商品的物理性质是指商品在正常情况下所表现出来的形态、结构、重量、比重、塑性、弹性、强度、硬度、颜色、光泽等特性,或者是商品在湿、热、光、电、压力等外力作用下,发生不改变商品本质的相关性质。学习和研究商品的物理性质,能够帮助识别商品品质,可以在商品的包装、运输、保管、销售和使用过程中,有效地维护商品的安全,达到养护商品的目的。如色泽、气味、口感和外观形态是商品的重要外观性质,是部分工业品尤其是食品品质优劣的重要品质指标,而导热性和耐热性是某些工业品使用价值高低的基本条件,机械性能是许多工业品的重要品质指标等,都体现了商品的物理性质与商品使用价值间的密切关系。

2)商品的化学性质与商品使用价值的关系

商品的化学性质是指商品在流通和使用过程中在光线、空气、水、热、酸、碱等各种因素作用下,其成分发生化合、分解、置换分解、聚合、降解等化学反应的性质。商品化学性质对商品品质的影响因商品而异。大多化学反应,对商品一般都能产生不良影响,改变商品性质,严重时会使商品失去应有的使用价值,如金属的腐蚀、橡胶和塑料制品的老化、油脂的酸败、化学肥料的分解、煤的风化等,因此,防止商品成分发生化学反应,是许多商品在流通中必须注意的重要问题。同时,商品都是由一定种类和数量的化学成分所组成,这些化学成分的种类和数量对商品品质、使用价值和性质有决定的或密切的影响。不同商品有其不同的化学组成成分,了解商品的化学成分,是鉴定商品质量的前提。

综上所述,商品的性质,主要指商品的化学性质、物理性质,它们是决定商品是否具有使用价值和其使用价值高低的基本条件之一,同时,又与商品的鉴定、包装、储存、运输及合理使用等有着极为密切的关系。因此,商品的性质是生产、经营活动中了解商品质量,保护商品的使用价值所必须掌握的重要基础知识。

2.2 外贸商品的成分

2.2.1 商品的主要成分

1)什么是商品的主要成分

商品的主要成分或有效成分是使商品具有其特有的使用效能的基本成分。主要成分的含量是商品能够符合某种特定用途的基本要求,商品加工、运输、储存与养护过程中也需要根据其含量和性质进行质量控制。因此,主要成分的含量是判断许多商品品质和等级高低的主要指标和依据,是进出口商品合同品质条款的主要内容。商品主要成分还是某些商品分类的依据。如挥发分和固定碳是构成煤的基本物质,也是对煤的质量和用途具有决定性影响的有机成分。挥发分和固定碳是煤作为燃料的基础成分,两者在煤中的含量是决定煤的用途并划分为炼焦煤、动力煤、化工用煤和无烟煤的依据。

原油中组成汽油、煤油和柴油的轻质中分子烃类(或称轻质油品)是原油的最宝贵部分,含量越多,原油品质越高。因此,原油中轻质部分的含量是计算油价的重要依据之一。

2) 研究和掌握商品的主要成分在对外贸易中的作用体现

研究和掌握商品的主要成分是了解并正确评价商品品质、正确签订合同品质条款的必备知识。为在合同品质条款中正确签订有关商品主要成分的内容,进出口业务工作人员必须掌握以下知识:①洽谈商品的主要成分的种类和名称;②主要成分的含义或定义;③主要成分与商品品质、性能或用途等关系;④我国商品标准对该种商品主要成分含量的规定,我国该种商品中主要成分的实际含量;⑤有关国家的商品标准的规定及该种商品上主要成分的实际含量;⑥国际市场对该商品主要成分的要求。

2.2.2 商品中的水分

水是一些商品体内细胞和组织的必要组成部分,决定着商品中酶的活性及微生物的发育繁殖,对商品质量、储存与养护有很大的影响。

1) 水在商品中的表现形式

(1) 工业品中的水分

工业品中的水分以化学结合、物化结合和机械结合 3 种状态存在。

①化学结合水。化学结合水是化学结晶水,晶体里的水分子是其组成部分。这类水已失去原有的水的性质,不能用干燥法去除,化学结合水离解会使商品结构发生变化。

②物化结合水。物化结合水指商品体内细胞、纤维及毛细血管中的吸附水、渗透水和结构水,其中吸附水同商品体结合度最强,但毛细血管多孔性商品中渗透水与结构水比吸附水含量多。这类水也不具有一般水的性质,较难从商品中除去。

③机械结合水。机械结合水是指商品体表面和孔隙中的水分,与商品体结合度较弱,具有一般水的性质,容易从商品中除去。

凡含物化结合水的商品必然含机械结合水,这类商品称为吸水性商品,如纸张、皮革制品、天然纤维制品等。仅含机械结合水的商品称为非吸水性商品,如陶瓷制品、金属制品等。

（2）食品中的水分

食品中的水分主要有游离水和胶体结合水。

①游离水。游离水又叫自由水,存在于动植物体的细胞内或细胞外,不与胶状物质相结合,具有一般水的性质,可溶解糖、酸和无机盐等。食品加工、烘干、储存、冷冻中的重量损耗是因为游离水的减少造成的。

②胶体结合水。胶体结合水也叫结合水,在食品中与蛋白质、淀粉、类脂、胶质等亲水胶体结合而存在。食品中的胶体物质会随结合水的变化而改变性质。结合水不能溶解晶体物质,食品加工时失去结合水会影响食品质量。

食品中游离水与结合水的比例随外界环境条件（空气温湿度）和本身亲水胶体膨化性的改变而有所不同。空气干燥、亲水胶体膨化性降低时部分结合水转为游离水;反之,部分游离水转为结合水。

2）商品的含水量

水分对商品使用价值有密切影响,为保证商品品质安全和在使用过程中正常发挥使用价值,商品含水量应适宜。商品的适宜含水量,因商品而异,大致可分为以下几方面:

（1）高含水量商品

这类商品多是含水量较高,并且只有在保持充足水分的条件下,才能保持正常品质的商品,如果水分蒸发将导致品质下降。新鲜水果、蔬菜、肉类、水产品、蛋类等食品属此类商品。新鲜水果和蔬菜只有在含有充足水分的情况下,才具有脆嫩可口的食用品质,如水分因蒸发而损失过多,会引起枯萎减重,不仅损及食用品质,而且降低天然免疫性,有利于微生物的繁殖,易引起腐烂变质。新鲜肉类、水产品、蛋类等食品如水分蒸发过多,不仅会减重,而且会降低食用品质。蛋糕类糕点水分蒸发过多,会由松软变为干硬,降低食用价值。

（2）低含水量商品

水分对这类商品均有不利影响,含水量过高会促进品质劣变,或对商品的加工、使用造成危害,或降低商品使用效用,因此,要求对含水量加以限制,或含水量以低为佳。例如,茶叶能否保证安全运达销售市场而不发生劣变,低含水量是重要条件之一。因含水量高,茶叶成分会发生不利于茶叶品质的变化,促进陈化,导致茶叶品质下降,甚至发生霉变,使茶叶失去饮用价值。因此,为保证茶叶品质不发生劣变,应保持较低的含水量。茶叶具有极易吸收水分的特性。干燥的茶叶放置空气中,会不断吸收空气中的水分而提高含水量,极易引起品质下降而发霉变质。因此,茶叶应储存于干燥的具有防潮性能的密封包装容器中。

(3)规定含水量可在一定范围内摆动

某些商品的含水量过高或过低均对品质有不利影响,为保证这类商品不致因含水量过高或过低而损害品质,对其含水量规定了上限和下限。例如,烟叶含水量过高易发霉变质,含水量过低,由于质地干脆又易破碎,规定含水量为10% ～16% 。纸张含水量过低,会变脆易破,含水量过高,机械性能下降,且易霉变,不易保管,故纸张含水量应保持在一定范围内。含水量是草板纸的重要指标,含水量过高,会降低纸板的挺度和耐破度,且纸板收缩后易产生变形发翘;含水量过低,纸质变脆,也会降低纸板的机械强度,加工时易产生破损。因此,草板纸含水量应控制在8% ～13% ,最高不超过14% 。

2.2.3　杂质成分

杂质是主要成分或有效成分以外的有害或无用成分,对商品质量、商品储运都有不良影响。

1)商品中杂质的类型

商品中的杂质有以下几种类型:
①本品商品以外的并与本品商品无相同使用价值的杂物;
②大部分或完全失去使用价值的本品商品;
③存在于商品内部但对本品商品使用价值有不利影响的成分。

如粮谷的杂质是指与本品粮无相同使用价值的杂物、其他作物籽粒和完全失去使用价值或大部分失去使用价值的本品粮粒,包括筛下物、无机杂质或矿物质、有机杂质、其他杂质等。这些杂质对粮谷品质有极为不利的影响:能降低粮谷纯度,影响外观;无机杂质、毒草籽、霉腐粮粒及虫尸、动物粪便等杂质有损人体健康;石块、玻璃片及金属碎屑等矿物性杂质不仅损坏加工机器,而且损害人体健康;野草种子、活虫、虫尸等有机杂质能促进粮谷呼吸,不利于保管。此外,杂质含量多,还加重粮谷的加工整理工作,增加加工费用。在国际贸易中,均以杂质含量作为衡量粮谷品质的依据,但各国对杂质的具体规定有所不同。

2) 杂质对商品的危害

杂质对商品有以下危害：
①杂质含量多,相对地减少商品的重要或主要成分的含量。
②影响商品的外观形态。
③有碍食用卫生,降低食品的食用品质。
④降低商品的使用效能。
⑤影响成品质量。
⑥污染环境,造成公害。
⑦降低商品的耐储性。
⑧腐蚀、损坏加工设备。
在国际贸易中对商品的杂质含量各国均有严格限制,有的随商品等级升高而提高限制,有的按是否超过规定,相应降低商品价格。
某些商品杂质的含义和包含的内容,各国规定也不尽相同。从事进出口业务工作的人员不仅应了解我国关于这些商品的杂质的含义、含量的规定,还应了解有关各国的规定。

2.2.4　有毒成分

有毒成分是指食品中含有的对人和动物体有毒害作用的物质。食品中的有毒物质主要来自以下几个方面:

1) 微生物产生的毒素

食品感染能产生毒素的微生物,由于这类微生物的代谢产物中含有对人体有毒害作用的物质(即毒素),人食用这类食品,会导致毒素型中毒。如肉毒杆菌能产生对人和动物体有强烈毒性的外毒素,这种毒素在胃肠内不被破坏,在胃和十二指肠被吸收而产生神经系统症状,严重者由于呼吸肌麻痹而死亡(0.01 mg毒素即可导致死亡)。

2) 含毒动植物食品中的有毒物质

某些动植物性食品由于含有对人体有毒害的物质,在其品质正常下使用也会引起食物中毒。如发芽马铃薯的芽眼附近茄碱含量极高,食后能产生恶心、呕吐、腹痛、瞳孔放大、惊厥等症状,严重时会因心脏呼吸中枢麻痹而死亡。茄

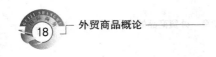

碱经过烹煮也不会被破坏掉。

3) 毒性化学物质

食品受污染而含有对人体有毒害的化学物质,主要有以下几类:

①残留农药对食品的污染。化学农药对农作物病虫害的防治在相当长的时间内仍是不可取代的,多数农药对人、畜有毒害作用。食用农作物的施药部位,也多是人类食用的部位。经常食用含有残留农药较多的食品,就会对人体造成危害。因而许多国家制定了有关的法规,规定食品中农药残留的允许量,简称"法定允许量",即规定食品中残留农药的最大限量。

②工业三废污染水源、土壤和大气。工厂排放的废水、废气和废渣中的汞、铅、铜、镉等化学毒物被食用植物和动物吸收并在组织中富集增多。例如:用含汞废水浇灌农作物,就有一定的汞残留在农作物的果实和茎、叶中;工厂排出的含汞废水污染养殖鱼、虾、贝类等水产品的水源,则水产品就会被汞污染。人长期食用被三废污染的农作物或水产品,日积月累,就会由于人体内毒性化学物质积累过多而中毒。

③食品添加剂污染食品。不适当地滥用食品添加剂,造成食品污染。

此外,还有食物加工过程中残留的多种重金属,为防治家畜疫病在饲料中添加的各种抗生素和激素,都会对人体造成毒害。

2.3　外贸商品成分含量要求和表示方法

商品中含有的有效成分和对品质不利的成分,对商品品质的影响,都是以其含量为基础的。只有在其含量达到一定程度时,才能对商品品质产生有利或有害的影响。在此以成分为决定品质高低因素的商品,与品质有关的成分的含量即成为判断品质的主要品质指标。对各种成分含量的具体要求和表示方法,则因成分对商品品质的影响而各有不同。

2.3.1　对商品成分含量要求

1) 规定最低限量

规定最低限量的成分均属对商品品质有利的成分,如主要成分和有效成分,它们的含量越高,商品品质越佳;如果含量过低,就会严重影响商品品质,甚至使商品丧失应有的使用价值,如农药、化学肥等的失效。因此,在商品标准质量指标中或贸易合同品质条款中,对这类对商品品质具有举足轻重作用的重要成分均规定最低含量。在商品标准或进出口商品合同中对该类成分均在其含量之前或之后注明"不低于"、"不小于"、"最低"或"minimum",或在成分含量之前加注符号"≥"。

2）规定最高限量

规定最高限量的成分有两类:

①对商品品质有不利影响的成分均规定最高限量,这类成分含量越低,商品品质越优,杂质成分、多数商品中的水分和有毒成分均属此类。例如:钢材中的硫和磷,煤中的灰分、水分和硫,原油中的硫和水分,植物油脂中的游离脂肪酸、水分和杂质,谷物中的杂质,食品中的黄曲霉毒素、重金属、残留农药等均属此类成分。在商品标准或进出口商品合同中对这类成分均加注"最大限量"、"最高限量"、"最高"、"不超过"、"不大于"、"××以下"或"maximum",或在成分含量之前加注符号"≤"。

②某些成分虽为改善食品品质所必需,但若加入量过多会对人体健康产生不良影响,需要严格控制使用量,如食品添加剂的使用不能超过标准规定的最大使用量。

3）规定含量在一定的幅度内

允许商品中某些成分的含量在一定幅度内摆动,凡在规定幅度的含量均为符合要求。这类成分与商品品质的关系,一般有以下几种情况:

①含量过高过低,均非所宜。

②表明商品一定品质或品种应具备的条件,如超出规定幅度就会导致商品的性质或性能发生变化,从而改变商品的品种或品质。

③仅表明该种成分的保证含量,凡交付商品的该种成分含量在规定幅度内,即为符合规定。

在商品标准和合同中对规定一定幅度的成分,一般用"××～××"或"××±×"表示。

4）要求准确无误差

对这类成分的含量,要求准确无误,既无上下限,也无摆动幅度。此类成分

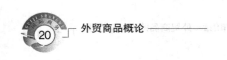

均为主要成分,其含量关系到该类商品的使用准确性。为保证该类商品的使用准确性,要求其中主要成分的含量必须准确无误,无误差。

5)不准含有

这类成分均为在规定食品中不准含有的有害成分,一般规定"不得检出"。

2.3.2 外贸商品中成分含量的表示方法

商品中各种成分的含量是判断品质的主要品质指标,如何准确统一地将其表示出来,在国际贸易中有以下几种常用方法:

1)用百分率表示

用百分率(%)表示商品成分含量,有3种计算方法:

①用商品中成分的重量占商品重量的百分率表示,计算公式如下:

$$某成分百分率 = \frac{某成分重量}{商品重量} \times 100\%$$

②用商品中成分重量占商品干物质重量的百分率表示。运用此种计算方法表示商品中成分的含量时,需加注"干态"字样,如"干态某成分百分率",以区别于"某成分百分率"。计算公式如下:

$$干态某成分百分率 = \frac{某成分重量}{商品重量 - 商品中水分重量} \times 100\%$$

上述两个不同计算公式表明,同一商品中的同一种成分的"某成分百分率"低于"干态某成分百分率",因此,某成分百分率与干态某成分百分率不能相互比较,必须经过换算统一后才能相互比较。

例如,我国出口煤的灰分和挥发分均以干态计量:

$$干态灰分百分率 = \frac{煤中成分重量}{煤的重量 - 煤中水分重量} \times 100\%$$

$$干态挥发分百分率 = \frac{煤中挥发分重量}{煤的重量 - 煤中水分重量} \times 100\%$$

③以商品中某种成分重量占某几种成分重量和的百分率表示。如煤的可燃体挥发分百分比,就是这样一种计算煤中挥发分产率的方法。可燃体亦称可燃基,是煤中可燃烧的部分,包括挥发分和固定碳,是煤作为动力资源、炼制焦炭原料、提炼化工原料的物质基础。两者的总量决定煤的质量,两者在煤中所占的量的比例,与煤的用途有密切关系。可燃体挥发分百分比是煤中挥发分重

量占可燃体重量的百分率,计算公式如下:

$$可燃体挥发分百分率 = \frac{挥发分重量}{挥发分重量 + 固定碳重量} \times 100\%$$

或

$$= \frac{挥发分重量}{煤的重量 - 水分重量 - 灰分重量} \times 100\%$$

　　我国原煤炭工业部采用可燃体挥发分百分比计量煤的挥发分产率。出口煤用干态挥发分百分比计量煤中挥发分产率。同种煤的可燃体挥发分百分比大于干态挥发分百分比。

　　2)以一定重量商品中含某种成分的容量表示

　　例如,我国国家标准《蜜饯食品理化检验方法》GB 11860—1989 规定用蒸馏法测定蜜饯食品中水分的含量,用 100 g 蜜饯食品中含水分的毫升表示,单位 ml/100 g。

　　3)以一定容量商品中含某种成分的重量或容量表示

　　①以 100 ml 商品中含某种成分的克数表示,单位为 g/100 ml。我国蒸馏酒及配制酒卫生标准(GB 2757— 1981)规定:甲醇(g/100 ml)以谷类为原料者≤0.04,以薯干及代用品为原料≤0.12;杂醇油≤0.15,以大米为原材料≤0.20。

　　②以 100 ml 商品中含某种成分的毫克数表示,单位为 mg/100 ml。我国国家标准(军用柴油)GB 2021—1989 规定军用柴油的实际胶质不大于 10 mg/100 ml。

　　③以 100 ml 商品中含某种成分的毫升数表示。白酒行业用酒度表示酒精含量,就是这种表示方法。白酒的酒度,是 100 ml 白酒中含有酒精的毫升数。例如:55°白酒,即为 100 ml 白酒中含有 55 ml 酒精。

　　④以 1 L 商品中含某种成分的毫克数表示,单位为毫克/升或 mg/L。食品中有害物质的含量多以此方法表示,如蒸馏酒及配制酒卫生标准(GB 2757—1981)规定:氰化物(mg/L,以 HCN 计),以木薯为原料者≤5,以代用品为原料者≤2;铅(mg/L,以 Pb 计)≤1;锰(mg/L,以 Mn 计)≤2。

　　4)用定重商品中含某种成分的重量表示

　　①以 100 g 商品中含某种成分的毫克数表示,单位为 mg/100 g。我国冻猪肉、冻牛肉、冻羊肉、冻鸡肉、鲜猪肉、鲜牛肉、鲜羊肉、鲜兔肉、鲜鸡肉卫生标准规定上述各种肉中挥发性盐基氮含量(mg/100 g):一级鲜度≤15;二级鲜度≤25。

　　②以 1 000 g 商品中含某种成分的微克数表示,单位为 μg/kg。商品中严格

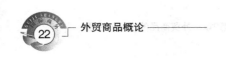

限制含量的毒素物质多用此种方法表示,如黄曲霉毒素 B_1 的含量即用此计量。

③以 1 000 g 商品中含某种成分的毫克数表示,单位为 mg/kg。在商品中含量限制严格的重金属和残留农药等有毒物质多用此方法表示。

④以 1 000 g 商品中含某种成分的克数表示,单位为 g/kg。如食品添加剂的最大使用量的计量单位均为 g/kg。

⑤以 1 g 商品中含某种成分的毫克数表示,单位为 $\mu g/g$。如我国国家标准规定食物中硒的含量,按 $\mu g/g$ 计量。

5) 用测定定量商品中某种成分所需化学试剂的用量表示

啤酒的总酸用酸度表示,啤酒的酸度是中和 100 ml 啤酒中总酸所需0.1 N 氢氧化钾溶液的毫升数。啤酒的酸度应在 1.8 ~ 3 之间,过高过低都不适宜。速溶茶的总酸度是指中和 100 g 速溶茶所需 1 N 碱液(氢氧化钠)的毫升数。

2.4 外贸商品的性质

商品的性质与商品品质、合理使用、包装、储存和运输等有着极为密切的关系。它是判断商品品质优劣的重要指标,是研究和选用包装、储存和运输条件的依据。商品的性质因商品而异,内容复杂,对商品使用价值有密切影响的性质,可概括为商品的物理性质、化学性质、生物学性质 3 个方面。

2.4.1 外贸商品的物理、机械性质

1) 外贸商品的物理性质

商品的物理性质是指商品在正常情况下所表现出来的形态、结构、重量、比重、塑性、弹性、强度、硬度、颜色、光泽等的特性,或者是商品在湿、热、光、电、压力等外力作用下,发生不改变商品本质的相关性质。学习和研究商品的物理性质,能够帮助识别商品品质,可以在商品的包装、运输、保管、销售和使用过程中,有效地维护商品的安全,达到养护商品的目的。

(1) 商品的色、香、味、外形

色泽、气味、口感和外观形态是商品的重要外观性质,是部分工业品特别是食品品质优劣的重要品质指标,是判断商品种类和品种的重要依据。

在国际贸易中,食品品质的优劣或食用价值的高低,一般主要取决于食品的色泽、气味、滋味和外观形态。如白酒的色泽、口感与品质的关系:白酒品质优劣取决于色泽、香气和口感。白酒色泽应为无色透明带有极微的浅黄色,无悬浮物和沉淀。品质优良的白酒不仅应有明显的溢香,还应有较好的喷香和留香,口感则以醇厚、味长、甘洌、回甜,入口有愉快舒适感为佳。

（2）商品的导热性和耐热性

导热性和耐热性是某些工业品使用价值高低的基本条件。

①导热性。商品传递热能的性质称为导热性。各种物质的导热性是不同的,金属较好,因此常用做热交换器的材料。凡要求具有良好导热性的用具,如烹任用具、热水壶、暖气管片等均用金属材料制成。石棉、动植物纤维等的导热性很差,是热的不良导体。热的不良导体可用做绝热材料,将物体与其周围环境隔离以保持其温度不变,或免受外界温度变化的影响。商品导热性的表示方法因商品而异。例如,金属制品以比热表示;纺织品以传热系数或热传导率表示;保温瓶则以一定时间内瓶中水温下降的度数来表示。

②耐热性。耐热性是商品在高温或较高温度下,或在温度发生剧烈变化的条件下,抵抗变形、破损或保持符合要求的机械强度的性能,也称商品的热稳定性。商品的成分和内部结构的均匀性对其耐热性的影响最大,导热性大或膨胀系数小而各部分膨胀均匀则耐热性就高。耐温急变性是决定玻璃杯和热水瓶等玻璃器皿品质的重要指标。

（3）商品的吸湿性和渗透性

①吸湿性。商品的吸湿性是指商品所具有的吸收和放出水分的特性。具有吸湿性的商品,在干燥的环境中能放出水分,在潮湿的环境中能吸收水分,其含水量随外界温度的变化而改变。吸湿性愈强,其含水量改变的范围愈大。商品吸湿性的强弱,取决于其成分和结构。商品成分中含有易溶的盐或碱,或成分的分子中存在有氨基、羧基、羟基、酰胺基等亲水官能团,则商品能与水发生离子或分子间的结合,而使吸附的水分难以完全放出。商品的吸湿性大小受两方面因素的影响:一是商品的成分和结构。表面光滑、结构紧密的商品,吸湿性较小,即使有吸湿现象,也属表面的吸附,如玻璃制品、金属制品、搪瓷、陶瓷等。多孔性且内部组织疏松的商品,吸湿性较大,如纺织品、纸张等。易溶性商品,如肥皂、糖等,在潮湿条件下可大量吸湿,首先是表面吸附,进一步将发生糊化或溶解。二是外界的温湿度和具体商品的吸湿点有关。吸湿点是指商品开始吸湿时的相对湿度。不同商品在相同温度下,吸湿点愈低,商品吸湿性愈强。

而在相同湿度下,温度愈高吸湿点愈低,商品越易受潮;反之,吸湿点就愈高。商品的吸湿性强弱不同对商品的作用也不相同。例如,吸湿性对纺织品有不同作用。棉布的吸湿性可以调节人体与衣服之间的温度与湿度,穿着时感觉舒适。羊毛因其结构多孔且含有亲水基团,所以有很强的吸湿性(最高吸湿率达33线),而且水分被吸收,不易散失,易发生霉变。

②渗透性。商品能被空气、水蒸气(水)及其他物质微粒透过的性质叫做渗透性。商品的渗透性主要包括透气性和透水性两种。商品能被水蒸气透过的性质叫做透气性;商品能被水透过的性质叫做透水性。商品的渗透性大小主要决定于其结构的紧密程度,组织疏松则渗透性大。另外,还与成分有关,成分中含有亲水基团的商品,虽然结构紧密,透水性很小,但由于成分的吸湿性也就具有相当的透气性。

由于各种商品的用途不同,对渗透性就各有不同的要求。从衣着商品来说,透气性是一项重要的卫生属性,衣帽鞋都须具有适当的透气性才能使人体所分泌的各种挥发物质透过衣服而消散。而防潮所用的包装材料以及雨伞、雨衣、雨鞋等商品则要求有良好的防渗透性。渗透性一般是用单位时间内单位物体面积所透过的水量(或水蒸气重量)来表示。

(4)重量、比重和容重

①重量。重量是用来表示和评价某些商品重量的指标。这些商品有纺织品、纸张、塑料制品等。一平方米重量指标能用来判断原料的消耗和商品的质量。例如,纺织品的一平方米重量(在固定的温湿度下)超过定额,会造成原料浪费,而若低于定额,就不符合标准而影响产品的质量。

②比重。比重指单位体积的重量。具有固体成分而结构紧密的商品通常具有固定的比重值。例如,铁制品的比重为 7.8 g/cm^3;铝制品的比重为 2.7 g/cm^3。多孔性物质的比重是该物质磨碎后单位容积的重量。如果用 W 表示物体重量,V 表示物质的体积,d 表示比重,则其公式为:

$$d = \frac{W(g)}{V(cm^3)}$$

利用比重这一物理量,可以鉴定商品品质(纯度)。例如,植物油脂的比重是指其在一定温度(4 ℃)下的重量与同温度、同体积水的重量之比。植物油脂比重的大小与其分子构成有关,比重随分子量的增加而降低。各种植物油脂的比重都有一定范围,通过测定比重可以反映其品质。如果植物油脂氧化变质,比重会增大。

③容重。容重主要用来测定多孔性物体的单位体积重量。由于同样重量

的材料在多孔性状态下所占体积比在紧密状态下所占体积大,因此,多孔性材料其容重小于比重。对同一种材料的比重和容重加以比较,可以测定材料的多孔性,也就是材料的孔隙程度,通常以多孔率来表示。其计算公式如下:

$$多孔率 = \frac{比重 - 容重}{比重} \times 100\% = \left(1 - \frac{容重}{比重}\right) \times 100\%$$

利用容重,还可以鉴定和判断粮食商品的品质。例如小麦的容重就与其各种成分的含量、外形、谷皮的厚薄、杂质的种类和含量等有关,影响着小麦的品质和出粉率,因而成为小麦分级和计价的重要指标。

2)商品的机械性质

商品受拉伸、压缩、冲击、弯曲、扭转、揉折、剪切等外力作用时,抵抗发生变形或破损的能力,称为机械性质。机械性质是许多工业品的重要品质指标。商品是否坚固耐用,是否易变形或损坏,主要看商品的机械性质。工业品由于使用要求不同,对机械性能的要求也有所区别,以下介绍几种较普遍的机械性质:

①弹性和塑性。弹性和塑性是指物体承受外力作用时发生形变的性质,是反映商品适用和耐用的重要性质之一。商品体受到外力作用而发生形变的形态有两种:弹性形变和塑性形变。物体受到外力作用后产生形变,移去外力时又恢复其原来的尺寸和形状的形变叫做弹性形变,又称可复原形变。具有这种形变性质的物体叫做弹性体,如橡胶制品等。当物体受到外力作用时产生形变,而移去外力时,不能自动恢复原来形状的形变叫做塑性形变,又称不可复原形变。具有这种形变性质的物体叫做塑性体,如塑料制品等。

弹性和塑性并非绝对,随外界条件(外力、温度、压力、时间)的变化,它们可以相互转化。例如钢材等在常温、常压下是弹性体,而在一定的温度下又是良好的塑性体。材料的弹性和塑性以及它们的变化规律与商品使用性质有密切关系。生产中常利用材料的塑性与弹性的相互转换特性进行商品的加工制造。对于多种成品来说,其弹性和塑性大小与其在保管和使用过程中是否易于变形损坏、是否坚固适用等有直接联系。因而,弹性和塑性常是说明多种商品质量的重要指标之一。

②硬度。硬度指商品抵抗较硬物质对其压力的能力。由于各种商品的组成成分和结构不同,表现出不同的硬度范围。对于各种金属制品、塑料制品等,其硬度大小是分析其质量的重要依据。

③强度。强度指商品体抵抗外力作用,保持其形态完整的性能。它是衡量商品坚固耐久性的一项重要指标。商品的强度一般是用使商品破裂的外力来

衡量的。工业品商品的强度在极大程度上决定于其成分结构。不同成分的商品具有不同的强度,同一成分商品的强度,则因其结构的特点不同而有差别。

各种商品的用途和使用条件不同,在使用过程中经常承受外力的形式也不相同。能比较普遍反映各类商品坚固耐久性的强度指标是抗张强度、抗弯曲强度、抗磨强度和硬度。

2.4.2　商品的化学性质

商品的化学性质是指商品在流通和使用过程中在光线、空气、水、热、酸、碱等各种因素作用下,其成分发生化合、分解、置换分解、聚合、降解等化学反应的性质。商品化学性质对商品品质的影响因商品而异。

1) 商品的化学稳定性

商品的化学稳定性是指商品在流通和使用过程中经受各种因素(如空气、日光、温度、水及酸、碱、盐等)的作用时,其化学成分发生变化的程度。如果商品在外界因素作用过程中,不易发生氧化、分解或其他化学变化,那么,其化学稳定性就高;反之,若外界因素的影响很容易引起化学反应,这种商品的化学稳定性就较低。所有的商品都要求有一定的化学稳定性,化学稳定性不高的商品,容易产生内部成分组成和成分结构的改变,从而降低或完全丧失其使用价值。

具体分析各种商品的成分在日光、空气、温度、水及酸、碱盐等因素作用下的反应特征和变质情况,有利于明确各种商品在包装、保管和使用等方面的适宜条件。例如,红磷与黄磷,同是磷,化学稳定性却大不相同。红磷在常温下性质不活泼,只在空气中加热到160 ℃时才燃烧,化学稳定性好,可以单独储存、保管。而黄磷性质很活泼,易氧化,能自燃,加热到40 ℃时就能燃烧,化学稳定性很低,故不能单独保存,而必须浸入水中保存。

工业品中无机物商品的化学稳定性较高,即使发生化学反应,通常也是一般的化合或分解反应。而有机物商品的化学反应很多,其变化现象也很复杂。比如,天然橡胶在热、光、氧等因素的影响下,会发生氧化反应,先是形成过氧化物,持续下去将继续分解为氧化物,导致橡胶分子断裂,使橡胶发黏、变软,机械性能遭到破坏;棉纤维在长时间的日光曝晒或高温下,纤维素分子破裂,织物强度会降低;棉织品如果与无机酸相遇,纤维素就被水解成氧化纤维,导致织品破烂;蛋白质在碱中容易水解,而在弱酸中却不发生显著变化,故羊毛纤维易受碱的破坏,对酸有较大抵抗力。

促使商品成分发生变化的因素很多,由于商品种类繁多,化学性质也不相同,因此,各种因素对商品的影响也千差万别。有的耐碱,有的耐酸;有的惧光,有的怕热;有的在空气中易于氧化,而有些则需要一定的通风条件;有些需要防止吸收水分,有的却正相反,需要防止水分蒸发等。由于商品的化学性质不同,在生产和流通中应当根据商品的具体情况,采取相应的措施,保护商品,或者密封(防止空气进入),或施用保护膜,或施放干燥剂,或者保存在某些惰性气体(如氦、氩、氖等)中等。

应当指出,商品的化学成分稳定性是在一定条件下的相对稳定性,条件变化,其化学稳定性也随之变化。因为物质总是处于运动变化之中的,绝对静止的东西是没有的。为了使商品受到应有的保护,应当对各种条件加以控制,使其在一定条件下保持相对的稳定。

2) 商品的毒性、腐蚀性、燃烧性和爆炸性

商品的毒性是指某些商品所具有的能破坏有机体生理功能的性质。如医药、农药及化工商品等,都有一定毒性,要严格禁止与食品相混合。

毒性商品主要包括:有刺激性毒物、有毒气体、化学农药等。有刺激性毒物,如黄磷、溴素、碘等,皮肤接触后会被烧灼,误食后会破坏人体内脏以至中毒死亡;有毒气体,如甲醛和苯的蒸气、二氧化硫、硫化氢、一氧化碳、溴水等,吸入一定量就可以致命;化学农药常见的有300多种,毒性有大有小,毒性大的,人、畜误食少量就可致死,应严格加强保管和安全使用。

商品的腐蚀性是指某些商品能对生物体或其他商品发生破坏性的化学性质。在仓库中常见的腐蚀性商品是"三酸一碱",即硫酸、硝酸、盐酸、烧碱。产生腐蚀性的原因主要是它们具有强烈的氧化性和吸水性,故严禁将这些商品与棉、毛、丝、麻、纸张、皮革制品等有机物商品同仓储存,也不能与金属制品同仓储存。因为浓硫酸能吸收植物纤维中的水分,使纤维碳化变黑;烧碱能和油脂作用,腐蚀皮革纤维制品和人的皮肤;酸的挥发气体,与空气中的水分结合,会成为金属制品的电解液,促使金属制品生锈变质。

商品的燃烧性(又称易燃性)是指某些商品在热与光的作用下,迅速达到其自身燃点并引起燃烧的性质。燃烧性也属于氧化反应的范围,只是反应剧烈并伴随有热与光同时发生。具备燃烧性的商品很多,如闪光粉、红磷、黄磷、生松香、火柴、汽油、苯、油漆、金属钠、硫、硫化钙、硝化棉、硫化碱、樟脑等。燃烧要具备3个条件:可燃物、助燃物和火源。在保管中应对这些条件进行控制。

商品的爆炸性是指商品由一种状态迅速变为另一种状态,并在瞬息间以机械功的形式放出大量能的现象。商品的爆炸性可以分为物理性爆炸和化学性爆炸两类。物理性爆炸是由于包装容器内部压力超过了其承受强度而引起的爆炸,这种爆炸较少;化学性爆炸是指商品受外因作用引起化学反应后发生的爆炸,这种情况较多。化学性爆炸有 3 种类型:碰击性爆炸、混入空气中易燃物的爆炸、氧化剂混合易燃物(受热或摩擦)的爆炸。

2.4.3 商品的生物学性质

商品的生物学性质,是指有生命活动的有机体商品,在商品流通过程中,为维持其生命所进行的一系列生理活动。

1) 呼吸作用

呼吸作用是指有机体商品在生命活动过程中,不断进行呼吸,分解体内有机物质,产生热量,以维持其自身生命活动的现象。呼吸作用是粮食、水果、蔬菜等有生命商品生理活动的主要标志。旺盛的呼吸能加速商品成分的分解,引起品质劣变。商品的呼吸作用在有氧和缺氧的条件下均能进行。

①有氧呼吸,是指有机体商品中的葡萄糖,在空气中氧的作用和呼吸醛的催化下,经过氧化还原,转化为二氧化碳和水,并释放出大量热量的过程。若不及时散热,会造成商品的腐烂变质。其化学反应式如下:

$$C_6H_{12}O_6 + 6O_2 \rightarrow 6CO_2 \uparrow + 6H_2O + 2\ 821.903\ 2\ kJ$$

②缺氧呼吸,是指在无氧的条件下,有机体利用分子里的氧进行呼吸。葡萄糖在各种酶的催化下分解为酒精和二氧化碳,并放出热量。其化学反应式如下:

$$C_6H_{12}O_6 \rightarrow 2C_2H_5OH \uparrow + 2CO_2 + 117.230\ 4\ kJ$$

从果、蔬类商品的储藏来讲,无论哪种类型的呼吸作用都要消耗养分。旺盛的有氧呼吸和缺氧呼吸均不利于商品品质,应采取适宜措施,抑制商品的呼吸作用,使商品的呼吸作用处于微弱状态,既可防止商品品质劣变,又能保持商品的天然耐储性。商品含水量、温度和空气中的氧是影响商品呼吸作用强弱的主要因素。降低商品含水量,保持低温或减低空气含氧量(如气调储藏),可减弱商品的呼吸作用,延缓商品成分的损失,延长商品储藏寿命。

2) 后熟作用

后熟是果实、瓜类和以果实供食用的蔬菜类商品的一种生物学性质,它是果实、瓜类等鲜活食品脱离母株后成熟过程的继续。果实、瓜类的后熟是生理衰老的变化,当它们完全成熟后,则很难继续储藏,容易腐烂变质。

影响果实后熟作用的主要因素是高温、氧气和某些有刺激性的气体(如乙烯、酒精等)。因此,在储藏中要采用适宜的低温和掌握适量通风,以延缓后熟过程,延长储藏期。

3)蒸腾作用

新鲜的果蔬类商品在储藏过程中,内部水分不断向外界蒸发,重量随之减轻的现象叫蒸腾作用。蒸腾会导致果蔬类商品的一系列变化,如重量减轻、自然损耗增加、细胞的膨胀压力降低而发生萎蔫等。萎蔫了的果蔬类商品会失去新鲜丰润的外观,食用品质也会降低。此外,蒸腾作用还会加速果菜中酶的分解活动,促进糖和果胶物质的分解,破坏正常的代谢过程,降低耐储性和抗病性。

蒸腾作用的强度与果蔬的种类、品种、形态结构和化学成分有关。凡细胞间隙大、外皮薄且缺乏蜡层、细胞原生质保水力弱,以及蒸腾面积大的果蔬,蒸腾快,易于萎蔫;相反,凡肉质坚实致密、表皮厚或已木栓化的果蔬,蒸腾慢,耐储藏。

4)萌发与抽苔

萌发与抽苔是有机体商品如粮食、蔬菜等,在储藏过程中,打破休眠状态,由营养生长期向生殖生长期过渡时发生的一种变化,主要发生在粮食籽粒和作为食用蔬菜的根、茎、叶上,如马铃薯、洋葱、大蒜、萝卜、大白菜等。萌发与抽苔的蔬菜,其养分大量耗损,组织变得粗老,食用品质大为降低。在储藏中采取各种延长蔬菜休眠状态的方法,是防止萌发与抽苔的有效措施。

5)胚胎发育

胚胎发育本来泛指动、植物的受精卵发育形成的动、植物幼体,在这里特指受精鲜蛋在适宜的温湿度下,胚胎发育成血环蛋,使蛋白质量降低甚至丧失其食用价值的过程。为了抑制鲜蛋的胚胎发育,应加强温度和湿度管理,最好用低湿保管。

6)僵直与软化

①僵直。僵直是指畜、禽、鱼等死后发生的生化变化,其特点是肌肉失去原

有的柔软性和弹性,变得僵硬,肉片呈不透明状态等。如手握鱼头其尾部挺直而不下弯就是僵直的表现。生命体死后的僵直机理是一个比较复杂的生物化学变化过程,与肌肉中肌糖原酵解产生乳酸和三磷酸腺苷、磷酸肌酸的分解有密切关系。畜、禽、鱼类死后僵直,因动物种类、致死原因和温度等的不同而异。一般鱼类的僵直先于畜、禽类,带血致死的先于放血致死的,温度高的先于温度低的。处于僵直期的鱼是新鲜度高的鲜鱼,食用价值大,而僵直期的畜、禽因弹性差、难煮烂、缺乏香味、消化率低,不适于食用。但是从储藏而论,僵直期的肌肉 pH 值低,腐败微生物难于发展,肌肉组织致密,主要成分尚未分解变化,基本上保持了肉类和鱼类的原有营养价值,因此,适合于冷冻储藏。

②软化。软化是指畜、禽、鱼肉僵直后的进一步的生化变化。其特点是肌肉由硬变软,恢复弹性;蛋白质和三磷酸腺苷分解使肌肉多汁,产生芳香的气味和滋味。软化是畜禽肉类形成食用品质所必需的肉类成熟作用。由于鱼类含水多、组织细嫩、属于冷血动物且带有水中微生物等原因,经过软化后很快就会腐败变质,因此,应防止其死后发生软化。

本章小结

商品成分与商品的性质同为商品标准中品质条件和进出口商品合同品质条款的主要组成部分,与商品特性、商品分类、效用、包装、储存、运输与养护等有密切关系,是决定商品品质的重要指标,是国际贸易中"凭规格买卖"的重要内容。因此,商品成分与性质的相关知识,是外贸商品概论关于商品使用价值的研究、商品使用价值实现过程及其规律性研究的不可或缺的基础性知识。

习 题

1. 商品的透气、透水性与下列因素有关( )。
   A. 组织结构的紧密程度　　　　B. 商品体的成分
   C. 环境温度　　　　　　　　　D. 环境湿度
2. 水分在工业品中存在的状态是( )。
   A. 化学结合水　　　　　　　　B. 胶体结合水
   C. 物化结合水　　　　　　　　D. 机械结合水

3. 普通钢、优质钢和高级优质钢的根本区别在于(　　　　)。

    A. 硫与镁含量的不同　　　　　　B. 镁与磷含量的不同

    C. 镁与铜含量的不同　　　　　　D. 硫和磷含量的不同

4. 下列属于商品的生物学性质的是(　　　　)。

    A. 发霉　　　　　　　　　　　　B. 僵直

    C. 胚胎发育　　　　　　　　　　D. 虫蛀

5. 煤的可燃体挥发分百分比(　　　　)干态挥发分百分比。

    A. 大于　　　　　　　　　　　　B. 小于

    C. 等于　　　　　　　　　　　　D. 无关

思考题

1. 研究商品化学成分的意义是什么?

2. 如何理解商品物理性质对商品使用价值的影响?

实 训

采访一位从事外贸的专业人士,听听他对商品成分与性质对外贸工作的影响的体会和感受。

案例分析

方便食品在人们的生活中占据着越来越重要的地位,有人说21世纪是方便食品的时代,作为主食的方便面首当其冲。有资料表明,2000年我国人均消费方便面11包,成为最大的方便面生产与消费国。但有关专家提醒,方面食品只宜作为应急食品,不能作为日常生活的主食。

分析

试对题中的现象进行分析。

第3章
外贸商品的分类和编码

【本章导读】

本章主要介绍商品分类的概念、原则和意义；商品分类的主要标志及分类方法；外贸商品的分类体系；商品目录、商品代码；商品分类的相关概念及商品条码。目的是使读者了解商品分类是商品社会发展的必然结果，是深入研究商品使用价值、探讨商品使用价值实现规律的前提。

3.1　外贸商品分类的意义和原则

3.1.1　商品分类的概念

分类,是将一定范围内的总体按特定标志,逐次归纳成若干概括范围更小、特征更趋一致的部分,直到划分成最小单元的过程。

商品分类是指为了一定目的或需要,选择适当的商品属性或特征,将商品总体按照一定的原则和方法,逐级划分为不同类别(如门类、大类、中类、小类、品类或品目、种类、品种、细目等)并形成系统的过程。

商品门类是按国民经济行业共性对全国商品的分门别类,如化工产品、金属制品、橡胶制品及塑料制品、电子产品及通信设备等门类。

商品大类是按商品生产和流通领域的行业来划分,如加工食品、饮料、纺织品、鞋帽、印刷品、日用化工品等大类。商品品类或品目是具有若干共同性质或特征的商品的总称,如酒类、果品、乳制品、肥皂等品类,包括若干商品品种。商品品种是按商品的性质、成分等特征来划分,指具体商品的名称,如香皂、奶粉、西服等品种。商品细目是对商品品种的详细区分,包括商品的花色、规格、品级等,如飘柔去头屑洗发水等。

3.1.2　商品分类的意义

1)商品分类有助于国民经济各部门的各项管理的实施

商品的种类繁杂,性质各异,只有将商品进行科学的分类,从生产领域到流通领域的各项管理工作才能顺利进行,各种统计数字才能具有实用价值。国民经济各部门必须在商品分类的基础上编制各自的商品目录,以保证商品目录的科学性,为开展各项经济管理活动创造先决条件。

2)商品分类有利于国际信息资源共享和对外贸易的发展,促进了外贸工作的发展

我国的商品分类与代码如果与国际标准商品分类目录相互兼容,就可以通过与国际信息系统的联网,科学地分析、研究国际商情,掌握国际市场商品结

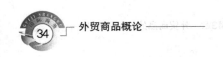

构,实现信息资源共享,简化对外贸易中的各类手段,提高效率,促进市场的开放,提高我国商品在国际市场上的竞争能力。

3)商品分类有利于深入研究商品使用价值,准确认识、评价商品质量

通过科学的分类,人们才能从一类商品的特性推知同类商品的共性,便于分析商品的性质、研究商品的质量变化规律、解决实际问题。按照不同的商品质量变化规律,采取不同的管理措施,保护商品质量,防止商品使用价值的降低。

4)商品分类有利于商业经营管理

商品分类的理论为商品经营活动提供了依据。根据商品分类,设置商业网点,指导零售店的商品陈列,便于经营管理,方便消费者进行商品选购

5)商品分类有利于商品学的教学工作和开展商品研究工作

商品学教学中,按教学需要对商品进行分类,使讲授的知识系统化、专业化,便于学生掌握,同时有利于教学大纲和教材的编写,有利于开展商品的标准化管理、商品检验、商品包装与储运养护等专题研究。

3.1.3　商品分类的原则

商品分类的原则是建立商品科学分类体系的重要依据,为了使商品分类能满足特定的目的和要求,在商品分类时应遵循以下原则:

1)有明确的分类目的和商品总体所包括的范围

不同国家、不同历史阶段,商品所包括的范围并不完全相同,各行业、各部门所管理的商品范围也不相同,因此商品分类的对象也不尽相同。在商品分类时,首先要明确要分类的商品所包括的范围,商品分类才有实际意义。

2)选择的分类标志要适当

以商品的基本特征为基础,从本质上显示出各类商品之间的明显区别,保证分类清楚,类别间区分明显,实现每个品种在分类系统中只占有一个位置,且要留有不断补充新商品的余地。

3) 在某一商品类别中,不能同时采用两种或多种分类标准进行分类

商品分类要以系统工程的原理为根据,分类体现出目的性、层次性,使分类结构合理。

4) 能够适应现代化管理

商品分类要从有利于商品生产、销售、经营习惯出发,最大限度地方便消费者的需要,要有利于采用数字代码、运用网络化的管理手段进行处理。

3.2 外贸商品分类的标志及方法

商品分类标志是分类的基础,可供商品分类的标志较多,按其适用性可分为普遍适用分类标志和局部适用标志。

3.2.1 选择商品分类标志的基本原则

1) 目的性原则

分类标志的选择必须保证在此基础上建立起的分类体系能满足分类的目的和要求。

2) 包容性原则

分类标志的选择必须保证在此基础上建立起的分类体系能够包容拟分类的全部商品,并为不断地纳入新商品留有余地。

3) 区分性原则

分类标志本身含义明确,必须保证从本质上把不同类别的商品明显区别开来。

4) 唯一性原则

分类标志的选择必须保证每个商品只能在体系内的一个类别中出现,不得在不同类别中反复出现;体系内的同一级范围内只能采用同一种分类标志,不得同时采用几种分类标志。

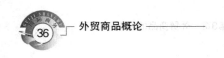

5）逻辑性原则

分类标志的选择必须保证商品分类体系中的下一级分类标志成为上一级分类标志的合乎逻辑的延续和延伸，从而使体系中不同商品类目间的逻辑关系清晰明了。

6）简便性原则

分类标志的选择必须保证建立起的商品分类体系在实际运用中便于操作、有利于采用数字编码和运用计算机进行处理。

3.2.2　常见的商品分类标志及分类方法

1）常见的商品分类标志

在商品分类中，商品的用途、原材料、生产加工方法、化学成分、使用期长短等这些商品最本质的属性和特征，是最常采用的商品分类标志。

（1）以商品用途作为分类标志

各种商品的不同用途，决定了商品使用价值的差别，同时它也是衡量商品质量高低的重要依据，以用途作为分类标志在商品流通企业中应用很广泛。它不仅适合对商品的大类划分，也适合对商品类别、品种的进一步详细分类，而且便于经营管理和消费者的选购。如商品按用途可分为生活资料商品和生产资料商品；生活资料用品可分为食品、纺织品、日用品、家用电器等；日用品可分为器皿类、玩具类、化妆品类、洗涤用品等；化妆品类分为护肤用品、美发用品等。

以商品用途为标志进行分类的主要特点是：简明扼要、易被消费者接受。目前，国内零售贸易中常采用这种方法。但是，这种分类对多用途商品和储运部门则不宜采用。

（2）以商品的原材料作为分类标志

制造商品的原材料是决定商品质量和性能的重要因素。商品所用原材料不同，可以使商品有截然不同的特征。许多商品以原材料作为分类标志，不仅分类清楚，而且能从本质上反映出每类商品的性能、特点、使用和保管的要求。例如，按原料不同，纺织品可分为棉织品、麻织品、丝织品、毛织品、化纤织品、混纺织品；食用油脂可分为植物性油脂和动物性油脂；皮革可分为牛革、羊革、猪革；食糖可分为甘蔗糖和甜菜糖。按照这种分类方法，可将全部商品分为植物类商品、动物类商品和矿物类商品三大类。

以商品的原材料作为分类标志进行分类的主要特点是：分类清楚，能从本质上反映出每类商品的性能、特点。此类分类标准较适用于原料性商品和原料对成品质量影响较大的商品。而对那些与原料关系不大或由各种原料制成的商品（如微波炉、汽车）不宜采用。

（3）以商品的生产加工方法和加工工艺作为分类标志

很多商品尽管原材料相同，但是加工方法和加工工艺不同，也会产生不同质量和特性的商品，形成不同的类别。例如，茶叶按加工工艺不同可以分为全发酵茶、不发酵茶、半发酵茶等；铝制品按加工方法的不同可分为洗白、抛光、阳极氧化制品等；纺织品按加工工艺的不同，可分为针织品、机织品、无纺织物等。

以加工方法和加工工艺作为分类标志，适合于可以用多种生产方法和工艺制造而其质量受工艺影响较大的商品。

（4）按商品的化学成分作为分类标志

商品由于化学成分不同，在特性上存在着显著的差异，在用途和效用上也有很大的区别，并要求有不同的保管方法。当然，市场上单一成分的商品较少，大多是多种成分的混合物。构成商品的成分，有主要成分和次要成分之别。很多情况下，决定商品基本性能的是主要成分，分类时就应以其主要成分为标志。采用此种方法进行分类，便于研究和了解商品的特性、用途和效用，许多商品都采用此方法分类。如纺织品按成分分为纤维素类织品、蛋白质类织品等；化肥分为氮肥、磷肥、钾肥等。

以商品化学成分为分类标志便于深入研究某类商品的特性、储运条件和使用方法等。它在生产管理、商品经营中也得到了广泛的应用。但是，这种分类对于用多种复合成分制造的商品或化学成分不明显的商品，一般不宜采用。

（5）以商品的使用期长短作为分类标志

以使用期的长短为标志，消费品可以分为耐用消费品（如彩电、冰箱、空调等）和日用消费品（如牙膏、热水瓶、面盆等）。当然，由于消费观念变化及市场竞争的激化，这种按使用期长短的分类是相对的。如一次性用具的出现。

除了以上分类标志，还有其他的一些分类标志。如商品形态、季节、产地、重量等作为分类标志。在实际应用中，应根据各种商品的特点，统筹兼顾，选择最佳分类标志。

2）商品分类的方法

商品分类的基本方法有层次分类法和平行分类法两种。在实际工作中，通

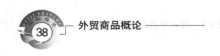
常综合采用这两种方法来建立商品分类体系或编制商品分类目录。

（1）层次分类法

层次分类法又称线分类法，是将商品总体按选定的分类标志，逐次分成相应的若干个层次类目，并排列成一个有层次、逐级展开的分类体系的方法。

层次分类法将分类对象一层一层地具体进行划分，各层级选用的分类标志可以不同，各个类目之间构成并列或隶属关系，其一般表现形式是大类、中类、小类、细类等。其结构如图3.1所示。

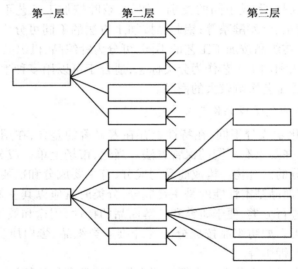

图3.1　商品层级分类图

层次分类法是传统的分类方法，使用范围极广，在国际贸易和国内商品流通领域，许多商品都采用该方法。其优势在于分类层次清楚、信息容量大、适用于手工处理或计算机处理等，但其结构的弹性较差，在进行商品分类目录编制时，要留有补充新产品的余地。

（2）平行分类法

平行分类法又称面分类法，是将商品总体按不同的分类标志（商品本身固有的属性或特征），划分成彼此没有隶属关系的若干个面（商品小集体），每个面中都包含有一组类目，把某个面中的一个类目与另一个面中的一个类目组配在一起，即成为一个新的复合类目的分类方法。其结构如图3.2所示。

平行分类法的优势是结构弹性好、可以较大量地扩充新产品、适用于计算机处理等优点。但组配结构太复杂，不便于手工处理；有些组合无实际意义，不

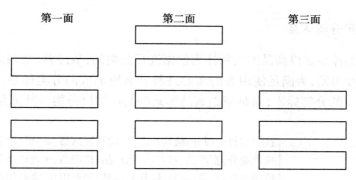

图 3.2 商品平行分类图

能充分利用容量。目前多把平行分类法作为层次分类法的辅助。

3.3 外贸商品分类体系

3.3.1 商品分类体系

商品分类体系是指将一定范围内的商品总体,选择适宜的标志划分为大类、中类、小类、品种、细目等所形成的一个完整的、具有内在联系的分类系统。建立科学的商品分类体系,是商品分类的主要内容之一。

目前采用的商品分类体系可概括为基本分类体系、应用分类体系、国家标准分类体系等。

1) 基本分类体系

这种分类体系是把各种商品在使用时的状态加以抽象化,以其主要用途和消费状态作为基本依据进行分类。基本分类体系对于生产积累和消费水平的宏观调控具有重要作用。其体系如图 3.3 所示。

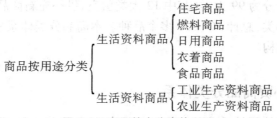

图 3.3 商品基本分类体系图

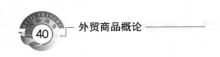
2）应用分类体系

此分类体系是以商品的实用性为依据进行分类的,从经营、处理商品方便、习惯的角度出发,为满足使用者的需要进行分类所形成的分类体系,往往不规定严格统一的分类标志,而是根据商品的某些共性加以分类。其体系如图3.4所示。

商品按某些共性分类 {
按原材料来源分:植物性商品、动物性商品、矿物性商品等
按产业分:畜产品、林产品、水产品、矿产品、工业产品等
按用途分:食品、衣料品、住宅商品、产业用品、家庭用商品
按市场性分:地方商品、外地商品、外贸商品、民族贸易商品等
按使用时间分:耐用商品、消耗商品等
按需要程度分:必需品、奢侈品等
按行业经营分:服装、鞋帽等
按储运分:化工危险品、土产品、果品等
}

图3.4　商品应用分类体系图

3）国家标准分类体系

国家标准分类体系是为适应现代化经济管理的需要,以国家标准形式对商品进行科学、系统的分类编码所建立的商品分类体系,即国家标准 GB 7635—1987《全国工农业产品(商品、物资)分类与代码》。

我国于 1987 年发布实施了国家标准 GB 7635—1987《全国工农业产品(商品、物资)分类与代码》,它为国民经济统一核算和国家经济信息系统提供了统一的商品分类体系。各部门、各地区在进行计划、统计、会计、业务等工作时,必须按标准及有关使用要求整理上报资料。各部门、各地区在使用本分类体系时允许做适当细化和补充,也可以在本体系的基础上制定本部门、本地区适用的商品分类体系和分类目录,但必须与本分类体系兼容,以保证信息交换与资源共享。《全国工农业产品(商品、物资)分类与代码》,把我国生产的所有工农业产品、商品、物资分为99 大类(其中 12 大类留空,供补充新商品),1 000 多个中类,7 000 多个小类,总计 360 000 多个品种。本商品分类体系采用 8 位数编码,为 4 层次代码结构。

3.3.2　外贸商品分类体系

世界各国间的贸易活动以及各国在海关管理、征收关税、市场及关税研究、

贸易经济、贸易管理、商情研究、进出口业务及制定贸易政策等方面都需要有一个统一的国际贸易商品分类体系。目前,由有关国际组织主持编制、发布和实施,具有相当高的科学性和完整性,在国际上公认并广泛采用的国际商品分类体系有如下3个:

1)海关合作理事会分类目录(简称 CCCN)

此分类目录在 1959 年正式实施,在 1965 年、1972 年、1978 年分别进行了 3 次系统修订,主要适用于海关税则的商品分类。

海关合作理事会分类目录的分类原则为:按商品的原材料,结合加工程度和用途以及工业部门来划分商品目录。据此分类体系将国际贸易商品划分为 21 类、99 章、1 011 税目,每一项税目下又分成若干条子目。该分类体系采用 4 位数编码。

2)国际贸易标准分类(简称 SITC)

国际贸易标准分类由联合国于 1950 年制定,在 1951 年国际会议上通过,在 1960 年和 1975 年进行了两次修订。它主要是为了便于统计世界经济,促进国际贸易,使海关手续合理化,联合国也据此编制国际贸易统计资料,以便对世界贸易进行系统的研究。《国际贸易标准分类》把所有国际贸易商品划分为 10 类、63 章、233 组、786 分组,其中 435 个分组又细分成 1 573 个附属目,其余 351 个分组不分细目,这样共有 1 924 个基本统计项目,各国可依据本国需要进一步细分任何一个基本项目。该分类体系采用 4 位数字编码。

3)商品分类和编码协调制度(简称 H.S)

《商品分类和编码协调制度》是在《海关合作理事会分类目录》和《国际贸易标准分类》实施经验的基础上,参酌国际间其他税则、统计、交通等分类协调制度,由海关合作理事会主持,60 多个国家和多个国际组织多年研究后编制的,于 1983 年以国际公约形式通过,经过一段时间的各国立法批准程序,于 1988 年 1 月 1 日在国际上开始实施。它是国际上多种商品分类目录协调的产物,是世界各国专家努力工作的成果,是最新的、系统的和多用途的国际贸易商品统一分类体系,当前世界各国正陆续采用。

我国根据《商品分类和编码协调制度》,由国家商检局和海关总署分别编制了《商检机构实施检验的进出口商品种类表》、《中华人民共和国海关进出口税则》,并于 1990 年和 1992 年发布实施。

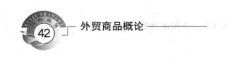

《商品分类和编码协调制度》把所有国际贸易商品分为21类,99章,1 241节, 5 019目,其中第77章留空以增补新商品,第98、第99章留空供各缔约国专用, 该分类体系采用6位数字编码。

3.4 外贸商品目录和商品代码

3.4.1 商品目录

1)商品目录的概念

商品目录,即商品分类目录,是指国家或部门根据商品分类系统对所经营 管理商品编制的总明细分类集(商品总明细目录),是在商品逐级分类的基础 上,用表格、符号、文字的形式全面记录商品分类体系和排列顺序的书本式 工具。

编制商品目录,是加强商品经营管理的重要基础性工作,商品流通部门及 企业在组织订货、仓储作业,进行商品流转统计、财务核算、价格管理等方面,都 要以商品目录为基础。

商品目录,是商品分类成果的具体体现和推广应用的工具,而商品分类,则 是编制商品目录的基础和前提。只有在商品科学分类的基础上编制商品目录, 才能做到层次分明、科学性强、标准化程度高,才能促进经营管理工作的科学化 和现代化。两者是相辅相成的关系。因此,商品目录的编制,实际上也是商品 分类工作的有机组成部分。

为了充分发挥商品目录在商品流通中的作用,还应随着商品生产的发展和 商品经营的变化,适时地对商品目录予以修订。

2)商品目录的分类

商品目录由于编制目的和作用不同,因此种类很多。如按商品用途不同编 制的目录有食品商品目录、纺织品商品目录、化工原料商品目录等;按管理权限 不同编制的目录有一类商品目录、二类商品目录、三类商品目录;按适用范围不 同编制的目录有国际商品目录、国家商品目录、部门商品目录、企业商品目录等。

①国际商品目录。国际商品目录是指各国际组织或地区性国际集团制定

的商品目录。如《商品分类和编码协调制度》、联合国制定的《国际贸易标准分类目录》、欧洲共同体制定的《欧洲共同体对外贸易统计商品目录》、国际关税合作委员会制定的《商品、关税率分类目录》、海关合作理事会编制的《海关合作理事会商品分类目录》等。熟悉国际商品目录,有利于对外经济交流工作的顺利开展,有利于充分利用国际经济信息资源。

②国家商品目录。国家商品目录是指由国家指定专门机构编制,在国民经济各部门、各地区进行计划、统计、财务、税收、物价、核算等工作时必须一致遵守的全国性统一商品目录。在我国是指由国务院批准,由原国家标准局发布的《全国工农业产品(商品、物资)分类与代码》(标准号:GB 7635—1987)。它是我国国民经济统一核算和各行业、各地区、各企事业单位进行统计、计划、会计等工作的重要基础标准,也是全国各经济信息系统进行信息交换的共同语言。实施此标准,对于提高我国宏观经济管理水平,实行新的国民经济核算体系及国家经济信息的自动化管理,有重大作用。

③部门商品目录。部门商品目录是指由本行业主管部门编制,是该部门所有企业共同遵循的准则。例如外贸部编制的《出口商品分类目录》将我国出口商品分为农副产品、纺织品、轻工业品、矿产及制品、化工产品、机械产品和其他共7个部分,36个大类,272章,3 271个目,2 334个细目,5 915个商品,是全国各省、自治区、直辖市外贸单位编制计划、统计、财会报表时必须统一执行的。

④企业商品目录。企业商品目录是指由本企业(单位)编制的商品目录。它应当在充分考虑国家、行业商品目录分类原则和要求的基础上,因地制宜,充分满足本企业工作的需要。例如,在柜组设置、商品陈列、仓库保管时,应以方便顾客选购、有利于经营保管的原则,对商品进行分类。企业商品目录一般较国家、行业的商品目录类别要小,品种划分更详细些。

3.4.2 商品代码

1)商品代码的概念

商品代码又称商品编码,是指在商品分类的基础上,赋予各类、各种商品有一定规律性的代表符号。其符号可以由数字、字母和特殊标记组成。

商品代码是商品目录的组成部分,也是商品分类的有机组成部分。商品分类和商品代码共同构成了商品目录的完整内容,因此,商品目录又称为商品分类与代码集。

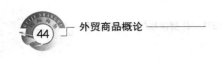

2) 商品代码的意义

使用商品代码,对企业、对国家都具有积极的意义。

①可使多种多样、品种繁多的商品便于记忆。商品代码的编制都有一定的规律性,而且表现形式简单,容易掌握并记忆。

②可以简化手续,提高工作的效率和可靠性。商品代码易于书写,一目了然,在商品流通各个环节的交接工作中,能够节省时间,减少差错。

③利于管理,促进销售。商品代码有利于应用计算机系统管理商品,促进商品销售和信息交流,提高企业经营能力和经济效益。

3) 商品代码编制应遵循的基本原则

商品代码的编制应遵循以下基本原则:

①唯一性原则。要求在同一个商品分类编码集中,每个代码只能代表一种商品,即不能出现重号现象。

②合理性原则。商品代码结构要与商品科学分类体系相适应,与商品经营业务的需要相适应。

③可扩充性原则。编码时必须留有适当的后备容量(备用代码)以便适应因新产品的出现而对代码不断扩充的需要。

④简明、适用、规范性原则。商品代码要尽可能反映各类商品的特点,其结构在保证足够容量的前提下应当尽量简单,长度尽量短,以便于记忆和填写,节省计算机存储空间,减少录入的差错率。同时,提高机器和人的处理效率,也有利于信息管理的人员培训。在同一套商品分类代码集中,代码的类型、结构及编写格式,必须统一规范。

4) 商品代码的分类

商品代码按其所用的符号类型,可分为数字型代码、字母型代码、字母和数字混合型代码、条码四类,目前普遍采用的是数字型代码和条码两类。

(1) 字母型代码

字母型代码是用一个或若干个字母表示分类对象的代码。按字母顺序对商品进行分类编码时,一般用大写字母表示商品大类,小写字母表示其他类目。字母型代码便于记忆,适应人们的使用习惯,可提供人们识别的信息。但当分类对象数目较多时,常常出现重复现象。故字母代码常用于分类对象较少的情况,在商品分类代码中较少使用。

（2）数字型代码

数字型代码是用一个或若干个阿拉伯数字表示分类对象的代码。其特点为结构简单、使用方便、易于推广、便于计算机进行处理，是目前各国普遍采用的一种代码。编制商品数字代码的方法有层次编码法、平行编码法和混合编码法3种。

（3）数字、字母混合型代码

混合型代码是由数字和字母混合组成的代码，它兼有数字型代码和字母型代码的优点，结构严密，具有良好的直观性和表达性，同时又有使用上的习惯。但代码组成形式复杂，给计算机输入带来不便。在商品分类代码中也常使用这种代码。

（4）条码

条码是将表示一定信息的字符代码转换成用一组黑白（或彩色）相间的平行线条、按一定的规则排列组合而成的特殊图形符号。为了便于人们识别条码符号所代表的字符，通常条码符号下部印刷所代表的数字、字母或专用符号。

条码是计算机输入数据的一种特殊代码，包含有商品的生产国别、制造厂商、产地、名称、特性、价格、数量、生产日期等一系列商品信息。只要借助于光电扫描阅读设备，即可迅速地将条码所代表的信息，准确无误地输入电子计算机，并由计算机自动进行存储、分类排序、统计、打印或显示出来。这不仅实现了售货、仓储、订货的自动化管理，而且通过产、供、销信息系统把销售信息及时提供给生产厂家，实现了产、供、销之间的现代化管理。因此，条码是快速、准确地进行商品信息流和物流控制的现代化手段。

3.5 外贸商品条码

3.5.1 商品条码概述

1）商品条码的形成与发展

商品条码最早产生于美国，20 世纪 70 年代初在北美推广应用，称为通用产品代码（简称 UPC 条码）。随后，欧共体 12 国成立了欧洲物品编码委员会（简称 EAN），并于 1981 年改名为国际物品编码协会（简称仍使用旧称 EAN），开发出与 UPC 条码兼容的欧洲物品编码系统（简称 EAN 条码），在欧洲乃至全世界推广应用。目前，国际物品编码协会的成员已超过 60 个国家和地区，EAN 条码已在世界各国普及，成为国际通用的商品条码。

我国条码技术的研究始于 20 世纪 70 年代末，为了普及、推广、研究条码技术，国家质量技术监督局于 1988 年 12 月正式成立了中国物品编码中心，负责制定和发布全国条码标准，统一组织、协调和管理全国的条码工作，并在各地设立了物品编码分中心。1991 年 4 月，我国以"中国物品编码中心"（一个编码组织的身份）为代表，正式加入国际物品编码协会成为会员，允许使用 EAN 条码，为中国大规模推广应用条码技术创造了有利条件。

目前，国际通用的商品条码有国际物品条码（EAN 条码）和通用产品条码（UPC 条码）。

2）商品条码的概念

条码是将表示一定信息的字符代码转换成用一组黑白（或彩色）相间的平行线条、按一定的规则排列组合而成的特殊图形符号。为了便于人们识别条形码符号所代表的字符，通常条形码符号下部印刷所代表的数字、字母或专用符号。

条码是利用光电子扫描阅读设备识读，并实现数据输入计算机的一种特殊代码。它作为一种可印刷的计算机语言，以其特有的快速、信息量大、成本低、可靠性高等优点，被广泛地应用于商业、仓储、邮电、交通运输、图书管理、生产过程的自动控制等领域，是迄今为止在自动识别技术中，应用最普遍、最经济的一种信息标识技术。

商品条码包含着商品的生产国别、制造厂商、产地、名称、规格、特性、生产日期、数量、价格等一系列商品信息，是使用条码商品的"身份证"。

3）应用商品条码的意义

商品条码是快速、准确地进行商品流向控制的现代化手段；普及商品条码，可以实现销售、仓储、运输、订货、结账等自动化管理，提高商品生产和经营效率；采用商品条码，有助于提高商品信誉，使出口商品可以在国际市场上正常流通，进入超级市场，为国家创汇。

在零售商业企业采用商品条码，可以改善零售作业，减少人为错误，提高结账柜台效率（用激光判读条码中大量商品信息的运动速度可达 170 m/min，是人工判读速度的 110 倍,而且判读无误);可以立即提供财务报告,加快簿记工作速度,随时了解盘存货量,避免商品脱销或积压;同时,可以帮助消费者了解商品的生产国别和质量水平,方便挑选,促进销售。

3.5.2　商品条码的种类

常用条码在商品流通领域分为储运单元条码和消费单元条码。储运单元是指由若干消费单元组成的稳定和标准的商品集体,是装卸、仓储、收发货、运输等项业务所必需的一种商品单元。储运单元条码有 DUN—14 条码、DUN—16 条码、ITF—14 条码、ITF—16 条码、EAN/UPC—128 条码等。消费单元是指通过超级市场、百货商店、专业商店等零售渠道直接销售给消费者的商品单元。消费单元的条码有 UPC 条码和 EAN 条码。

目前,国际通用的商品条码有国际物品条码(EAN 条码)和通用产品条码(UPC 条码)。

1)EAN 条码

EAN 条码是国际物品条码的简称,由国际物品编码协会制定,是一种国际通用商品代码,主要用于超级市场或自动售货系统的单件商品上。凡进入国际市场的商品其包装上必须印有 EAN 条码。我国规定从 1997 年 1 月 1 日起,凡在超级市场销售的商品必须使用商品条码。国家标准 GB 12904—1991《通用商品条码》中规定中国通用商品条码结构与 EAN 条码结构相同。

EAN 条码有标准版和缩短版两种形式。

①EAN 标准版又称 EAN—13 条码或 EAN—13 代码,中国称之为标准码,其标准尺寸为 37.29mm×26.26mm,是由条、空及其下面对应的 13 位阿拉伯数字组成。这 13 位数字可分为 4 个码段:第一码段是前缀码(又称国别代码),为前两位或前 3 位数字;第二码段是制造商代码,为 5 位或 4 位数字;第三码段是商品标识代码,为 5 位数字;第四码段是校验码,为最后一位数字。其条码结构如图 3.5 所示。

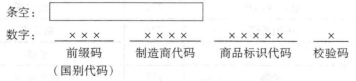

图 3.5　EAN—13 条码结构示意图

前缀码用于标识商品来源的国家或地区,有国际物品编码协会分配和管

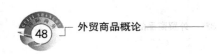

理,各成员国(地区)获得的国别代码如表3.1所示。

表3.1　国际物品编码协会成员国(地区)的代码

前缀码	各编码组织所在国家(地区)	前缀码	各编码组织所在国家(地区)
00～13	美国和加拿大	609	毛里求斯
20～29	店内码(对无条码商品自行编码)	611	摩洛哥
30～37	法国	613	阿尔及利亚
380	保加利亚	619	突尼斯
383	斯洛文尼亚	622	埃及
385	克罗地亚	625	约旦
387	波黑	626	伊朗
400～440	德国	64	芬兰
45,49	日本	690～693	中国
460～469	俄罗斯联邦	70	挪威
471	中国台湾	729	以色列
474	爱沙尼亚	73	瑞典
475	拉脱维亚	740	危地马拉
477	立陶宛	741	萨尔瓦多
479	斯里兰卡	742,744	洪都拉斯、哥斯达黎加
480	菲律宾	743	尼加拉瓜
481	白俄罗斯	745	巴拿马
482	乌克兰	746	多米尼加
484	摩尔多瓦	750	墨西哥
485	亚美尼亚	759	委内瑞拉
486	格鲁吉亚	76	瑞士
487	哈萨克斯坦	770	哥伦比亚
489	中国香港	773	乌拉圭
50	英国	775	秘鲁
520	希腊	777	玻利维亚
528	黎巴嫩	779	阿根廷

续表

前缀码	各编码组织所在国家(地区)	前缀码	各编码组织所在国家(地区)
529	塞浦路斯	780	智利
531	马其顿	784	巴拉圭
535	马耳他	786	厄瓜多尔
539	爱尔兰	789	巴西
54	比利时和卢森堡	80~83	意大利
560	葡萄牙	84	西班牙
569	冰岛	850	古巴
57	丹麦	858	斯洛伐克
590	波兰	859	捷克
594	罗马尼亚	860	南斯拉夫
599	匈牙利	869	土耳其
600~601	南非	893	越南
87	荷兰	899	印度尼西亚
880	韩国	90,91	奥地利
885	泰国	93	澳大利亚
888	新加坡	94	新西兰
890	印度	955	马来西亚

目前,国际物品编码协会已分配给中国(中国物品编码中心)的前缀码(国别代码)为690,691,692,693,随着中国条码系统成员数量的增加还将分配给新的前缀码。

制造商代码用于标识生产企业或批发公司,由国际物品编码协会在各国(地区)的分支机构(如中国物品编码中心)分配和管理。

商品标识代码用于识别商品的特征或属性(即具体的商品项目),由厂商依据 EAN 的规则自行编制。

检验码用于校验以上3部分代码输入的正确性,由这3部分数字依照规定的方法计算得出。

例如,EAN—13 条码的数字为"6902226189610",表示广州美晨股份有限公司生产的国际香型黑妹牙膏;数字为"6903388126024",表示中美合资广州高露洁有限公司生产的冰凉薄荷型牙膏,"6903388116025"则表示该公司生产的清新香型牙膏,而"6903388311000"是表示该公司生产的双重功效牙膏。

②EAN 缩短版又称 EAN—8 条码或 EAN—8 代码,中国称之为缩短码,是由条、空及其下面对应的 8 位阿拉伯数字组成。这 8 位数字可分为 3 个码段:第一码段前缀码(国别代码)以及最末码段检验码的计算方法均与 EAN—13 条码相同;第二码段是商品项目代码,由 4 或 5 位数字构成,是按一定规则由 EAN—13 条码中的制造商代码和商品标识代码(9 位或 10 位数字)经删"0"后得出,统一由国际物品编码协会在各国(地区)的分支机构分配。如在我国使用的 EAN—8 条码中的商品项目代码,由中国物品编码中心统一编码。其条码结构如图 3.7 所示。

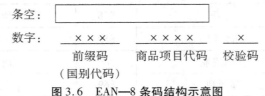

图 3.6 EAN—8 条码结构示意图

根据国际物品编码协会的规定,只有当 EAN 标准版(EAN—13 条码)所占面积超过总印刷面积的 25% 时,使用 EAN 缩短版(EAN—8 条码)才是合理的。中国物品编码中心对使用 EAN—8 条码的条件还做了进一步具体规定,即当包装面积表面或标签可印刷面积小于 40 cm² 时,方可申请使用缩短码。1998 年 7 月 29 日,国家质量技术监督局发布执行的《商品条码管理办法》中规定,当条码印刷面积超过标签可印刷面积 1/4 的,可申请使用缩短版商品条码。因此,EAN 缩短版主要用于印刷空间较小的小包装商品,如化妆品、香烟、胶卷等。

2)UPC 条码

UPC 条码是通用产品条码的简称,是美国统一代码委员会于 1973 年推出的一种商品条码,广泛应用于美国和加拿大商品流通领域。各国出口到美、加等北美国的商品,其包装必须印有 UPC 条码。

UPC 条码有标准版和缩短版两种形式。

①UPC 标准版,又称 UPC—A 条码,是由条、空及下面对应的 12 位阿拉伯数字组成。这 12 位数字中,第一位数字是前缀号,最后一位数字是校验码,中间 10 位数字是编码数字,其中前 5 位数字是制造商代码,后 5 位数字是商品标识代码。其条码结构如图 3.7 所示。

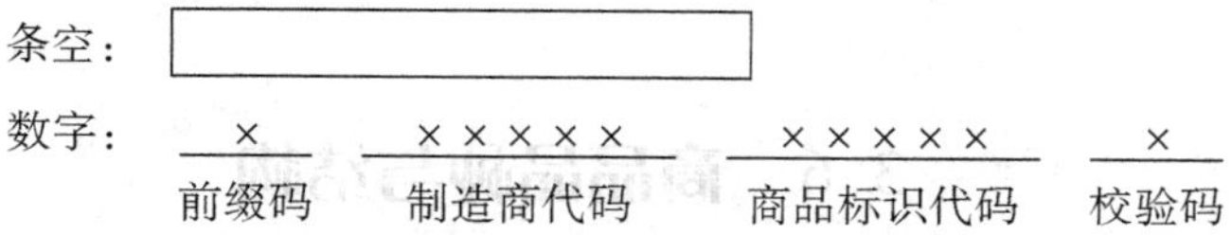

条空：

数字： ×　×××××　　×××××　×

前缀码　制造商代码　　商品标识代码　校验码

图3.7 UPC—A 条码结构示意图

前缀码为编码系统字符，以 0~9 表示。其中，"0"标识规定数量包装的规则包装商品；"2"标识不规则重量的商品；"3"标识医药卫生商品；"4"为零售商专用；"5"标识用信用卡销售的商品；"7"为中国申报的美国的统一代码委员会会员用；"1,6,8,9"为备用码。编码系统字符由美国统一代码委员会给它的每个会员。

制造商代码用于标识商品生产厂家，由美国统一代码委员会分配给每个会员。

商品识别代码用于识别商品的特征或属性，由厂家根据美国统一代码委员会的规则自行编制和管理。

校验码用于校验代码符号的正确性，按照一定规则计算确定。

②UPC 缩短版又称 UPC—E 条码，是由条、空及其下面对应的 8 位数字组成。这 8 位数字中，第一位数字是前缀号，最末位数字是校验码，中间 6 位数字是商品信息代码。其条码结构如图 3.8 所示。

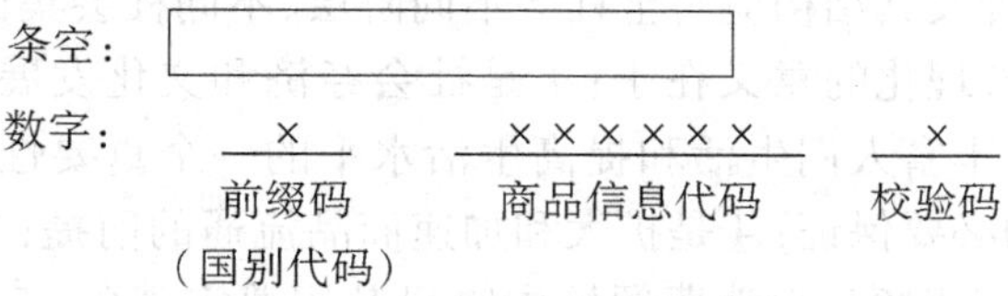

条空：

数字： ×　××××××　×

前缀码　商品信息代码　校验码

（国别代码）

图3.8 UPC—E 条码结构示意图

UPC—E 条码可视为按一定规则删除 UPC—A 的 4 个"0"得到的。只有当商品小到无法印刷有 12 位数字的 UPC 标准版时，才允许使用 UPC—E 条码，而且，只有当美国统一代码委员会分配给企业的编码系统字符是"0"（前缀号只能取"0"）时，才可以使用 UPC—E 条码。

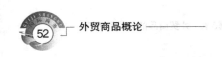

3.6 商品品种与结构

3.6.1 商品品种的概念和意义

1) 商品品种的概念

商品品种是指按某种相同特征划分的商品群体,或者是指具有某种(或某些)共同属性和特征的商品群体,其反映的是一定商品群体的整体使用价值或社会使用价值。

2) 商品品种的意义

商品使用价值的一个重要方面就是要求商品品种对路和结构合理,商品品种的不完善、品种结构的不合理,都会给社会经济生活带来重大影响。

大类商品的品种及其结构要与全社会的消费需求和消费结构相符合,其他各类商品的品种及其结构应与全社会不同阶层、不同社会集团的消费水平相吻合。商品品种合理化的意义在于:①是社会经济和文化发展的重要标志;②是满足人们需要、丰富人们生活和提高生活水平的一个重要性标志;③是生产全面、顺利发展的必要保证;④是扩大和加速商品流通的前提;⑤有利于开展公平竞争;⑥节约社会财富,为消费领域中物尽其用奠定基础;⑦节约生产,节省投资和消费开支。

3.6.2 商品品种的分类、类别和结构

1) 商品品种的分类

商品品种是指商品按不同的特征差别而归类,按不同使用价值而对商品进行区分。商品品种有多层次分类,首先是生产上的分工;其次是流通中的分工;最后是消费需求的分类。就使用价值来说,起决定性作用的是消费需求的分类。消费需求是具体的,商品供给要满足市场需要,就必须把按生产分工所生产出来的商品,通过流通分工最终转变为适应消费需求结构的分类。

（1）按生产分工分类

按生产上的分工，产品可划分为物质产品和劳务产品；物质产品可分为工业产品和农产品；工业产品可再分为重工业品和轻工业品；农产品可再分为种植产品、林产品、畜牧产品等。往下还可再分，如重工业品有钢铁、石油、化工原料、机电产品等；轻工业品有日用化学品、纺织品、食品、医药用品、家用电器等；种植产品有粮食、棉麻、油料、糖料、烟草、蔬菜、水果等。这种按生产分工的分类并不等于消费需求分类，因为同一产品有多种用途，同一消费需求可以由不同的产品来满足。

（2）按流通分工分类

按照流通中的分工，商品可分为零售商品和非零售品；零售（或非零售）商品又可以进一步分为定量零售（或非零售）商品和变量零售（或非零售）商品；零售商品还可以分为畅销商品、滞销商品和一般商品等。

（3）按消费需求分类

按照消费需求的类型和内容，商品可以分为高、中、低档商品，或者分为日用品、选购品和特殊品，也可以分为常年性消费品和季节性消费品，或者分为耐用品和消耗品。如果将消费需求划分得再仔细一点，商品又有不同规格、型号、式样、花色等的细分。

2）商品品种的类别

由于商品品种繁多、特征各异，商品品种的类别也多种多样。不同的品种类别表明其特有的品种特征。划分商品品种类别可按不同的标志，商品品种的类别与商品分类密切相关。

①按照商品品种形成的领域，可划分为生产品种和经营品种。工业生产的商品品种和商业经营的商品品种，一方面取决于特定经济形式下的资源状况和生产技术能力；另一方面则取决于消费需求的结构及其变化。

A. 生产品种是指由工业或农业提供给批发商业企业的商品品种。为获得好的经济效益，生产部门必须有合理的产品结构、适度的品种以及高水平的质量，并要根据市场需要和消费需求不断调整生产品种和开发新品种。

B. 经营品种是指批发商业企业和零售商业企业销售的商品品种。为获得好的经济效益，商业部门必须按照市场需求、供求状况和竞争需要，确定和销售企业发展战略中的品种，重视商品品种的构成、完善、策略等问题。

②按照商品品种的横向广度，可划分成复杂的商品品种和简单的商品品

种。商品品种的广度是指具体商品类中的品种数目。例如,灯泡、肥皂、锤子、办公用品等只有很少的品种,属于简单商品品种;服装、鞋类、食品等有相当多的品种,则属于复杂的商品品种。服装商品的品种类别如表 3.2 所示。

表 3.2　服装商品的品种类别表

类别	女服	男服	童装	婴儿服
外衣	大衣 风衣 上衣 裙子 短外衣 夹克衫 套装 裤子 衬衣 针织外衣 皮革服装 工作服 衣饰中小配件 (手套、提包)	大衣 风衣 西装 短上衣 夹克衫 裤子 针织外衣 皮革服装 工作服 衣饰中小配件 (手套、提包)	与男服和女服相似 连衣裙 连衣裤 风雪衣	小洗礼服 小连衣裙 户外套服
内衣	胸衣 内衣 睡衣 晨衣 连裤袜等	衬衣 内衣 睡衣 晨衣 长筒袜 短袜	与男内衣和女内衣相似	小衬衫 短上衣 小裤子 背心连裤 尿布、襁褓 睡袋
运动服	运动衣、体操服、运动裤、网球衣、滑雪衣、游泳衣、旅行衣、猎装			

③按照商品品种的纵向深度,可划分为粗的品种和细的品种。在制订商品计划或规划时,一般是指粗的商品品种。在订立供货合同时,要详细规定商品的所有特性值(参数),包括规格、颜色、式样、包装装潢等,这时就涉及细的商品品种。

④按照商品品种的重要程度,可划分为日用商品品种(必备商品品种)和美化、丰富生活用商品品种,主要商品品种和次要商品品种。

⑤按照行业也可划分成一定的商品品种类别。例如,杂货、食品、医药品、

纺织品、皮革制品、家具;五金制品、家用器皿、玻璃制品、瓷器、壁纸和地面铺设用品;电子电器商品、玩具、体育用品;文具纸张、办公用品、书;钟表、首饰、乐器、照相器材等。具有这些行业特征的商品品种大多由不同的专营商店和百货公司的各商品部来经销。根据消费者的某方面需要,也能够划分成不同的商品品种类别。例如,按照生活范围的需要可划分成卧室用品、儿童用品、家用纺织品、家用电器、园艺用品、洗涤用品、装饰品、办公用品、文化用品、厨房用品等,这些商品品种类别的构成便于消费者购买;按照活动范围的需要可构成野营用品、旅行用品、休闲用品等商品品种类别。按照消费者的某方面需要来划分商品品种,打破了传统的行业,出现了许多专门的商店,有利于商品销售和消费者选购。

3)商品品种结构

商品品种结构是在一定范围的商品集合体中,对于各类商品及每类商品中不同品种的组合状况及其数量比例的客观描述。所谓相对数量比例是指在所管理的集合体的商品总量中,按满足不同层次消费需求,各大类商品及每类商品中不同品种规格商品的数量所占的比例。商品品种结构框架是按金字塔形排列的,图3.9 给出了服装商品的品种结构框架示例。

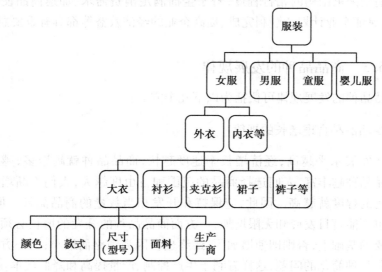

图3.9　服装商品的品种结构框架示例

商品品种是消费者对商品广度的要求,它是商品结构(商品品种组合)状况的反映,也是消费需求结构的反映。总的来说,商品品种的结构应适应消费需求结构及其变化。具体商品品种的构成应考虑具体的消费需求,如消费者年龄、性别、职业、民族、消费水平和地方风俗等。消费需求和消费结构不是一成不变的,它随科学技术水平、人口组成、社会经济发展水平等的变化而变化。这种变化一般是呈上升趋势,因而商品品种结构也是一个动态的高级化过程。调整商品品种结构,首先要调整消费需求,研究、分析市场结构和消费结构,及时捕捉市场信息,掌握市场和消费结构的变化趋势。

商品品种结构是否合理,实质上是商品能否满足广大消费者多样化、多层次、专业化、特殊化、个性化的消费需求问题,也是人们对商品的不同需要如何得到满足的问题。为了促进商品品种结构的合理化与优化,应重视商品品种和品种结构的研究。

商品品种结构合理化的总原则是,商品品种结构必须与人们的实际需要和消费结构及其变化相适应。首先,商品品种必须与消费需求相符合,商品品种结构必须同消费需求结构相一致,也就是说,商品品种必须适应不同社会阶层、不同社会集团、不同人群消费水平和消费偏好。其次,随着社会的发展,人们的需要和消费需求结构会不断发生变化,商品品种结构也应随之变化和调整,以保证商品品种结构与消费需求及其结构的相符程度达到最佳。提高商品品种结构与消费需求结构的相符程度,对于全面满足消费需求、加速商品使用价值的实现、保证企业计划的顺利完成、提高企业的经济效益等都具有重要意义。

3.6.3　商品品种的发展规律

商品品种的发展规律可概括为以下几个方面:

1) 商品品种合理增长的规律

经济发展水平越高,经济增长率速度越快,商品品种就越繁多,越丰富多彩。商品品种越丰富,人们选择商品的范围和自由度越大,人们不断增长的需要被满足的程度就越高。因此,应保持和开发相当数量的商品品种。但是,商品品种也不能盲目发展和无限增加,一方面商品品种的开发的增长必须建立在市场需要的基础上,否则即使增加了,最终也会因为销路而缩小;另一方面还应考虑商品品种简化的问题,这样有利于生产控制、产量提高和降低成本。

2) 商品品种不断更新的规律

消费者的消费结构会因为经济的发展而变化,特别是因为购买力的提高和投入的变化而变化,使原来一部分适应市场需要的品种变成不适应而被淘汰;同时,为了适应市场的需要会有一些新的品种不断的涌现出来,因而形成品种的不断更新的规律。

许多商品都有其生命周期,上市以后经过一个或长或短的期间,从增长到兴旺及至萎缩,最后退出市场。一般来讲,商品品种更新的速度越快,更新的比例越大,市场上的新商品就越多,使用价值高的新商品和技术含量高的商品就越多,从而消费者的需求就能够得到更好、更全面的满足。但并不是商品品种更新的速度越快、比例越大越好。如果商品品种更新的速度太快、比例太高,造成生产和流通中不必要的品种经常变换,同样难以获得经济效益。商品更新的最佳速度和比例的标准应按照行业或企业的特点、商品的种类、品种更新的类别等进行合理的制定。

3) 商品品种的多样性与统一性规律

商品品种多样性是由人们和社会需要的差异性和多样性造成的,但是商品品种的多样性不是随意的,它必须以消费需求为基础,使供需之间的利益协调一致。

本章小结

为了满足商品生产和流通活动及其科学管理的需要,必须对商品进行分类和编码。选择适当正确的分类标志,熟悉其选择原则并遵循商品分类的基本原则,是确保商品分类编码体系稳定和实用的关键,才能最终实现分类编码的目的。商品分类方法主要有层次分类法和平行分类法两种,使用中应根据实际情况加以选择。目前的分类体系多是以层次分类法为主、平行分类法为辅。建立科学的商品分类体系,是商品分类的主要内容之一。统一的国际贸易商品分类体系是世界各国间的贸易活动以及各国在海关管理、征收关税、市场及关税研究、贸易经济、贸易管理、商情研究、进出口业务及制定贸易政策等方面的需要。

商品目录,是商品分类成果的具体体现和推广应用的工具。商品代码是商品的身份证,商品条码是商品代码的机读的符号表示方式。建立与国际标准相协调和兼容的商品分类和编码体系或商品目录,是我国经济发展的迫切需要。

商品品种是指按某种相同特征划分的商品群体,熟悉商品品种的分类、类别,认识其发展规律,合理调整品种结构,是提高商品竞争力的重要方面。

习 题

1. 中国物品编码中心于( )年正式被国际物品编码协会接纳为会员,可以采用 EAN 条码系统。

    A. 1981   B. 1991

    C. 1978   D. 1988

2. 商品品种有多次分工,其顺序是( )。

    A. 生产分工、流通分工、消费需求分工

    B. 生产分工、消费需求分工、流通分工

    C. 流通分工、生产分工、消费需求分工

    D. 消费需求分工、生产分工、流通分工

3. 国际上公认并广泛采用的国际商品分类体系有( )。

    A. 国家标准分类体系   B. 海关合作理事会分类目录

    C. 国际贸易标准分类   D. 商品分类和编码协调制度

4. 下列不属于国际物品编码协会已分配给中国(中国物品编码中心)的前缀码(国别代码)的是( )。

    A. 690   B. 691

    C. 694   D. 692

5. 按适用范围不同编制的商品目录有( )。

    A. 国际商品目录   B. 国家商品目录

    C. 部门商品目录   D. 企业商品目录

思考题

1. 条码对我国国民经济发展有什么重要作用?

2. 什么是商品分类? 其作用是什么?

3. 企业应如何制订结构合理的商品品种计划?

实　训

1. 运用所学知识分析网上购物所展示的商品目录,尝试完善、改进的方法。
2. 观察日常生活中接触到的商品条码,理解其信息和含义。

案例分析

某商场4楼有4个组柜,各组柜及其经营的商品品种如下表所示:

柜组名称	经营商品品种
电讯器材	彩电、VCD、DVD、家庭影院、功放、背投、组合音响、音箱
文教用品	学生用品、计算器、掌上电脑、办公用品、保险柜、文件柜
现代办公用品	体育用品、乐器、钢琴、电话、手机、健身器材、按摩器
小家电	收录机、收音机、随身听、照相机、照相器材、相册、胶卷、复读机、电池

分析

分析该商场的商品分类,试做调整。

第4章
外贸商品质量与认证

【本章导读】

本章主要介绍外贸商品质量的概念、质量的特性、基本要求;影响外贸商品质量的因素;外贸商品质量责任、质量管理的知识;外贸商品质量认证的意义、种类、程序等内容。

4.1 外贸商品质量

4.1.1 外贸商品质量的概念

1）质量的概念

质量是质量管理中最基本的概念，它不同于物理学中的质量概念，也并非哲学意义上的"质"与"量"的组合。

根据国际标准 ISO 9000:2000《质量管理体系基础和术语》中给出的定义，质量是"一组固有特性满足要求的程度"。这里的质量可存在于各个领域或任何事物中，具有广泛包容性，并不仅局限于产品或服务，而是泛指一切可单独描述和研究的事物，既可以是活动或过程，也可以是产品、组织、体系或人以及上述各项的任何组合。

定义中的"要求"是指"明示的、通常隐含的或必须履行的需求或期望"。它可以是商务活动中买卖双方通过契约所做的约定、在诸如核能利用等特殊场合由法律所做的规定等，也可以是隐含的、不言而喻的，如棉衣须具有御寒的功能，为了有效地满足这种隐含的需要，应当尽可能地对之加以明确定义。

"要求"不仅要考虑满足顾客的需要，还应考虑组织自身利益、提供原材料和零部件等的供方利益和社会利益等多种需要。例如需考虑安全性、环境保护、节约能源等外部的强制要求。同时，还应注意要求的"相对性"和"动态性"，不同时间、不同地区、不同消费对象，对同一商品有不同的质量要求。产品应具有这种环境的适应性和针对性，对不同地区应提供具有不同性能的产品，以满足该地区用户的"明示或隐含的需求"。如销往欧洲地区的彩电要符合欧洲的电视制式、电压等质量要求，而与内销彩电不同。

定义中的"特性"是指"可区分的特征"。"固有的"就是指某事或某物中本来就有的，尤其是那种永久的特性，如螺栓的直径。质量特性包括功能、准时性、可靠性、安全性等。正是由于事物具有各种特性才使得它能够满足顾客以及其他利益相关方的要求。

2）商品质量

商品质量亦称商品品质，是指商品内在质量和外在质量大综合，或表述为商品满足规定或潜在要求(或需要)的特征和特征的总和。在国际贸易中,一般是按具体货物的特点,选择一定的质量指标来表示商品的质量。例如,以性能、用途、功率、自动化程度等指标来表示机床的质量;以灰分、含水、含硫、发热量、黏度等指标来表示煤的质量;以面料、款式、颜色等来表示服装的质量;以含油量、含水量、杂质等来表示大豆的质量等。

商品的质量具有经济、政治意义。商品品质的高低直接影响使用效能和市场价格。改进和提高出口商品的质量,不仅可以提高我国商品竞争能力,扩大销售,提高售价,为国家创造更多的外汇,而且还可以提高商品在国际市场的信誉,反映我国科学技术及社会主义建设发展的水平。严把进口商品质量关,是使进口商品适应国内生产和消费的需要、保护民族和国家利益、确保我国社会主义建设顺利进行和加速实现"小康社会"的重要课题。

我国进出口商品在质量上应符合下列基本要求:

①出口方面。适应各国政府有关法令与条例的规定;适应不同市场、不同消费者对商品品质的要求;适应国外销售季节、销售方式和自然条件。

②进口方面。应从实际出发,规定进口的品质要求,并在运输到验收等各环节,把好品质关,切实保证进口商品质量,使之真正符合我国社会主义建设、科学研究、国防建设和人民生活与保障人民身体健康的需要。

4.1.2 商品的质量特性

质量是对顾客需要的反映,而顾客对需要的表述往往是暧昧的、感性的、含混的,为了使满足顾客的质量得以实现,就必须对顾客的需要进行变换,将顾客的需要用清晰的、理性的、技术的或工程的语言表达出来,这就是质量特性。

由于质量特性是人为变换的结果,因此,所得到的或确定的质量特性实质上只是相对顾客需要的一种代用质量特性。这种变换的准确与否,直接影响着顾客的需要能否得到满足或满足的程度。为此,需要对目标顾客及其环境进行深入分析了解。

质量特性一般可以分为以下几种类型:

①技术性或理化性的质量特性。如汽车的速度、耗油量、废气排放量和符合的排放标准。这方面的质量特性可以进行精确的测定,从而使得人们对质量的判断更加科学。

②心理方面的质量特性。如服装是否时髦、汽车象征地位和气派。心理方面的质量特性对于构成产品的"独家特色",构成产品对每一具体用户的"适应

性"非常重要。

③时间方面的质量特性。如耐用品的可靠性、可维修性。时间方面的质量特性极大地影响着顾客对质量的评价。

④安全方面的质量特性。安全方面的质量特性要求现已作为许多发达国家在对外贸易活动中的技术壁垒手段。如温州的打火机就因安全质量特性不能满足欧洲市场的要求而被逐出欧洲市场。

⑤社会方面的质量特性。在考虑质量特性的内容时,不仅要考虑不同国家顾客的需要,还必须考虑法律、法规、环保以及社会伦理等方面的要求。

4.1.3 外贸商品质量的基本要求

1)现代商品质量观

人们对商品质量的认识和理解是随着社会生产和经济的发展而发展变化的。在商品生产尚不发达,商品供不应求的社会条件下,商品的实用性必然占据主导地位。这时商品质量的核心内容主要集中在商品的基本性能和寿命两个方面,即强调商品的内在质量,如食品的发热量、衣着用品的耐穿和保暖、日用工业品的坚固耐用等。尽可能地满足社会总需求是商品生产者和政府的首要任务,对数量的重视程度远大于对质量的重视程度。这种质量观不利于商品经济的发展,更不利于商品质量的提高。

随着科学技术的进步,生产力水平有了很大的发展,市场状况逐渐由卖方市场转化为买方市场,市场竞争日趋激烈。在这种情况下,人们不仅能得到商品数量上的满足,而且在质量上有了更大的选择余地,开始追求更高层次的文化精神满足。因此,现代的商品质量观已从最初仅考虑商品的内在质量,发展到外在质量观、经济质量观、社会质量观、市场质量观和现代商品质量综合观等,越来越注重商品的美学质量、包装质量和市场质量。具体表现在以下5个方面:

①商品的内在质量即商品的实用性能(如化学性能、物理性能、生物性能等)、寿命、安全卫生性等。

②商品的外在质量指商品的外观构型、质地、色彩、气味、手感、表面疵点和包装等。

③社会质量指商品满足全社会利益的程度,如是否违反社会公德、是否造成环境污染、资源是否浪费等。

④经济质量即以尽可能低的价格获得尽可能优良的性能,并在消费中付出尽可能低的使用和维护成本,即物美与价廉的统一程度。

⑤品种商品不仅要求性能优良,而且应与社会的不同阶层、不同消费水平的要求相适应。

2)外贸商品质量的基本要求

人们对于不同的商品,有不同的质量要求,即使对同一类商品,不同的消费目的和消费层次也会产生不同的质量要求。把各种质量要求归纳起来,可概括为适用性、可靠性、经济性、安全卫生性、信息性和审美性等六大要素。

①适用性。也称使用性能、实用性,指商品满足主要用途所必须具备的性能,包括具有功能和与需要相符合两个方面,是构成商品使用价值的基本条件,也是消费者选择购买的动因所在。如食品的营养功能、供给热量、保持体温维持生命和调节代谢等,服装色彩款式与人的年龄、职业、体型、肤色的协调程度等。由于人们使用目的的不同,对商品的用途要求也各不相同。商品的多功能化,扩大了商品的适用范围,满足了人们快节奏的生活需求,成为现代商品发展的趋势。

②可靠性。可靠性是指在规定时间内、规定条件下完成规定工作任务的能力。它是与商品的使用寿命、耐用性联系在一起的,与商品在使用过程中的稳定性和无故障性密切相关。一般来说,商品在使用过程中稳定性越强,可靠性也就越大。不同商品的可靠性通常可细分为精度可靠性(手表、钟表)、性能持久性(电子元器件的无故障时间)、商品的耐磨性(木地板和地瓷砖)。

③经济性。经济性是指商品使用效果在一定条件下,在商品寿命周期内的低成本、低费用性能。它一般包括两个方面:一是购买时所花费的费用省,即要"物美价廉";二是使用时使用费用低,即为可靠保证获得商品使用价值所耗费的商品寿命周期费用最低。

购买时费用省和使用时费用低有时是有矛盾的。购买的价格便宜而使用费用可能高,而使用费用低的商品因质量可靠而购买价格通常比较高。

④安全卫生性。安全卫生性指商品在生产、流通、使用过程中保证人身安全与健康以及环境免遭危害的能力。它是评价商品质量的重要指标,已成为影响外贸商品流通的重要因素。安全卫生性表现在两个方面:一是使用流通中对人身不致损害;二是对人们的生活环境不致污染,如城市噪音、空调噪声等。

商品的安全卫生性主要体现为商品本身应具有的保障人身安全和健康的质量特性,是商品设计、生产和检验时必须考虑的一项性能。如菜果农药残留量应在标准规定以下,家用电器必须具有良好的绝缘性,装饰材料中的甲醛含量必须符合标准要求等。

商品的安全卫生性不仅要考虑对消费者直接造成的危害,同时还应考虑商品对人类社会构成的潜在的威胁。如自2006年7月1日起,在欧盟市场禁止销售含有铅、汞、镉、六价铬、聚溴二苯醚和聚溴联苯6种有害物质的电子电气设备。

⑤信息性。信息性是依照有关法规,生产者应在商品或商品包装上提供的标识和必备的有关文件,向消费者提供有用的质量信息。它是消费者正确选购、合理使用、适当地进行用后处理的信息凭据。商品信息主要通过广告、包装、标识牌、图纸、说明书等方式传播,商品标识承载的信息内容有质量检验合格证、中文标明的商品名称、生产企业名称、厂址、产品规格、型号、等级、主要技术指标或成分、含量、商品技术标准编号、用法、使用注意事项、商标、优质产品标志或认证标志等。随着国际电子商务的发展,网上订货、网上销售将成为商家的主要商品经营方式,为此商品信息性的质量要求将与日俱增。

⑥审美性。又叫美观舒适性,是商品具有满足人们审美需求的性能,表现在商品的形态、色泽、质地、结构、气味和品种多样性等使人赏心悦目的属性。社会经济的发展使现代人对商品质量的追求跨入到物质实用价值与精神审美价值相统一的高度。由此,商品的审美性就成为市场竞争能力的重要指标。

商品的审美性要求一般分为外观美(外表、形态、质地、色彩、光泽等)、神韵美(独特、新颖的风范和格调)、环境和谐美(绿色商品、再现自然)。如食品的审美性不仅要求外观美(色、香、味、形)、韵味美(传达现代生活的气息和一定的文化品味),而且要求环境和谐美(能维护生态平衡、净化环境)。

4.1.4 外贸商品质量工作的意义

当前,国内外市场特别是国际市场的商品竞争已逐渐从价格竞争转向非价格竞争。这种竞争的核心是技术进步和管理进步,它集中反映在商品质量上。传统的数量与价格之争已为质量和高技术的竞争所代替,因此,不断改进和提高商品的质量,提高产品的适销性,加强产品的售后服务,已成为通过非价格因素增强自身竞争力,进而加强和巩固市场的必要而又有效的手段,这对我国经济的腾飞和人民生活的改善具有十分重要的意义。

1) 质量是强国之本

产品质量是一个民族的人民素质、管理水平、经济体制、市场发育水平、生

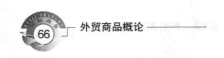

产力水平的综合体现,因此,产品质量问题已不仅仅关系到某个企业的成败,而且关系到整个国家的民族兴衰。

2)高商品质量,有利于节约社会资源,增加社会财富

保证和提高商品质量是增加社会财富的重要渠道之一。好的商品质量意味着可用同样数量的原材料、工时生产出更多的质量更好的商品。注重提高商品质量,是环保意识的体现,也是打造循环经济、实现绿色 GDP 的重要途径。

3)质量的不断提高有利于市场体系的完善

企业生产经营高质量的商品,市场竞争力就强,经济效益也就会大大提高,有利于商品市场的繁荣和发展,也树立了企业在社会上的良好形象。只有效益好的企业才具有较高的融资能力和良好的资金状况,才有可能使企业在研发和生产等多方面得以发展;生产经营高质量的商品,需要有先进的技术和市场信息,这又使技术市场和信息市场得到发展,从而实现市场的良性循环、完善市场体系。

4)质量是企业取得效益的基础

人们购买的并不是商品本身,而是商品带给人们的益处,即商品的使用价值及其具体体现——质量。商品质量的好坏直接关系到顾客网络的建立与巩固、市场份额的占有与扩展。因此,质量对于经济效益具有非常直接的影响。

现代商品质量观视质量和效益为统一体,质量是取得效益的基础,效益是质量所追求的目标。只有把握好质量关,才能使经济工作取得良好的效益。

5)有利于加速资金周转,促进商品流通发展

一般来说,商品质量越好,销售就越快,越有利于加速资金周转,促进商品流通不断发展,提高经济效益。

6)质量是培育国内国际市场的重要保证

随着科技水平、生产水平的发展,消费者对商品的性能、款式、外观、包装、服务、安全有了更高的质量要求,进入市场的门槛也越来越高。特别是我国加入 WTO 后,国内和国际市场将更加紧密地结合在一起,商品质量已成为国际贸易中的重要技术手段,引起国际贸易界的高度重视。在这种激烈竞争的条件下,商品质量的高低将成为竞争成败的关键。只有高质量的商品才能提升国内

市场的档次,繁荣和发展国内市场;只有高质量的商品才具有国际竞争力,才能进入发达国家的市场,才能保持和扩大国际市场。

4.2 影响外贸商品质量的因素

影响商品质量的因素也是多方面多环节的,原材料、生产制造各环节、商品流通各作业以及使用过程等对商品的质量都会产生影响。

4.2.1 原材料对外贸商品质量的影响

原材料是商品生产过程中所使用的原料、材料及辅助物的总称。它是构成商品的基本物质,是商品质量的决定因素。在其他条件相同的情况下,原材料品质的优劣直接影响制成品的质量和品级。用不同原料制成的用途相同的商品,其质量不会相同。例如,以二氧化硅、氧化钠、氧化钙为主要成分的钠玻璃,机械强度、化学稳定性和热稳定性都较差,多用于制作平板玻璃,而用氧化钾取代氧化钠生产的钾玻璃则间歇强度、稳定性较好,多用于制造质量较好的日用器具和化学仪器。以细嫩鲜叶原料制成的绿茶、红茶,有效成分含量高,色、香、味、形俱佳,而以老叶制成的红、绿茶质量差、档次低。

原材料质量的好坏与其成分、结构和性质有直接关系。如用有机物作为涂料的溶剂不利于环保;日常生活中食用的葡萄糖与果糖,其基本组成是 $C \cdot H \cdot O$,但由于结构不一样,它们的甜度与吸湿性也有较大差异。

4.2.2 生产制造过程对外贸商品质量的影响

1) 市场调研与开发设计

市场调研是商品开发设计的基础。在开发设计商品之前,首先要充分研究商品消费需求,因为满足消费需求是商品质量的出发点和归宿;其次还要考虑开发设计具有前瞻性;最后必须搜集分析同类商品生产者的商品质量、品种信息,进行总结,确定何种质量等级、品种规格、数量、价格的商品才可能适应目标市场需要。

开发设计质量对商品质量具有先天决定意义。开发设计质量的优劣直接决定商品质量的高低,它是商品质量的基因和胚胎,直接影响商品的内在质量和外观质量。例如,电风扇的风量、空调机的制冷量以及它们的款式等都是由开发设计质量所决定,如果商品结构设计新颖、样式流行、花样众多,商品的质量也会随之提高。在开发设计时,还要考虑不同国家的实际情况,如在欧洲使用的电视和我国在制式、电压和频率等方面都有不同。

2)生产工艺和设备

产品设计能不能变为商品,很大程度上取决于生产工艺和设备。生产工艺主要是指产品在加工制造过程中的配方、操作规程、设备条件以及技术水平等。在很多情况下,相同的原材料若采用不同的工艺方法,往往会造成商品质量的差异。如采用同样的原棉,若在纺纱过程中增加精梳工序,纺成的纱其外观和强度就会有明显提高。不同的工艺可以形成红茶、绿茶、青茶等茶叶品种。

设备质量和类型也是决定商品质量的一个因素。设备的自动化、省力化、高速化和复杂化程度的提高,一方面可较大程度提高加工精度,避免操作人员在生产时对商品质量的人为因素的影响;另一方面,又因故障发生的机会有所增加或生产的稳定性差而对商品质量构成影响。如水泥生产设备分为立窑和转窑两种,转窑所生产的水泥则比立窑生产的水泥性能稳定。

3)操作方法

操作方法不同,质量也会不同。同样的原材料,之所以有的班次生产的产品质量好,有的班次生产的产品质量差,恰恰是操作方法影响商品质量的印证。通过制定生产的操作方法标准,有利于保证加工产品的质量及其稳定度。

4)商品检验及标准

商品检验是企业进行生产过程控制的一种手段,检验工作本身的质量问题对商品质量的确定起着决定性的作用。商品标准是商品检验的重要依据,所采用的标准水平的高低和检验手段的先进与否,都直接影响商品检验的质量和水平。如欧盟颁布《关于在电子电气设备中禁止使用某些有害物质指令》将在一段时期使我国机电产品出口受阻。

5)商品包装

商品包装是商品生产的最后一道工序。商品包装可以防止和降低外界因素对商品质量的破坏和影响,并可以装饰、美化商品,以利于商品的储运、销售和使用,在一定程度上还可以增加商品的价值。科学合理的包装应该是包装功能、美化功能、推销功能、方便功能和包装成本的统一。包装材料和容器必须符合商品性质,否则将会发生质量变化。

4.2.3 流通过程对外贸商品质量的影响

1) 商品运输

商品从生产领域进入流通领域,商品运输是商品流通的必要条件。外贸商品在运输过程中,具有运距长、运输方式多样、装卸搬运次数多和运输气候条件复杂、运输风险大等特点,运输工具的选择必须充分考虑商品的性质,使运输工具符合商品性质的要求,注意防止震动、撞击、破损等,商品在运输过程中才能避免或减少外界因素的影响,确保商品质量。如在运输时的温度和湿度不符合商品要求,则容易引起商品质量的变化,因此,在运输时要保持安全的温湿度,同时避免商品受到风吹、日晒和雨淋的不良影响。

2) 商品储存和养护技术

商品储存是指商品从生产领域到消费领域之间的流通领域的储存。商品在储存期间的质量变化与商品的耐储性、仓库内外环境条件、储存场所的适宜性、养护技术与措施、储存期的长短等因素有关。商品自身的化学性质、物理性能是质量发生变化的内在因素,储存环境条件如阳光、温度、湿度、氧气、水分、尘土、微生物、害虫等则是商品储存期间发生质量变化的外在因素。通过一系列保养和维护仓储商品质量的技术和措施,可以有效地控制适宜的商品储存的环境因素,以减少或减缓外界因素对商品质量的破坏。如根据商品的性质要求确定是储存在普通仓库还是专业仓库或者是特种仓库,对商品进行堆码和苫垫,然后对仓库的温湿度进行控制,确保商品的安全,根据商品的保存期和保质期保存,贯彻先进先出原则。

3) 销售服务

销售过程的服务主要包括商品的进货验收、入库短期存放、商品陈列、提货搬运、装配调试、包装服务、送货服务、技术咨询、维修和退换服务等。这些服务质量的高低都会对消费者购买的商品质量产生影响。商品良好的售前、售中、售后服务质量已逐渐被消费者视为商品质量的重要组成部分。如在商品销售服务中通过良好的技术咨询服务,可以避免消费者因缺乏商品知识或不了解商

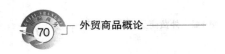

品使用要求而导致商品质量下降,使消费者能够正确安装、使用和维护商品。

4.2.4　使用过程对外贸商品质量的影响

1)审美观

受不同时代、民族宗教、环境、职业、阶层、年龄、性别等因素的影响,人们审美观有相同的一面,也有差异的一面,因此,不同的消费者对美的认同和追求也不完全一样,对于同样的商品,不同的消费者可能会有截然相反的观点。

2)使用范围和条件

各种商品都有自己的特性,都有其一定的使用范围和条件,使用中只有遵守其使用范围和条件,才能发挥正常的功能。若消费使用不当、保管不善、养护不及时,都会直接影响到商品质量。如家用电器的电源要区别交、直流和所需的电压值,否则不能正常运转,还会损坏商品;若使用条件要求安装地线保护,则必须按要求操作,否则不仅不安全,甚至还会发生触电身亡的恶性事故。又如,农药敌百虫可以用于多种农作物防治病虫害,但如果用于高粱防虫,反而会造成病害。

3)废弃处理

随着人们环保意识的加强和各国纷纷出台有关环境保护的法律法规,废弃处理环节也成为影响商品质量的又一因素。商品在使用过程中应尽量减少或避免对环境的污染,使用完毕后,应及时进行回收或处理,逐步限制和严格禁止可能产生公害的商品。

4.3　外贸商品质量管理

4.3.1　外贸商品质量责任与管理法规

1)商品质量责任

商品责任是指由于商品质量问题而使消费者受损失时,该商品的生产者对被害人负有的赔偿责任。商品责任有以下 3 种：疏忽责任、担保责任和严格责任。

疏忽责任指由于生产或销售者的疏忽使产品带有缺陷，从而造成消费者人身或财产损失，生产者或销售者对此应承担的责任。

担保责任指卖方就所销售的产品质量向买方做出了保证，如因为产品不符合卖方的保证而造成伤害或损失，卖方对此应负的责任。

严格责任指不论产品制造者与销售者或用户之间有无合同关系，也不论他们在制造或销售过程中是否有过失，只要存在有缺陷，只要有不合理的危险，致使人身或财产遭受损害，该产品的生产者和销售者就应承担责任。严格责任也叫民事侵权责任或无过失责任，对保护消费者有利。因此，严格责任原则成为近年来产品责任法的主要理论依据。

2) 外贸商品管理法规

(1) 质量管理法规的定义

商品质量法规是指有关商品（产品）质量方面的法律、法令、规定、条例的总称。质量法规的制定和实施，目的是实现对商品有效地管理，保证商品质量符合要求，保护消费者合法权益，现已成为世界各国政府解决商品质量问题的重要途径和方法之一。

20 世纪以来，由于伪劣商品侵害消费者利益案件越来越多，英国、美国首先出现了关于商品责任的法律规范，随后其他一些国家也制定了专门的产品责任法。进入 20 世纪 70 年代，国际上也相继订立了《产品责任法律公约》和《关于人身伤亡产品责任欧洲公约》等国际性、区域性公约，并逐渐形成了国际产品责任法律制度。以此为基础，许多国家又制定了与产品责任法相配套的一系列质量法规，如产品质量法、消费品安全法、消费者保护法、食品卫生法、药品管理法、化妆品管理法等，以加强商品质量的管理和监督，促进商品生产交换的发展，维护消费者、经营者的合法权益。

(2) 我国有关外贸商品的法律法规

随着我国经济体制改革的深入和加入 WTO 后，社会主义市场经济和全球经济一体化的发展趋势，加强商品质量管理、提高商品质量和依法管理商品质量、正确处理商品质量方面的民事侵权案件（如商品造成他人财产和人身伤亡、导致环境污染、危害青少年身心健康发展等），已成为我国目前十分突出的问题。因此，制定和实施有关商品质量法规，对于保护消费者合法权益、维护社会经济秩序、优化投资环境、促进国内市场经济和对外贸易的发展具有重要意义。

我国有关质量法规包括质量、计量、检验检疫、相关法律等，其中检验检疫法包括进出口商品检验、进出境动植物检疫、国境卫生检疫法律、行政法规、部门规章、有关贯彻实施法律、行政法规的规范性文件及相关法律法规，分为检验检疫法律法规、综合业务部分、卫生监管部分、动植物监管部分、检验监管部分、认证监管部分和相关法律法规。如《中华人民共和国产品质量法》、《中华人民共和国计量法 》、《中华人民共和国标准化法 》、《中华人民共和国传染病防治法》、《中华人民共和国产品质量认证管理条例 》、《国际航行船舶进出中华人民共和国口岸检查办法 》、《中华人民共和国动物防疫法》、《中华人民共和国国境卫生检疫法》、《中华人民共和国进出口商品检验法 》、《中华人民共和国国境卫生检疫法实施细则》、《中华人民共和国进出境动植物检疫法》、《中华人民共和国出口货物原产地规则 》、《中华人民共和国进出口商品检验法实施条例 》、《中华人民共和国食品卫生法 》、《中华人民共和国进出境动植物检疫法实施条例 》。

拓展知识

欧盟委员会于 2005 年 8 月 18 日在布鲁塞尔通过了 2005/618/EC 决议，该决议对 2002 年颁布的"在电子电气设备中限制使用有毒有害物质指令（2002/95/EC）"进行了补充，明确规定了电子电气设备中铅、汞、六价铬、多溴联苯和多溴联苯醚的最大允许含量为 0.1% , 镉为 0.01% 。此限值作为判定整机、元器件等产品是否符合 RoHS 指令的法定依据。

4.3.2　外贸商品质量管理概述

1）质量管理的发展阶段

质量管理在世界范围的发展过程来看，可概括为 3 个阶段：质量检验、统计质量管理和全面质量管理等。

检验质量管理阶段：在 1900—1940 年，工厂出现了专门从事质量检验的专职检验人员，他们依据既定的质量标准要求对产品进行质量检验，合格产品可进入市场，不合格产品不能进入市场。用产品检验的方法控制质量，其实质是进行产品质量把关，这种控制质量的方法，适应了机械化大生产和卖方市场的需要。但由于质量检验没有预防出现次品、废品的功能，而不能达到质量管理的理想目标，有其明显的局限性。

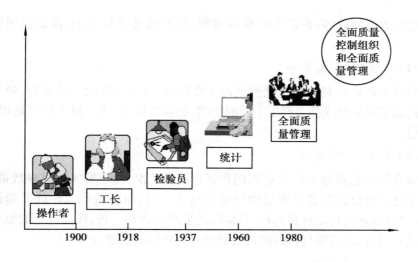

图 4.1 TQM 的演变

统计质量管理阶段：1940—1960 年，这阶段有两项关键技术：一是利用控制图方法在生产过程中发现质量问题并将问题消灭在萌芽状态；另一个是利用数理统计工具对产品进行预防性的质量管理。因此，也称预防质量管理阶段。统计质量管理是质量控制方法的一次飞跃，其主要特点是体现了"以预防为主"的质量管理思想。但由于当时人们对数理统计技术感觉深不可测，限制了质量管理的发展，因此寻找一种能被人们普遍掌握的质量管理方法势在必行。

全面质量管理阶段：全面质量管理代表了质量管理发展的最新阶段，起源于美国，后来在其他一些工业发达国家开始推行，并且在实践运用中各有所长。特别是日本，在 20 世纪 60 年代以后推行全面质量管理并取得了丰硕的成果，引起世界各国的瞩目。20 世纪 80 年代后期以来，全面质量管理得到了进一步的扩展和深化，逐渐由早期的 TQC（Total Quality Control）演化成为 TQM（Total Quality Management），其含义远远超出了一般意义上的质量管理的领域，而成为一种综合的、全面的经营管理方式和理念。我国从 1978 年推行全面质量管理以来，在理论和实践上都有一定的发展，并取得了成效，这为在我国贯彻实施 ISO 9000 族国际标准奠定了基础；反之，ISO 9000 族国际标准的贯彻和实施又为全面质量管理的深入发展创造了条件。TQM 的演变如图 4.1 所示。

2）商品质量管理的基本内容

商品质量管理是对商品生产、流通和使用消费实施全过程的控制和管理。

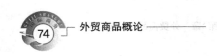

主要包括3方面内容:商品生产质量管理、商品流通质量管理、商品使用质量管理。

(1)商品生产质量管理

商品生产阶段是商品质量形成的主要阶段,是多工序活动的集合,每个工序对商品质量的形成都会产生不同的影响,必须要树立"下一道工序就是用户"的思想。

(2)原材料质量管理

通常是根据商品生产数量周期和资金周转状况,确定购入原材料数量;在保证原材料符合商品设计质量的要求前提下,节约原材料成本和降低运输费用;科学合理地进行原材料储存,确保商品生产能顺利进行;建立健全的原材料仓库领料制度,确定原材料的消耗定额并对其使用情况进行分析管理。

(3)设计质量管理

设计质量管理包括市场调查,制订设计质量目标,先期开发研究,对设计方案的可行性、科学性及合理性进行鉴定,对设计质量进行全面审查、试制、修改、定型等工作。设计质量对保证商品满足消费者和用户要求具有决定意义,是保证商品质量的重要一环。

(4)工艺、制造质量管理

其内容包括:审查商品设计的合理性、经济性和可行性;制订工艺方案,选择最科学最经济的工艺流程;安排合适的生产设备提高加工质量;编制工艺规程,明确工艺条件和技术标准。

(5)生产过程质量管理

其内容包括:进行工序组织和控制;监控制造过程;对准备生产的原辅材料验收;保证过程设备和基本材料的一致性;加强对过程中的技术比照控制不合格产品的比例;保持稳定的环境条件;进行适当的人员培训等。

3)商品流通质量管理

(1)商品检验管理

其内容包括:健全检验机构,完善检验制度;加强检验、验收质量管理工作;制定具体规程,严格按规程操作。

(2)商品运输质量管理

其内容包括:制订合理的运输计划,包括选择运输路线、确定运输工具、对商品实施合理的集配载技术等。

（3）商品储存质量管理

其内容包括：制订商品储存计划；建立健全仓储管理制度；根据商品的特点，结合包装条件，科学堆码；控制仓库温湿度，做好防霉、防虫、防污染工作；做好商品的在库检查，定期巡查，发现质量问题及时处理等。

（4）商品销售质量管理

销售质量直接影响商业企业的信誉和消费者利益，销售质量管理的内容包括：编制商品销售计划；制定合格销售人员的操作规则；规定销售过程及其质量要求；培训营业员，提高服务质量等。

4）商品使用质量管理

商品的设计质量和制造质量是需要通过使用过程中的质量表现出来的，最终决定消费者对商品评价的高低好坏。因此，在商品使用阶段要做好指导消费工作，积极开展售后的技术服务、技术咨询工作，最大限度地实现商品使用价值。

4.3.3　外贸商品质量管理术语

1）质量

质量是一组固有特性满足要求的程度。

2）过程

过程是一组将输入转化为输出的相互关联或相互作用的活动。一个过程的输入通常是其他过程的输出。组织为了增值通常对过程进行策划并使其在受控条件下运行。

3）产品

有下述4种通用产品类别：服务（如运输）；软件（如计算机应用程序）；硬件（如汽车各零部件）；流程性材料（如润滑油）。

4）质量管理、质量控制和质量保证

质量管理是指确定质量方针、目标和职责并在质量体系中通过诸如策划、质量控制、质量保证和质量改进使其实施的全部管理职能的所有活动。

质量控制是指为达到质量要求所采取的作业技术和活动。作业技术和活动旨在对达到质量要求的过程阶段实施监控,虽不是指组织内所有的作业技术和活动,但质量控制活动却存在于产品质量形成的全过程中。

质量保证是指为了确保商品能够满足质量要求,而在质量体系中实施并根据需要进行证实的全部有计划和有系统的活动。

质量保证是以质量控制为其基础的,没有质量控制,就谈不上质量保证。有时,质量控制活动和质量保证活动又是相关的。

质量管理与质量保证特性比较如表4.1所示。

表4.1 质量管理与质量保证特性比较

比较项目	质量管理	质量保证
环境	非合同环境	合同与法规环境
质量体系要素	企业自行确定 QS 要素	供需双方在合同中规定或有关法规规定
强调的质量环节	一般是设计与制造质量	一般是制造与检验质量
销售价格	较低并由供方确定	较高,由供需双方在合同中确定
质量缺陷影响与改进	影响到有质量缺陷的用户,由企业根据市场信息实施质量改进	影响到购货方及广大用户丧失信誉,实施质量改进难度大

5) 质量策划和质量改进

质量策划是指确定以及采用质量体系要素的目标和要求的活动。

①质量策划是一项活动,或是一个过程,包括编制质量计划和做出质量改进规定的内容。

②质量策划是一项确定质量目标和要求的活动。

③管理和作业策划是一项确定采用质量体系的目标和要求的活动。

质量改进是为了防止已出现的不合格、缺陷或其他不希望的情况再次发生,消除其原因,而采取纠正措施,可以在质量管理环节的任一阶段进行。其内容可以是设备的更新、改进,技术工艺的改进,材料的更换,标准、程序等质量文件的修订,甚至质量体系的调整、更改等。

6）质量体系

质量体系是指为实施质量管理所需的组织结构、程序、过程和资源。

①质量体系的资源包括：人力资源和专业技能；设计和研制设备；制造设备；检验和试验设备；仪器、仪表和电脑软件。

②质量体系的内容要以满足质量目标的需要为准。通过对质量方针和质量目标的展开建立实现质量目标的需要的体系。

③每个组织都是按照某一标准的要求（如 ISO 9001—2000 版标准）规范已有的质量体系，使之能够满足质量管理和为用户提供信任的需要。

④质量体系的架构因企业组织的具体目标、产品和过程以及具体情况的不同而不同。但所建立的质量体系都要达到外部质量保证的目的。

7）评审与审核

评审是为确定主题事项而达到目标的适宜性、充分性和有效性所进行的活动。审核是为获得审核证据并对其进行客观的评价，以确定满足审核准则的程度所进行的系统的、独立的并形成文件的过程。

8）质量手册

质量手册是文件化的质量体系，用于指导企业的生产质量管理。

9）顾客满意

顾客满意指顾客对某一事项已满足其需求和期望程度的意见。

拓展知识

ISO 9000 族标准，是国际标准化组织制定的质量管理和质量保证标准。ISO 9000 系列标准于 1987 年首次颁布。2000 年版 ISO 9000 族标准含有 4 个基础标准：ISO 9000，质量管理体系——概念和术语；ISO 9001，质量管理体系——要求；ISO 9004，质量管理体系——指南；ISO 9011，质量体系审核指南。

4.3.4　外贸商品的全面质量管理

1）全面质量管理的概念

全面质量管理是一门现代企业管理技术，最先提出全面质量管理思想的是菲根堡姆。1994年版ISO 9000族国际标准中对全面质量管理的定义为：一个组织以质量为中心，以全员参与为基础，目的在于通过让顾客满意和本组织所有成员及社会受益而达到长期成功的管理途径。全面质量管理相对于统计质量而言，其特点体现在"全面"二字上，可以概括为"三全一多"的管理，即：全体人员参加的管理、全部过程的管理、全面质量的管理和运用多种手段进行质量管理。

2）全面质量管理的基本要求

（1）全体人员参加的管理

人是质量管理中的重要因素，各部门、各级各类人员要有强烈的参与意识和责任感，通过授权激发他们的聪明才智和创造性，将质量责任同奖惩机制挂起钩来，实现责、权、利三者的统一。质量管理小组是各级员工自发组织的群众性质量管理组织，是全员参与质量管理的体现。除了质量管理小组之外，还有很多群众性的质量管理活动，如合理化建议制度、与质量相关的劳动竞赛等。

（2）全过程的质量管理

商品质量不仅受生产过程各要素的影响，而且还受流通中各环节的影响。全过程的质量管理包括了从市场调研、产品的设计开发、生产（作业），到销售、服务等全部有关过程的质量管理。换句话说，要保证产品或服务的质量，不仅要搞好生产或作业过程的质量管理，还要搞好设计、流通和使用过程的质量管理，形成一个综合性的质量管理体系，做到有针对性地开展教育和培训。

（3）全面的质量管理

全面地理解质量内涵，质量管理不仅包括产品质量，还包括工作质量和工程质量。

（4）多方法的质量管理

影响产品质量和服务质量的因素越来越复杂，既有物质的因素，又有人的因素；既有技术的因素，又有管理的因素；既有企业内部的因素，又有随着现代科学技术的发展，对产品质量和服务质量提出了越来越高要求的企业外部的因素。为了实现质量目标，除统计方法外，还要运用很多非统计方法并加以综合运用。常用的质量管理方法有所谓的老7种工具：因果图、排列图、直方图、控制图、散布图、分层图、调查表；还有新7种工具：关联图法、系统图法、矩阵图法、矩阵数据分析法、PDPC法、矢线图法等。除了以上方法外，一些新方法近年来得到了广泛的关注，具体包括：质量功能展开图法（QFD）、故障模式和影响分析(FMEA)、头脑风暴法(Brainstorming)、六西格玛法、水平对比法(Benchmark-ing)、业务流程再造(BPR)等。

上述"三全一多",都是围绕着"有效地利用人力、物力、财力、信息等资源,以最经济的手段提供顾客满意的商品"这一企业目标展开的,这是我国企业推行全面质量管理的出发点和落脚点,也是全面质量管理的基本要求。坚持质量第一,把顾客的需要放在第一位,树立为顾客服务、对顾客负责的思想,是我国企业推行全面质量管理贯彻始终的指导思想。

3)全面质量管理的程序和方法(PDCA 循环法)

(1)PDCA 循环法的含义

PDCA 是 4 个英语单词,即计划(Plan)、执行(Do)、检查(Chest)、处理(Action)第一个字母的缩写。PDCA 循环是全面质量管理的科学程序,是按计划—执行—检查—处理工作循环 4 个阶段进行质量管理的一种基本工作方法,且循环不止地进行下去。它是由美国的质量管理专家戴明博士发明的,也称"戴明环"。

(2)PDCA 循环基本工作内容

PDCA 循环把任何工作都概括地划分为 4 个阶段 8 个步骤,周而复始,不断循环。

P 阶段——计划阶段。其包括 4 个步骤:分析现状找问题,分析问题找原因,分析原因找主要原因,针对主要原因,提出计划,制订措施。计划和措施要求具体、准确、可行、明确。

D 阶段——执行阶段。按预定计划、目标、措施及其分工,严格组织计划实施。执行过程中应严格按计划执行,同时要适应客观实际情况,对原计划进行补充和调整。

C 阶段——检查阶段。根据计划检查进度和总体执行的实际效果,检查是否与预定目标效果偏离,分析原因,纠正偏差。

A 阶段——处理阶段。对检查结果进行总结,有针对性地修改和制定有关技术标准、质量工作制度,防止问题再发生;提出尚未解决的问题,拟订措施和对策,遗留问题转入下一个循环中去,继续解决。

(3)PDCA 循环的特点

①必须严格按 PDCA 的顺序进行。4 个阶段,有头有尾,头尾衔接,不能颠倒,也不能跳跃。

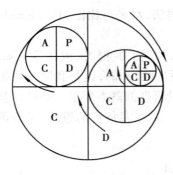

图 4.2　PDCA 循环图

②大环套小环,小环保大环,一环扣一环。整个企业的管理工作是一个大循环,各部门、科室、车间、班组、工段,以至每一个人,都有自己小的和更小的循环。大循环是小循环的依据,小循环是大循环的具体落实,如图 4.2 所示。

③逐级上升、不断提高。PDCA 循环 4 个阶段周而复始的转动,转动一圈,前进一步,上升到一个新高度,实现一个新的质量目标,如图 4.3 所示。

④关键是处理阶段。一方面,处理阶段通过总结经验,让员工看到自己的成绩,调动他们的积极性;另一方面,这一阶段又起着承上启下的作用,推动 PDCA 循环永无止境地循环下去。

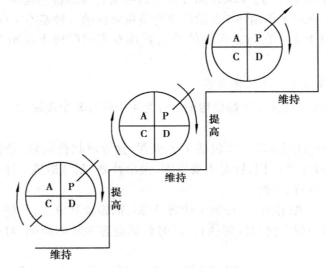

图 4.3　PDCA 逐级上升图

4.4 外贸商品质量体系认证

4.4.1 外贸商品质量体系认证及其种类

1)外贸商品质量体系认证的概念

认证(Certification)的原意是指由授权机构出具证明。质量认证也称合格认证。1991年国际标准化组织将其定义为:"第三方依据程序对产品、过程、服务符合规定的要求给予书面保证(合格证书)。"

所谓质量体系认证,是指第三方(社会上的认证机构)对供方的质量体系进行审核、评定和注册活动,其目的在于通过审核、评定和事后监督来证明供方的质量体系符合某种质量保证标准,对供方的质量保证能力给予独立的证实。这种认证,着重对保证质量条件进行检查,以确认该企业能否保证其申请产品能长期稳定地符合特定的产品标准。

2)质量体系认证的特点

质量体系认证具有以下特点:

①认证的对象是供方的质量体系。质量体系认证的对象不是该企业的某一产品或服务,而是质量体系本身。当然,质量体系认证必然会涉及该体系覆盖的产品或服务,有的企业申请包括企业各类产品或服务在内的总的质量体系的认证,有的申请只包括某个或部分产品(或服务)的质量体系认证。尽管涉及产品的范围有大有少,而认证的对象都是供方的质量体系。

②认证的依据是质量保证标准。进行质量体系认证,往往是供方为了对外提供质量保证的需要,故认证依据是有关质量保证模式标准。为了使质量体系认证能与国际做法达到互认接轨,供方最好选用 ISO 9001,ISO 9002,ISO 9003 标准中的一项。

③认证的机构是第三方质量体系评价机构。要使供方质量体系认证能有公正性和可信性,认证必须由与被认证单位(供方)在经济上没有利害关系、行政上没有隶属关系的第三方机构来承担。而这个机构除必须拥有经验丰富、训练有素的人员、符合要求的资源和程序外,还必须以其优良的认证实践来赢得

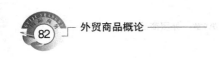

政府的支持和社会的信任,具有权威性和公正性。

④认证获准的标识是注册或发给证书。按规定程序申请认证的质量体系,当评定结果判为合格后,由认证机构对认证企业给予注册和发给证书,列入质量体系认证企业名录,并公开发布。获准认证的企业,可在宣传品、展销会和其他促销活动中使用注册标志,但不得将该标志直接用于产品或其包装上,以免与产品认证相混淆。注册标志受法律保护,不得冒用与伪造。

⑤认证是企业自主行为。产品质量认证,可分为安全认证和质量合格认证两大类,其中安全认证往往是属于强制性的认证。质量体系认证,主要是为了提高企业的质量信誉和扩大销售量,一般是企业自愿、主动地提出申请,是属于企业自主行为。不申请认证的企业,往往会受到市场自然形成的不信任压力或贸易壁垒的压力,而迫使企业不得不争取进入认证企业的行列,但这不是认证制度或政府法令的强制作用。

3)商品质量体系认证的种类

商品质量体系认证可分为以下种类:

①按认证性质,商品质量认证可以分为安全认证和合格认证。

②按认证范围,商品质量认证可以分为国家认证、区域认证和国际认证。国家认证是指各国对国内产品实行的认证。区域性认证是指由若干个国家和地区,根据自愿的原则自行组织起来,按照共同认定的技术标准,以及一定的规范而进行的认证。区域性认证最典型的是欧洲共同体认证。国际认证是指参与国际标准化组织(ISO)和国际电工委员会(IEC)认证组织,按照 ISO 和 IEC 的标准开展的认证活动。

③按认证的约束性,商品质量认证可分为强制性安全认证和自愿性合格认证。凡有关人身安全和健康的商品,必须实行强制安全认证,除此之外的其他商品则自愿实行合格认证。如我国已从 2002 年 5 月 1 日起实施新的强制性产品认证制度(即 CCC,简称"3C"制度)。又如我国自 2004 年起,28 类食品生产企业逐步实施食品质量安全市场准入制度,生产企业除必须取得食品生产许可证外,出厂销售的每批产品都必须实施强制检验,并在包装上加贴(印)QS(即质量安全 Quality Safety 缩写)标志。

4.4.2 商品质量认证制度的发展和意义

1）商品质量认证制度的发展

商品质量认证是随着现代化工业的发展作为一种外部质量保证的手段逐渐发展起来的。在质量认证产生之前,卖方为了推销其产品,往往采取"合格声明"的方式,以取得买方对产品的信任。随着科学技术的发展,商品的结构和性能日趋复杂,仅凭买方的经验和知识很难准确判断商品是否符合规定的要求,加上卖方的"合格声明"并不总是可信,因此,买方特别希望能有第三方来公正地证明商品质量的可靠性,现代商品质量认证制度也由此产生。

（1）国际商品质量认证的产生和发展

英国是世界上实行商品质量认证制度最早的国家。1903 年,英国工程标准委员会首创世界上第一个证明符合标准的标志——"风筝标志"（或称"BS"标志）。从 20 世纪 30 年代开始,商品质量认证得到了较快的发展;到 20 世纪 50 年代,所有工业发达的国家基本上已普及;20 世纪 60 年代起,前苏联和东欧国家陆续采用;其他第三世界国家,除印度等极少数国家推行较早外,一般是从 20 世纪 70 年代起实行。现在,实行商品质量认证制度已经成为一种世界趋势,质量认证证书已成为商品进入国际市场的"通行证"。

随着时间的推移,商品质量认证制度本身的内涵也有了较大的拓展。各认证机构仅能通过对产品进行检验和试验来证明供方的产品符合规定的要求,拓展到通过对供方质量保证能力的检查和评定,出现了单独对供方质量体系进行评定的质量体系认证。此外,还有安全认证、环境管理体系认证等认证形式。

从 20 世纪 70 年代起,商品质量认证发展到了一个新的阶段,开始跨越国界,建立起若干区域认证制和国际认证制,如欧洲电子元器件认证制、欧洲标准化委员会认证委员会的合格认证制、国际电子元器件质量认证制、国际电工产品的安全认证制等,使商品质量认证成为国际贸易中消除非关税贸易壁垒的一种手段,促进了国际贸易的发展。为协调和推动商品质量认证工作的发展,国际标准化组织（ISO）理事会于 1970 年成立了"认证委员会"（CERTICO）,于 1985 年改为"合格评定委员会"（CASCO）,以研究评定产品、过程、服务和质量体系符合适用标准或其他技术规范的方法,制定有关认证方面的国际指南,促进各国和各地区合格认证制度的相互承认。

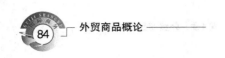

（2）我国商品质量认证的发展状况

我国产品质量认证工作起步较晚，1981 年我国建立了第一个认证委员会，即中国电子元器件质量认证委员会（QCCECC）。1983 年，该委员会参加 IEC 的电子元件质量评定体系（IECQ），成为 IECQ 的一般成员，1986 年被接纳为 IECQ 全权资格成员。1984 年中国电工产品认证委员会成立，并于 1985 年参加 IEC 的电工产品安全体系（IECEE）成为其成员。1991 年，我国发布实施了《产品质量认证管理条例》，并相继发布了《产品质量认证管理实施办法》、《产品质量认证委员会管理办法》、《产品质量认证质量体系检查员和检验机构评审员管理办法》、《产品质量认证证书和认证标志管理办法》等配套法规，使我国的认证工作发展到一个新的阶段。

2）商品质量体系认证的意义

（1）争取签订订货合同的需要

需方为了能保证其所采购商品的质量，往往是在取得质量体系认证企业中选择供应厂商，企业为了适应需方的需要得到更多的订货合同，而申请并取得质量体系认证。

（2）提高质量信誉，取得市场竞争胜利的需要

企业取得质量认证后，认证机构要给予注册和发给证书，同时印发体系认证企业名录，扩大影响，从而提高了认证企业的质量信誉，更好地得到顾客（用户）的信任，为企业取得市场竞争胜利打下了基础，创造了条件。

（3）产品打入国际市场的需要

某些国家或地区，利用是否取得质量体系认证作为贸易壁垒，保护本国（本地区）的利益，规定某些商品未经质量体系认证不能进入本国（本地区）市场。企业为了打入这些国家或地区的市场，因而申请并取得质量体系认证。

（4）促进改善管理，提高体系运行有效性

企业领导为了推动企业质量管理的改进和提高体系运行有效性，以体系认证为纽带和动力，发动员工深化质量管理，提高管理水平和体系运行有效性，增强企业适应市场（顾客）要求和变化的应变能力。

4.4.3　商品质量认证标志及程序

商品质量认证标志就是合格标志。它是由认证机构专门设计并经正式发

布的一种专用标志,用以证明某些商品或服务符合特定规定标准或技术规范,经认证机构批准,使用在合格出产的认证商品上。认证标志是一种质量保证标志,其主要作用是向消费者和用户传递一种表明可靠的、符合要求的信息。在国际上被注册过的标志在任何一个国家都被认可,从而为进出口贸易提供方便。

商品质量认证程序如下:

①制定供认证用的标准。这是开展认证的前提和依据,通常是采用国际标准或国家标准。

②申请。申请认证的企业按认证机构的规定填写申请书和申请表,正式提出申请,并提供相关资料。

③审查评估。认证机构对申请书及相关资料进行审查,并派人员到企业对质量保证体系进行全面审查和抽取具有代表性的样品进行型式试验,根据审查情况,提出审查报告。

④颁发合格证明文件(认证证书和认证标志)。审查合格后,为申请企业颁发合格证明文件(认证证书和认证标志)。

⑤证后监督。颁发合格证明文件后,认证机构继续对生产厂家的质量保证体系及商品质量进行跟踪监督和检查。

⑥监督处理。对质量保证体系复查及监督检验的商品不符合要求时,认证机构可根据情况,做出暂停或撤销认证资格,停止使用认证标志的处理决定。

4.4.4 中国的商品质量认证

1) 我国商品质量认证管理机构设置

根据《中华人民共和国产品质量认证管理条例》的规定,国务院标准化主管部门统一管理全国的认证工作,认证委员会负责认证的具体实施,县级以上地方人民政府标准化行政主管部门在本行政区内负责对认证产品进行监督检查。

2) 中国商品质量认证标志

中国商品质量认证分为强制性安全认证和自愿性认证。中国商品的认证标志分为方圆标志、CCC 标志和 PRC 标志。方圆标志分为合格认证标志和安全认证标志;CCC 为中国专用强制认证标志;PRC 标志为电子元器件专用认证标志。各类认证标志如图 4.4 所示。

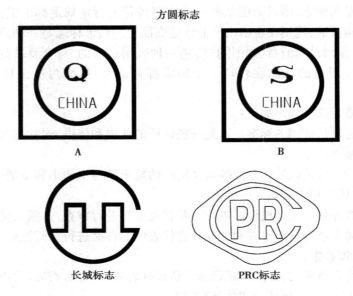

图 4.4   我国商品质量认证标志

4.4.5   国际商品质量认证

1) 国外质量认证机构概况

实施质量认证的机构各国有所不同,有的是政府部门设立的专门机构,有的是非政府机构,也有的是政府授权的民间机构,由它全权负责实施质量认证工作。质量认证机构一般包括认证管理机构、认证检验机构、认证审核机构。

2) 国际商品认证标志

各国商品质量认证标志是以国家标准的代号或标准化机构及认证机构的名称缩写为基础组成的简单图案,如图 4.5 所示。

中国3C认证

全羊毛认证标志

中国长城认证

中国节能产品认证

欧共体CE认证

香港安全标志

进口商品安全质量许可证

德国安全认证

北美安全标志

CB

国际电工CB认证

EUR USA JPN

欧盟、美国、日本ENC认证

阿根廷IRAM认证

ISO1400认证

EMC

国际电磁兼容认证

ISO9000

国际质量管理体系认证

图4.5 各种常见的认证标志符号示例

生活小常识

空调器上的认证标志

市场上销售的空调器,大多附有质量认证标志,由于认证机构不同,这些标志也多种多样各不相同:

①CCIB标志:中国进出口商品检验局检验标志,说明产品是正规进出口商品,质量安全可靠。凡进口的家电产品须有此标志才能在中国市场上销售。

②"长城"标志:中国电工产品(CCEE)质量认证标志。已实施强制认证的

产品有:电视机、收录机、空调器、电冰箱、电风扇、电动工具、低压电器。

③AS 标志:澳大利亚标准协会(SAA)使用于电器和非电器产品的标志,英联邦商务条例对其保障,国际通用。

④BEB 标志:英国保险商实验室的检验合格标志。这个标志在世界许多国家通行,具有权威性。

⑤UL 标志:美国保险商实验所认证标志。

⑥JIB 标志:日本标准化组织(JIB)对其检验合格的电器产品、纺织品颁发的标志。

⑦CECC 标志:欧洲电工认证标志。

本章小结

质量是"一组固有特性满足要求的程度"。质量可存在于活动或过程中,也可以存在于产品、组织、体系或人以及上述各项的任何组合中。商品质量可表述为商品满足规定或潜在要求(或需要)的特征和特征的总和。评价商品质量好坏、高低的标准是消费者。商品质量特性通常需要转换,所得到的或确定的质量特性实质上只是相对顾客需要的一种代用质量特性,它们有:技术性或理化性的质量特性、心理方面的质量特性、时间方面的质量特性、安全方面的质量特性、社会方面的质量特性。外贸商品质量要适应各国政府有关法令与条例的规定,适应不同市场、不同消费者对商品品质的要求,适应国外销售季节、销售方式和自然条件。

外贸商品应符合适用性、可靠性、经济性、安全卫生性、信息性和审美性等方面要求。现代的商品质量观对外贸商品质量管理产生了深远的影响,已由商品的内在质量,发展到外在质量观、经济质量观、社会质量观、市场质量观和现代商品质量综合观等,越来越注重商品的美学质量、包装质量和市场质量。

原材料、生产制造各环节、商品流通各作业以及使用过程等因素对商品质量都会产生影响。

商品责任是指由于商品质量问题而使消费者受损失时,该商品的生产者对被害人负有的赔偿责任。商品责任有以下 3 种:疏忽责任、担保责任和严格责任。

我国有关质量法规包括质量、计量、检验检疫、相关法律等。

质量管理从世界范围的发展过程来看,可概括为 3 个阶段:质量检验、统计质量管理和全面质量管理等。商品质量管理主要包括 3 方面内容:商品生产质量管理、商品流通质量管理、商品使用质量管理。全面质量管理按其特点,可以概括为"三全一多"的管理,即:全体人员参加的管理、全部过程的管理、全面质量的管理和运用多种手段进行质量管理。PDCA 循环体现了全面质量管理的思想和方法。

质量体系认证,是指第三方(社会上的认证机构)对供方的质量体系进行审核、评定和注册的活动。质量体系认证着重对保证质量条件进行检查,以确认该企业能否保证其申请产品能长期稳定地符合特定的产品标准。

思考题

1. 外贸商品质量有哪些要求?
2. 影响商品质量的因素有哪些?
3. 什么是全面质量管理? 它有哪些特点?
4. 简述 PDCA 循环的 4 阶段 8 步骤。
5. 联系实际,说明外贸商品质量管理的重要意义。
6. 外贸商品进行质量认证有何意义?

实　训

通过互联网,了解有关商品质量的法律法规,并分析我国出口商品目前存在的问题。

案例分析

案例一:

2005 年,全国出入境检验检疫机关共查出不合格进出口商品 2.8 万批,货值 36.7 亿美元。其中,查出不合格出口商品 1 万余批,货值 2.9 亿美元,比上年增长 0.14%;查出不合格进口商品 1.8 万批,货值 33.8 亿美元,比上年增长 3.1%。

分析

试针对外贸商品质量要求分析我国外贸商品质量不合格率上升的原因?

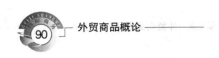

案例二:

美、日、欧盟是我国最大的 3 个贸易伙伴,据统计,包括经香港的转口贸易在内,我国出口商品近 75% 销往美、日、欧盟等国家或地区,而这三大经济实体正是实施技术贸易壁垒的积极倡导者,绝大多数技术贸易壁垒措施发源于这三大经济实体。产品出口的地理方向决定了我国不得不直面技术贸易壁垒的威胁。

据商务部最新资料显示,2002 年,我国有 71% 的出口企业、39% 的出口产品遭遇到国外技术性贸易壁垒不同程度的限制,造成的损失逾 170 亿美元,同比增长 60 亿美元,相当于全年出口总额的 5.2%。

2002 年 9 月 11 日,欧盟 2002 第 61 号指令,禁止使用四氨基联苯等 22 种偶氮染料,这一指令从 2003 年 9 月 11 日后开始执行。该指令主要禁止纺织品服装和皮革制品生产使用偶氮染料,禁止使用偶氮染料且直接接触的纺织品服装和皮革制品在欧盟市场销售,禁止这类商品从第三国进口。偶氮类染料在我国已被广泛应用于纺织品、服装、皮革制品、家居布料,该指令的通过,给我国出口纺织业产生巨大的冲击。

我国的机电产品主要销往欧美、日本等国,而这些国家的环保法规涉及机电产品的性能、排污量限制、兼容性、可回收率、节能性等多方面,这对我国机电产品的出口造成了不少限制和困难。据不完全统计,我国每年约有 90 亿美元的出口机电产品受到有关《臭氧层保护国际公约》的限制而被禁止生产和销售;还有 80 亿美元的出口产品受到国外绿色标志制度的影响;240 亿美元出口产品达不到发达国家环保包装而受到间接影响。

分析

我国商品在出口创汇过程中面临的问题有哪些?

第5章
外贸商品标准与标准化

【本章导读】

本章主要介绍商品标准的概念、作用、种类、级别、内容和制订的程序及要求,一些常用的国际标准,商品标准化的概念、作用、产生和发展等,目的是使读者对外贸商品标准和标准化有初步的认识和了解。

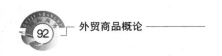

5.1 外贸商品标准

5.1.1 商品标准的概念

1) 标准的概念

1983 年 7 月,国际标准化组织(ISO)对标准下的定义是:"由有关各方面根据科学技术成就与先进经验,共同合作起草,一致或基本上同意的技术规范或其他公开文件,其目的在于促进最佳的公众利益,并由标准化团体批准。"

我国颁布的 GB 3935.1—1983 中对标准做了如下定义:标准是对重复性事物和概念所做的统一规定,它以科学、技术和实践经验的综合成果为基础,经有关方面协商一致,由主管机构批准,以特定形式发布,作为共同遵守的准则和依据。

2) 商品标准的概念

商品标准是指为保证商品的质量,对商品必须达到的某些或全部要求所制定的标准。

商品标准表达的中心是商品质量标准,商品质量包括的范围是有关质量的各方面。

商品标准是从事工农业生产的一种共同技术依据,也是部门间交接验收商品的共同准则,统一表达了生产企业、流通企业、监督部门和消费者对商品的要求,是商品生产、检验、验收、监督、使用、维护和贸易洽谈的技术准则,也是生产部门、商业部门、消费者之间对商品质量出现争议时执行仲裁的依据。

5.1.2 商品标准的作用

1) 评定商品质量的准绳

商品标准是对商品质量和与质量有关的各方面所做的统一规定。它是生产和流通的一种共同技术依据,是评定商品质量的准绳。商品标准由主管机构批准,以特定形式发布后,就是一种技术法规,具有法律效力,在商品的生产和流通过程中必须共同遵守,任何单位不得擅自更改或降低标准,当产销及用户各方对商品质量发生争议时,应依据商品标准裁决。

2)科技与生产发展水平的标志

商品标准是衡量一个国家生产力发展水平的标志,也是推动和组织社会生产的重要手段。每一种商品标准都积累了人们在这一商品生产和使用方面的经验,根据当时社会发展的需要和社会生产水平制定的,也是科学技术和生产发展水平的标志。

3)现代国际贸易的基本要素

在对外贸易中,商品标准可促进出口商品质量提高,从而有利于提高我国商品的国际市场声誉和促进对外贸易的发展,并可对对外贸易业务在签订合同时涉及有关品质、条件等条款时提供参考。

5.1.3　商品标准的种类及级别

1)商品标准的种类

(1)以表现形式分为文件标准和实物标准

①文件标准。文件标准是用特定格式的文件,通过文字、表格、图样等形式,表述商品的规格、质量、检验等有关方面技术内容的统一规定。目前,商品标准中绝大多数都是文件。

②实物标准。亦称为标准样品(标准或标准物质),它是作为文件标准的补充,对某些难以用文字准确表达的质量要求(如色、香、味、手感、质地等),由标准化机构或指定部门用实物做成与文字标准规定的质量要求完全或部分(某一方面)相同的标准样品,按一定程序颁布,用以商品质量的鉴定和商品等级的评定。

例如,粮食、茶叶、烟叶、羊毛等商品都需要有标准样品,以在生产、检验、贸易洽谈、收购、定级定价时,作为评定其质量和等级的技术依据。

(2)以对象特征分为技术标准、管理标准和工作标准

①技术标准。基础标准、质量标准、方法标准和安全卫生标准等标准都是技术标准。

②管理标准。基础管理标准、质量管理标准、环境管理标准、安全管理标准

和卫生管理标准都是管理标准。

③工作标准。基础工作标准、工作质量标准、工作程序标准和工作方法标准。该类标准用于指导具体操作或作业时的流程、程序及参数的标准。

（3）以约束力分为强制性标准、推荐性标准

①强制性标准。强制性标准指保障人体健康，人身、财产安全的标准和法律、行政法规规定强制执行的标准，又称法规性标准。

强制性标准是指标准制定之后，在需要使用此类标准的部门必须贯彻执行，而不允许制定与此标准功能相同的标准。1985 年以前，我国各级标准都属于强制性标准。1989 年 4 月 1 日我国施行的《中华人民共和国标准化》规定：国家标准、行业标准分为强制性标准和推荐性标准。保障人身健康，人身、财产安全的标准以及法律和行政法规规定强制执行的标准均属于强制性标准，其他标准是推荐性标准。省、自治区、直辖市标准化行政主管部门制定的工业产品的安全、卫生要求的地方标准，在本行政区域内是强制性标准，也有推荐性地方标准。强制性商品标准应包括：药品标准、食品卫生标准、兽药标准；商品及商品生产、储运和使用过程中的安全标准；通用的商品试验、检验方法；国家需要控制的重要商品的质量标准等。强制性商品标准的范围不是固定不变的，国家根据商品质量情况可颁布重要商品目录，借以控制商品质量。因此，强制性商品标准的数目随时间而变化。强制性标准必须严格执行，凡不符合强制性标准的商品，禁止生产、销售和进口。如有违反，由有关部门依法处理，没收商品和违法所得，并处以罚款；造成严重后果构成犯罪的，对直接责任人员要依法追究刑事责任。

一些强制性商品标准如：GB 5408.1—1999《巴氏杀菌乳》；GB 5408.2—1999《灭菌乳》；GB 2746—1999《酸牛乳》；GB 19302—2003《酸乳卫生标准》；GB 5410—1999《全脂乳粉、脱脂乳粉、全脂加糖乳粉和调味乳粉》；GB 5415—1999《奶油》；GB 5417—1999《全脂无糖炼乳和全脂加糖炼乳》；GB 5420—2003《干酪卫生标准》，备案有效的企业标准。

②推荐性标准。推荐性标准指强制性标准外，自愿采用的标准，又称为自愿性标准。

推荐性标准是除强制性标准以外的其他标准，企业自愿采用、自愿认证；国家采取优惠措施，鼓励企业采用推荐性标准。推荐性标准一旦纳入指令性文件，将具有相应的行政约束力。在实行市场经济的国家中大多实施推荐性标准，国际标准也是推荐性标准。例如 GB/T 19001—2000 idt ISO9001：2000 是质量管理体系认证标准；GB/T 124001—2004 idt ISO14001：2004 是环境管理体系

认证标准。

2）商品标准的级别

（1）我国商品标准的级别

①国家标准。国家标准是指由国家标准化主管机构批准发布,在全国范围内统一的标准。我国《标准化法》规定,对需要在全国范围内统一的技术要求,应当制定国家标准。

国家标准（包括标准样品）主要包括:有关互换、配合、通用技术术语的标准;有关保障人体健康和人身、财产安全的标准;基本原料、燃料、材料标准;通用基础件标准;通用的试验、检验方法标准;国家需要控制的其他重要产品的通用标准或质量分等标准等。

国家标准代表着一个国家的科学技术水平,世界大多数国家由标准化主管机构批准发布,也有的国家由代表国家的民间组织审批。我国国家标准的制定,由国务院标准化行政主管部门编制计划,组织草拟,统一审批、编号、发布。对于药品、食品卫生、兽药、环境保护等方面的国家标准,分别由国务院卫生主管部门、农业主管部门、环境保护主管部门组织草拟、审批,其编号和发布办法由国务院标准化行政主管部门会同国务院有关行政主管部门制定。目前,国家标准分为强制性国家标准和推荐性国家标准。

随着改革开放以及社会主义市场经济和对外贸易的发展,我国国家标准也积极广泛地采用国际标准,以扩大出口。目前,我国已有40%以上的商品采用国际标准和国外先进标准生产。自1993年1月起,我国商品质量国家标准等同采用国际标准。

按照《国家标准管理办法》的规定,我国强制性国家标准的代号由"国标"二字的汉语拼音第一个字母组成,为"GB";推荐性国家标准的代号为"GB/T"。国家标准的编号由发布的顺序号和年号（即发布年份的后两位数字）构成。例如,GB 9107—1989,表示于1989年颁布的9107号强制性国家标准;GB/T 10300·1—1988,表示于1988年颁布的第10300号推荐性国家标准。国家标准等同采用国际标准时,用双重标准编号或复合代号表示。

②行业标准。行业标准即专业标准,是指在没有国家标准的情况下,由专业标准化主管机构或专业标准化组织批准发布、在某个行业范围内统一使用的标准。在没有国家标准而又需要在全国某个行业范围内统一技术要求的情况下,可以制定行业标准。行业标准不能与有关国家标准相抵触,有关行业标准之间应保持协调、统一,不得重复。

行业标准由国务院有关行政主管部门编制计划,统一审批、编号、发布,并报国务院标准化行政主管部门(国家技术监督局)备案。在发布实施相应的国家标准之后,该行业标准自行废止。行业标准也分为强制性标准和推荐性标准。

全国专业标准化技术委员会在国家技术监督局领导下,承担本行业的国家标准和行业标准的制定和审查。到 1989 年,我国已成立专业标准化技术委员会 135 个,制定行业(专业)标准 10 000 多个。国际上一些专业性学会或协会制定的标准也是专业标准。

我国行业标准代号如表 5.1 所示,我国行业(专业)标准一级类目代号(专业代号)如表 5.2 所示,我国原部(局)标准代号如表 5.3 所示。

表 5.1　行业标准代号

行业标准名称	行业标准代号	主　管　部　门	行业标准名称	行业标准代号	主　管　部　门
农业	NY	农业部	船舶	CB	中国船舶工业总公司
水产	SC	农业部	航空	HB	航空航天部
水利	SL	水利部	航天	QJ	航空航天部
轻工	QB	轻工业部	劳动和劳动安全	LD	劳动部
纺织	FZ	纺织部	电子	SJ	机械电子部
医药	YY	国家医药管理局	广播电影电视	GY	广播电影电视部
民政	MZ	民政部	通信	YD	邮电部
教育	JY	国家教育委员会	电力	DL	能源部
烟草	YC	国家烟草专卖局	核工业	EJ	中国核工业总公司
黑色冶金	YB	冶金部	测绘	CH	国家测绘局
有色金属	YS	中国有色金属总公司	金融	JR	中国人民银行
石油天然气	SY	能源部	海洋	HY	国家海洋局
化工	HG	化工部	档案	DA	国家档案局
石油化工	SH	中国石油化工总公司	商检	SN	国家进出口商品检验局
建材	JC	国家建筑材料局	文化	WH	文化部
土地管理	TD	国家土地管理局	体育	TY	国家体育运动委员会

行业标准名称	行业标准代号	主 管 部 门	行业标准名称	行业标准代号	主 管 部 门
机械	JB	机械电子部	物资	WB	物资部
民用航空	MH	中国民航管理局	环境保护	HJ	国家环境保护局
兵工民品	WJ	中国兵器工业总公司	稀土	XB	国务院稀土领导小组
公共安全	GA	公安部	城镇建设	CJ	建设部
汽车	QC	中国汽车工业总公司	新闻出版	CW	国家新闻出版署
铁路运输	TB	铁道部	煤炭	MT	能源部
交通	JT	交通部	商业	SY	商业部

例如:中华人民共和国纺织行业标准,FZ 62001—1991《涤棉订单》;中华人民共和国纺织行业标准 FZ/T 33001—1991《亚麻坯布》。

1990 年以前,我国行业标准代号采用专业标准代号"ZB",其编号是:专业标准代号加一级类目代号(表 5.2)、二级类目代号、顺序号和年号。具体形式如下:

ZB   D   16   006   —1988

ZB 代表专业标准代号;D 代表一级类目代号即专业代号;16 代表二级类目代号即分类代号;006 代表二级类目内的顺序号;—1988 代表批准年代号。

例如:中华人民共和国专业标准,ZB W 56 009—1990《线毯》;中华人民共和国行业标准,ZB W 43 004—1990《桑蚕绢丝织物》。

表 5.2 我国行业(专业)标准一级类目代号(专业代号)

专业代号	专 业 名 称	专业代号	专 业 名 称
A	综合	N	仪器、仪表
B	农业、林业	P	土木建筑
C	医药、卫生、劳动保护	Q	建材
D	矿业	R	公路、水路运输
E	石油	S	铁路
F	能源、核能	T	车辆
G	化工	U	船舶

续表

专业代号	专业名称	专业代号	专业名称
H	冶金	W	纺织
J	机械	X	食品
K	电工	Y	轻工、文化与生活用品
L	电子基础、计算机与信息处理	Z	环境保护
M	通信、广播		

表 5.3 我国原部(局)标准代号

序号	部门	标准代号	序号	部门	标准代号
1	煤炭工业部	MT	22	纺织工业部	FZ
2	石油工业部	SY	23	农业部	NY
3	冶金工业部	YB	24	农垦部	NK
4	建筑材料工业部	JC	25	粮食部	LS
5	化学工业部	HG	26	商业部	SB
6	林业部	LY	27	对外贸易部	WM
7	地质部	DZ	28	水产部	SC
8	第一机械工业部	JB	29	卫生部	WS
9	第二机械工业部	EJ	30	劳动部	LD
10	第三机械工业部	HB	31	教育部	JY
11	第四机械工业部	SJ	32	文化部	WH
12	第五机械工业部	WJ	33	公安部	GN
13	第六机械工业部	CB	34	国家测绘总局	CH
14	第七机械工业部	QJ	35	中央手工业管理总局	SG
15	第八机械工业部	DB	36	广播事业局	GY
16	农业机械部	NJ	37	中国民用航空总局	MH
17	铁道部	TB	38	国家物资总局	WB
18	交通部	JT	39	全国供销合作总社	GH
19	邮电部	YD	40	中国科学院	KY

续表

序号	部 门	标准代号	序号	部 门	标准代号
20	水利电力部	SD	41	国家海洋局	HY
21	轻工业部	QB	42	中央气象局	QX

③地方标准。地方标准是指在没有国家标准和行业标准的情况下,由地方制定、批准发布,在本行政区域范围内统一使用的标准。我国《标准化法》规定,对没有国家标准和行业标准而又需要在省、自治区、直辖市范围内统一的工业产品的安全、卫生要求,可以制定地方标准。

地方标准由省、自治区、直辖市标准化行政主管部门编制计划、组织制定、审批、编号和发布,并报国务院标准化行政主管部门(国家技术监督局)和国务院有关行政主管部门备案。地方标准在相应的国家标准或者行业标准发布实施后,即行废止。工业产品的卫生安全要求的地方标准是强制性标准。地方标准可以补充国家标准和行业标准的不足,使同一地区、多家生产的无国家标准和行业标准的产品有统一的技术依据,有利于地方经济的发展。

地方标准的代号是"DB",加上省、自治区、直辖市行政区域代码前两位数字和斜线组成强制性地方标准代号;再加"T",组成推荐性地方标准代号。例如:河北省强制性地方标准代号为 DB 13/;河北省推荐性地方标准代号为 DB 13/T。

④企业标准。企业标准是指由企业制定发布、在该企业范围内统一使用的标准。企业生产的所有产品都必须制定有相应的标准,不允许生产无标准依据的产品。当企业生产的产品没有国家标准和行业标准时,应当制定企业标准,作为企业组织生产、经营活动的依据。对于那些已有上级标准的产品,国家鼓励企业制定技术指标要求高于上级标准要求的内控标准。企业这样做有利于产品质量水平的提高,有利于企业产品的竞争,也有利于推动国家技术水平的提高。

企业标准的制定必须贯彻上级有关的标准规定,不许违背,并且接受上级标准化管理部门的监督和检查。企业标准由企业组织制定、批准、发布,并按省、自治区、直辖市人民政府的规定备案。企业标准作为对外贸易交货依据的商品标准或超出本企业范围使用时,需要由企业的上级主管单位审批、发布。

企业标准的代号为"Q",其编号方法如下:Q/　AB　CDE—FH

Q/和 AB 是企业标准代号;Q/代表企业标准代号;AB 代表企业代号;CDE代表顺序号;FH 代表发布年代号。如"Q/　320601 NY 16—1997 糠醇(改良

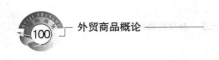

型）树脂"。

（2）国际商品标准的级别

①国际标准有：国际标准化组织（ISO）、国际电工委员会（IEC）以及国际标准化组织公布的其他国际组织所制定的标准。

②区域标准有：欧洲标准化委员会（CEN）、非洲地区标准化组织（ARSO）、亚洲标准咨询委员会（ASAC）、阿拉伯标准化与计量组织（ASMO）。

③发达国家的国家标准有：美国国家标准（ANSI）、英国国家标准（BS）、日本工业标准（JIS）、法国国家标准（NF）、俄罗斯国家标准（гост）。

④国际上通行的团体标准有：美国材料与试验协会标准（ASTM）、美国石油学会标准（API）、美国电子工业协会标准（EIA）、美国军用标准（MIL）、英国劳氏船级社（LR）。

5.1.4　常用的国际商品标准

ISO 是一个组织的英语简称，其全称是 International Organization for Standardization ，翻译成中文就是"国际标准化组织"。ISO 宣称它的宗旨是"在世界上促进标准化及其相关活动的发展，以便于商品和服务的国际交换，在智力、科学、技术和经济领域开展合作"。ISO 现有 117 个成员，包括 117 个国家和地区。它的最高权力机构是每年一次的"全体大会"，其日常办事机构是中央秘书处，设在瑞士的日内瓦。中央秘书处现有 170 名职员，由秘书长领导。

ISO 现已制定出国际标准共 10 300 多个，主要涉及各行各业各种产品（包括服务产品、知识产品等）的技术规范。ISO 制定出来的国际标准除了有规范的名称之外，还有编号，编号的格式是：ISO ＋ 标准号 ＋［杠 ＋ 分标准号］＋ 冒号 ＋ 发布年号（方括号中的内容可有可无）。例如，ISO 8402：1987、ISO 9000—1：1994、ISO 9001：2000、ISO 14001：2004 等，分别是某一个标准的编号。

但是，"ISO 9000"不是指一个标准，而是一族标准的统称。根据 ISO 9000—1：1994 的定义："ISO 9000 族是由 ISO/TC176 制定的所有国际标准。"

其他常用的国际商品标准如国际电工委员会（IEC）所制定的标准等。

5.1.5　商品标准的内容

1）概述部分

概述部分的内容包括：

①封面与首页；
②目次；
③标准名称；
④引言。

2）正文部分

正文部分内容包括：
①主题内容与适用范围；
②应用范围；
③术语、符号和代号；
④商品分类；
⑤技术要求；
⑥试验方法；
⑦检验规则；
⑧标志、包装、运输和储存。

3）补充部分

补充部分包括：
①附录；
②附加说明。

5.1.6 商品标准的制定

1）商品标准制定的原则

制定标准应当有利于保障安全和人民的身体健康，保护消费者的利益，保护环境；应当有利于合理利用国家资源，扩大科学技术成果，提高经济效益，并符合使用要求；有利于商品的通用互换，做到技术上先进，经济上合理；应当做到有关标准的协调配套；有利于促进对外经济技术合作和对外贸易。

2）商品标准的制定与复审

标准制定应遵循如下的程序，标准每隔 3～5 年复审一次，分别予以确认、修订或废止。

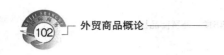

国际标准的制定或复审流程如表 5.4 所示。

表 5.4   项目阶段及有关文件

制定阶段	相关文件	
	名　　称	缩　　写
预备阶段	预备工作项目	PWI
提案阶段	新工作项目提案	NP
准备阶段	工作草案	WD
委员会阶段	委员会草案	CD
征询意见阶段	征询意见草案	ISO/DIS IEC/CDV
批准阶段	最终国际标准草案	FDIS
出版阶段	国际标准	ISO,IEC 或 ISO/IEC
维护与修改阶段	勘误表及修订单	ISO,IEC 或 ISO/IEC

5.2   商品标准化

5.2.1   商品标准化的概念

ISO 给标准化下的定义是:标准化主要是对科学、技术和经济领域内重复应用的问题给出解决办法的活动,其目的在于获得最佳秩序。一般来说,包括制定、发布和实施的过程。

GB 3935.1—1983 中将标准化定义为:在经济、技术、科学及管理等社会实践中,对重复性事物和概念通过制定、发布和实施标准,达到统一,以获得最佳秩序和社会效益的全部活动过程。

商品标准化不是一件孤立的事物,也不是一个静止的过程,这个过程包括商品标准的制订、发布、贯彻、实施及修订等环节。这些环节也就是商品标准化的主要内容。因此,商品标准化是个活动过程,而每一个环节是一个不断循环、螺旋式上升的活动过程。随着标准化向着深度和广度方面的扩展,使一种商品实现标准化后,随着科学和经济的发展,经过一段时间,就可突破原标准的规定,继而制定更先进的商品标准。这样周而复始,不断循环,每循环一次,每一次新的统一,都使标准水平有一个新的提高。

商品标准化是衡量一个国家生产技术水平和管理水平的尺度,是现代化的一个重要标志。现代化水平越高,就越需要商品标准化。

5.2.2 标准化工作

1)商品标准化的作用及意义

商品标准化有以下作用和意义:
①标准化是完善现代企业制度的重要手段;
②标准化是推动技术引进和设备进口的技术基础;
③标准化有利于发展国际贸易;
④标准化是实现科学管理和现代化管理的理论基础。

2)商品标准化的形式与方法

商品标准化的形式与方法主要有:简化、统一化、系列化、通用化、组合化和模数化。

①简化。简化是在一定范围内缩短商品的类型数目,使之在既定时间内满足一定需要的商品标准化形式。

②统一化。统一化是把同类商品两种以上的表现形式归并为一种或限定在一定范围内的商品标准化形式。

③系列化。系列化是对同一类商品中的一组商品同时进行标准化的一种形式。它是标准化的高级形式。

④通用化。在相互独立的系统中,选择和确定具有功能互换性或尺寸互换性的子系统或功能单元的标准化形式称通用化。通用化要以互换性为前提。

⑤组合化。组合化是按照标准化的原则,设计并制造出一系列通用性较强的单元,根据需要组合成不同用途的商品的一种标准化形式。

⑥模数化。模数化是指在系统的设计、计算和结构布局中,制定和使用尺寸协调的标准模数的活动。模数是指在某种系统(如建筑物、构件或制品)的设计、计算和布局中普遍、重复地应用的一种基准尺寸。由于模数具有优良的尺寸拼加性,在外包物与内包物之间具有良好的容纳性,因此,在仪器仪表工业中,元件、器件、零部件与机箱、机柜之间,集装箱与包装箱之间等具有尺寸对接关系的积木组装结构制品中具有广泛的应用。

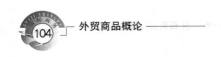

5.2.3　标准化的产生和发展

著名的质量管理专家朱兰博士在 1995 年提出了"21 世纪是质量的世纪。"国际标准化组织 ISO 在 1987 年推出 ISO 9000 系列标准以来,已被百余个国家和地区采用,这个系列标准在全球如此广泛深刻的影响,有人称之为 ISO 9000 现象。ISO 9000 现象的出现的根本原因,是各国的采购商和供应商对标准的普遍认同,并将符合 ISO 9000 标准的要求作为贸易活动中建立相互信任关系的基石。我国早在 1988 年等效采用,1992 年转为等同采用 ISO 9000 标准。据统计截止到 2004 年 12 月 31 日,全国获得质量体系认证企业共计 175 635 家,分布情况如图 5.1 所示。截止到 2006 年,我国已有 142 家国家认可的认证机构,约占全世界认证机构总数的 1/8。

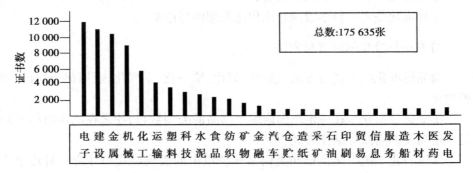

图 5.1　我国按行业统计认证企业证书数

1998 年 1 月,中国、美国、英国、日本等 17 个国家签署国际认可论坛多边互认协议(IAF/MLA),中国质量体系认证机构国家认可制度正式加入国际互认;1998 年 8 月,中国认证人员国家注册委员会(CRBA)与英国、美国、澳大利亚、新西兰等首批签署了国际审核员培训和注册协会互认协议(IATCA/MLA),加入了国际互认制。至此,决定我国质量体系认证水平的两大体系均已经与国际接轨,并获得国际互认。

ISO——International Organization for Standardization,即国际标准化组织。ISO 成立于 1947 年,由供应商各国政府(P 成员国,O 成员国)国际组织代表组成,中国是 ISO 的正式(P)成员国。

迄今为止,已有约 90 个国际标准化组织(ISO)的成员国采用了 ISO 9000 族国际标准。ISO 成员国和其他国家则可采取自愿的方式采用这些标准。欧共体或欧洲自由贸易联盟已做出规定,要求现有的 18 个成员国必须采用这些标准,而 ISO 的成员国和其他国家则可采取自愿的方式采用这些标准。

尽管有些国家没有采用 ISO 9000 族的编号系统,但现在的大多数采用国正努力保持与 ISO 9000 族的编号系统一致。

英国已将他们的 BS 5750,第一部分(ISO 9001 的等同采用标准)改为 BSENI-SO 9001:1994,而现存的 BS 9000 标准正是一个内容与质量完全无关的标准。

某些国家采用了如下的编号系统:丹麦:DS/EN ISO 9001:1994;挪威:NS-EN ISO 9001:1994;瑞典:SS-EN ISO 9001:1994;美国:ANSI/ASQCQ 9001:1994;瑞士:SN/EN ISO 9001:1994。

本章小结

商品标准是指为保证商品的质量,对商品必须达到的某些或全部要求所制定的标准。

我国商品标准的级别包括:国家标准、行业标准、地方标准和企业标准。

国际商品标准的级别一般有:国际标准、区域标准、发达国家的国家标准和国际上通行的团体标准。

商品标准化是一个过程,这个过程包括商品标准的制定、发布、贯彻、实施及修订等环节。这些环节也就是商品标准化的主要内容。

习　题

一、理解以下概念

1. 商品标准;2. 商品标准化;3. 文件标准;4. 实物标准;5. 国家标准;6. 专业标准;7. 企业标准;8. 强制性标准

二、填空

1. 商品标准以表现形式分为_____和_____两类。

2. 商品标准以对象特征分为_____、_____和_____3 类。

3. 我国国家标准的制定,由_____统制计划,组织草拟,统一审批、编号、发布。

4. GB 9107—1989 表示_____。

5. 商品标准每隔_____到_____年应复审一次,以便对其条款分别予以_____、_____或_____。

　　6.商品标准化的形式与方法主要有_____等几个方面。

思考题

　　1.简述商品标准的作用。

　　2.简述商品标准化的作用。

　　3.需要制定国家标准的范围,主要包括哪一些?

　　4.制定商品标准时必须遵循哪些原则?

　　5.商品标准的内容包括哪几个方面?

　　6.举例说明商品标准化的形式与方法。

实　训

　　1.联系实际,谈谈我国为何要采用国际标准和国外先进标准。

　　2.搜集商品标准,分析商品标准内容的组成部分。

　　3.深入通过 ISO 9001 质量管理体系认证的企业,调查该企业采用了哪些强制性标准和推荐性标准?

案件分析

　　我国自 1985 年对蔬菜产销体制进行改革以来,蔬菜的生产和供应都有了迅速的发展。通过改革,蔬菜品种不断增多,产品质量显著提高,蔬菜价格趋于合理,蔬菜市场繁荣活跃,基本上满足了人民群众对蔬菜消费的需求。但是,当前蔬菜商品社会化大生产的发展和蔬菜产销体制深化改革促进流通现代化发展的局面,对蔬菜商品标准化工作提出了新的要求,作为蔬菜流通现代化重要内容之一的蔬菜商品标准,应该通过标准化工作的开展,制定和实施统一、完善、配套的蔬菜商品标准,以发挥标准在质量管理和减少损失等方面的最佳功能;同时还应把蔬菜商品标准化纳入"标准化战略",成为参与市场竞争和国际竞争的重要技术措施。本文根据我国蔬菜流通现代化发展,结合我国蔬菜商品标准化的现状和主要问题,对加强蔬菜商品标准化工作进行探讨。

1)我国蔬菜流通现代化的发展状况

蔬菜流通现代化是指在蔬菜流通过程中,运用先进的流通技术和流通设施装备、科学的组织和管理、现代交易方式和交易手段,根据现代市场的规律和国际通行规则,形成高效率、高效益的蔬菜商品流通体系,其中包括流通技术、流通设施装备、流通组织管理、流通方式等 4 个方面现代化。蔬菜商品作为蔬菜流通的主体,要适应上述 4 个方面的要求,首先必须使产品本身及流通中的一系列工作环节达到规范化,为此不仅需要制定蔬菜商品质量标准,而且还应当解决好蔬菜的挑选、分级、包装、运输、储藏等方面的标准化问题,否则大批的蔬菜是难于进入现代化流通过程的。

我国蔬菜行业,通过 10 多年的产销体制改革,已在促进蔬菜生产持续发展、确保蔬菜市场繁荣、推进实施新的流通组织形式和营销方式、国营蔬菜企业改革发展以及宏观调控等方面取得了明显的成效,并积累了许多宝贵经验。当前蔬菜行业存在的主要问题是蔬菜产品总量增长和品种结构调整任务艰巨、产品技术含量较低、市场供应不够稳定、市场组织化程度不高、小生产与大市场矛盾仍然比较突出、流通秩序存在一些混乱现象、市场建设缺乏统一规划以及重复投资和资源浪费等。蔬菜行业主管部门,根据国务院国发〔1997〕22 号文件《国务院关于进一步加强"菜篮子"工作的通知》要求,逐步建立起以国有蔬菜企业为主导,以集体、个体和私营蔬菜企业为补充,以批发市场为中心,使生产、流通、消费有机结合的,统一开放、高效有序、少环节、可调控的流通体系。

为了适应和促进蔬菜流通现代化的发展进程,迫切需要加强蔬菜商品标准化工作。

2)我国蔬菜商品标准化的现状

我国蔬菜商品标准化工作开展仅有 10 多年的时间,1986 年受商业部委托,由中国人民大学商品学系、北京市蔬菜储藏加工研究所、中国农业科学院蔬菜花卉研究所共同承担的"七五"国家重点科技攻关项目以来,通过了 3 年研究,制定了大白菜等 9 项具有国内先进水平的蔬菜国家标准和行业标准,积累了制标经验,使我国蔬菜商品标准化步入了正常发展的轨道之后,有关的蔬菜管理部门和科研院所又陆续对蔬菜的名词术语、检验和抽样方法、质量等级以及包装、运输、储藏、销售技术等方面制定了一批相应的、统一的国家标准和行业标准。截至 1997 年,共制定了新鲜蔬菜有关标准 168 项,其中国家标准 63 项、行业标准 105 项,属于蔬菜商品质量标准的有 33 项,其中有两项是新鲜蔬菜商品质量标准。基本上形成了我国蔬菜商品标准体系的框架,在提高蔬菜商品生产水平和加强蔬菜商品流通中的质量管理方面起到了积极作用。但是,随着我国蔬菜产销体制深入改革的发展,当前蔬菜商品标准化工作的开展仍然存在与蔬菜流通现代化要求不相适应的问题。这些问题主要是:

(1)标准的宏观管理有待加强

目前我国蔬菜行业已制定了数十项统一的标准,但是在高层次标准与低层次标准互相协调、基础标准与产品标准互相配合形成完整的标准体系方面存在一些问题,有待于加强宏观管理的力度。为此,需要对蔬菜商品标准体系开展研究,并进一步调整和完善我国蔬菜商品标准体系表,以加强蔬菜商品标准化的宏观管理。

(2)标准的类型和数量,尚不能完全适应蔬菜流通和蔬菜市场的要求

我国是蔬菜资源极为丰富的国家,蔬菜的种类品种十分繁多。据中国农业科学院蔬菜花卉研究所提供的资料,例如我国常用的蔬菜有 12 大类,89 种。如果从蔬菜商品标准化和蔬菜流通现代化来讲,凡是进入流通和市场的各种蔬菜都应纳入制标对象范围,并制定相应的标准。但是,目前仅就新鲜蔬菜商品质量标准来说,尚不足 20 种,仍有不少蔬菜种类需要制定统一的标准。另外,从建立蔬菜商品标准体系来说,还需要制定与蔬菜商品质量标准相协调、配套的包装、运输、储藏技术等方面的标准,以适应蔬菜流通和蔬菜市场的要求。

(3)标准的结构、内容有待完善

蔬菜商品标准的制定是一项重要的科研工作,标准的结构和内容应该严格按照原国家质量技术监督局发布的标准化工作导则要求进行编制。已制定的蔬菜商品标准中,有的因标龄过长,严重滞后蔬菜产销实际;有的不符合标准化工作导则对标准结构和内容的编写要求;有的亟待复审决定对标准的确认、修订或废止等。另外,早期制定的一些蔬菜商品质量标准,在贯彻与国际标准接轨上有一定的差距,采标率比较低。

(4)标准的制定和复审工作进度缓慢,滞后于蔬菜产销发展实际

当前我国蔬菜产销发展迅速,要求蔬菜商品标准的制定和复审工作加快进度。但是,目前蔬菜商品标准的制定,从计划下达到标准的审定、报批、发布,有的经过 3 年时间,而一些复审的蔬菜标准,有的标龄多在 5 年以上,甚至达到 7~8 年复审期限,远超过我国标准化管理条例规定的 3~5 年复审期限,严重滞后于蔬菜产销实际,影响了标准对蔬菜产销促进的作用。

（5）蔬菜商品标准的实施缺乏有力的指导

标准的制定是为实施，只有通过实施贯彻到蔬菜产销实际中才能体现标准作用、效果和水平。但是，目前我国有些蔬菜商品标准的实施并不理想，标准制定、发布后，往往因缺乏权威机构对标准实施工作的统筹安排及宣传贯彻力度，使标准未能及时在蔬菜产销中应用，存在着标准制定与标准实施相互脱离的现象。

分析

结合以上论述提出你对加强蔬菜商品标准化工作的建议？

第6章
外贸商品包装、装潢和商标

【本章导读】

　　本章主要介绍外贸商品包装的概念、外贸商品的包装具有的功能、基本要求、包装的种类、常用的包装材料和包装技法；外貌商品的包装标志和装潢；外贸商品的商标等内容。

6.1 外贸商品包装的功能和分类

6.1.1 商品包装的概念

在我国"包装通用术语"的国家标准中,包装的定义为:商品包装是为在流通过程中保护产品、方便储运、促进销售,按一定技术方法而采用的容器、材料及辅助物等的总称;也指为了上述目的而采用容器、材料和辅助物的过程中施加一定技术方法等的操作活动。可见,包装有两重含义:一是指盛装产品的容器及其他包装用品;二是指把产品盛装或包扎的活动。

商品包装有两个涵义:一是做名词用,泛指商品包装物,如纸箱、塑料袋等;二是做动词用,指所采用的操作技术,如为防震而在纸箱内垫入垫衬等。

商品包装与其他商品生产一样,是一般人类劳动的凝结,具有从属性和商品性二重属性。商品包装的从属性是指商品包装是随着商品生产的发展和商品流通范围的扩大而不断产生和发展起来的,并受到内装商品的影响和制约。商品包装的商品性是指包装同其他商品一样具有商品所具有的两个要素,即使用价值和价值。

随着环保意识的加强,人们又提出了绿色包装的概念。绿色包装,又称环保包装,是指既可充分发挥各种包装功能,又有利于环境保护,废弃物最少,易于循环复用及再生利用或自行降解的包装。它包括节约资源、能源,避免废弃物产生,易回收利用,可循环利用,可降解等具有生态环境保护要求的内容。

最早推崇包装材料回收的国家——德国制定了《循环经济法》,丹麦率先实行"绿色税"制度。很多国家要求制造商、进口商与零售商负起将包装材料回收利用与再制造的责任。在国内外市场风行和使消费者最崇尚的"绿色包装"中,有纸包装、可降解塑料包装、生物包装材料等。如"人造果皮"就是一种很有发展前途的包装材料,人们像吃橙子那样,把皮剥开即食,同时废弃物可回收利用。

6.1.2 外贸商品包装的功能

商品从生产领域到流通和消费领域都离不开包装。商品的包装和广告一样,是沟通企业与消费者之间的直接桥梁。良好的包装具有保护功能、容纳和

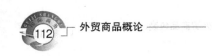

成组化功能、便利功能、促销和传递信息功能、卫生与环保功能和提高商品附加值等功能,成为产品不可缺少的一部分。

（1）保护功能

保护内装商品是商品包装的最基本功能。外贸商品从生产领域到流通领域再到消费领域,需经多次、多种方式、不同时间和空间条件下的装卸、搬运、堆码、储存等。科学合理的包装,能使商品抵抗各种外界因素的破坏,也可以把与内因有关的质量变化控制在合理、允许的范围之内,从而保证商品质量、数量的完好。

（2）容纳和成组化功能

商品包装为商品运输、商品储存创造了条件。有些商品本身没有单位形体,如液体、气体和粉状商品,只有依靠包装的容纳才具有特定的商品形态,没有包装就无法运输和销售。因此,包装的容纳功能有利于保持商品数量完整和质量安全,便于商品流通。

成组化功能是商品容纳功能的延伸,通过把许多个体或个别的包装物统一组合起来,化零为整,化分散为集中,大大提高运输效率,减少流通费用。

（3）便利功能

便利是商品包装的又一重要功能,指包装为商品从生产领域向流通领域和消费领域以及在消费者使用中提供的一切方便。如方便运输、储存、装卸、陈列、销售、携带、使用、回收和方便处理等。便利功能使商品与物流各环节具有广泛的适应性,使物流过程快捷、准确、可靠、便利。

（4）促销和传递信息功能

在商品经济迅猛发展的今天,人们的消费能力不断提高,对商品的质量、外观、档次要求越来越高,包装中匠心独具的装潢具有运用艺术的元素去吸引顾客、图文并茂的说明内容去指导消费的作用,装潢设计恰到好处的包装,是无声的推销员。包装也是构成商品说明的重要组成部分,按照某些国家的法律规定,如果卖方交付的商品未按约定的条件或不符合包装行业的习惯,买方有权利拒收商品。

（5）卫生与环保功能

包装的卫生功能是指包装要能保证商品卫生性能,主要体现在以下两方面内容:一是包装能阻隔各种不卫生因素,如灰尘、病菌对内装物的污染;二是包装材料本身在与内装物接触时不污染商品。

包装的环保功能是指包装对环境的影响,主要包括两个方面内容:一是包装废弃物能回收再利用;二是如果不能再利用,包装废物在大自然中能自然降解。

在非关税壁垒不断强化的今天,包装的卫生与环保功能在对外贸易中已成为许多国家保护本国市场的重要手段。

(6)提高商品附加值功能

通过优美的造型、色彩、图案和合理的包装可美化商品,把物质的东西和文化的、精神的内涵结合起来,不仅满足人们的物质需要,同时,满足人们的精神需要;不仅提高了商品的竞争力,增加了企业利润,同时也有利于我国对外贸易的发展和国家的声誉。

6.1.3 外贸商品包装的基本要求

1)外贸商品包装的总体要求

根据我国对外贸易情况,商品包装的总体要求是:科学、经济、牢固、美观、适销。

科学,就是指商品包装从设计到制作都要用科学的方法。例如,运输包装一定要考虑运输路途的远近,出口国的地理条件是山地还是平原,热带还是寒带,不同的条件,采取不同的设计方法,保证商品在世界大范围的运输中完好无损;在造型设计上要考虑到不同国家货架陈列方式,以利于商品陈列展销,并适应不同国家的消费习惯。

经济,就是指商品包装的用料和设计都要从节约材料、降低成本、减少运费支出、便于装卸、节约仓位等角度考虑。在保证牢固和美观的前提下,尽可能节约包装材料,减少了包装废弃物对环境的污染。美国安利公司的产品因为能在自然界降解和采用浓缩包装而受到国际环保组织设立的"环保成就奖"。

牢固,就是指商品包装要结实、耐用,以保证商品在流通和使用过程中品质、数量完好无损。在实施包装时,应根据不同商品的质量特性采取有针对性的包装。例如,干制品须采用防潮包装,金属制品则采用防锈包装,而油脂类商品须采用避光包装。

美观,是指商品在造型、色彩、图案上美观大方,富有艺术价值,同时,要和内装商品和谐一致,提高商品的国际竞争力,刺激消费者的购买欲望,达到促销目的。

适销，就是指商品包装一定要适合不同国家、不同地区、不同消费对象的文化特性、风俗习惯、宗教信仰、偏好和禁忌，防止按照"自我参考标准"来设计包装。例如，出口到伊斯兰国家的商品，应避免使用六角星图案的包装。

2）外贸商品包装的具体要求

（1）对运输包装的要求

国际贸易商品的运输包装比国内贸易商品的运输包装要求更高，应当体现下列要求：

①适应各种不同流通条件的需要。商品在流通领域中会受到运输装卸条件、储存时间长短和气候变化等情况的影响，因此，商品包装应与这些条件相适应。

②适应包装的内容物的特性要求。一方面包装要满足各种不同商品的要求，如食品要卫生、保鲜；精密仪器有防锈、防尘、防磁、防震等要求；羊毛纤维和皮革怕虫蛀；合成纤维要防老化、防火等。另一方面，包装物本身不能和内装物在性质上有冲突，对商品质量构成危害。

③具有方便安全性。方便性是指包装应该方便开启，便于交接、点验、装卸和搬运等的性能；安全性指包装的封口必须牢固、不撒、不漏，包装应牢固、可靠，能抗御运输、储存和装卸过程中正常的冲击、震动和挤压以及一定范围内温度、湿度的变化等。

④适应标准化、通用化、系列化的要求。商品包装必须推行标准化，即对商品包装的包装容（重）量、包装材料、结构造型、规格尺寸、印刷标志、名词术语、封装方法等加以统一规定，逐步形成系列化和通用化，以有利于包装容器的生产。提高包装生产效率，简化包装容器的规格，节约原材料，降低成本，易于识别和计量，有利于保证包装质量和商品安全。

⑤节约费用。包装的费用会加大成本，直接关系到商品的售价，因此，要求包装费用节约，避免"包装不足"或"包装过剩"。

⑥适应绿色环保的要求。绿色环保现已成为制约进出口商品的重要因素，各国对包装材料及包装废弃物提出了新的标准和法规，如德国规定中国出口到德国的食品包装应用瓦楞纸箱。

商品包装的绿色、环保要求要从两个方面认识：首先，材料、容器、技术本身对商品、对消费者而言应是安全的和卫生的；其次，在选材和制作上，遵循可持续发展原则，节能、低耗、高功能、防污染，可以持续性回收利用，或废弃之后能安全降解。

（2）对销售包装的要求

①名称易记。包装上的产品名称要易懂、易念、易记。

②外型醒目。要使消费者从包装外表就能对产品的特征了如指掌。

③印刷简明,具有吸引力。让顾客从货架旁边走过时能留意到它,想把它从货架上拿下来看看。

④体现信誉。包装要充分体现产品的信誉,使消费者透过产品的包装增加对产品的信赖。

⑤颜色悦目。在包装颜色的设计上,要注意各国的颜色的喜好和忌讳。一般来说,欧洲人喜欢比较淡雅的色彩,如红色和黄色。在超级市场上销售的高档商品,多采用欧洲流行色,即淡雅或接近白色的色彩。

⑥地区标志。包装应有产品地区标志或图案,使人容易识别。

3）各国对包装及包装填充物的有关法律规范

随着绿色包装的发展,许多发达国家纷纷以国际环保公约和环境保护条款为由,制定了一系列环境法规和贸易规则,不仅要求本国的包装行业应当遵守有关法令,而且要求进口的包装制品及其废弃物也要遵守相同的法令。绿色包装已成为发达国家阻碍发展中国家进入其市场的"绿色壁垒",有些已对我国外贸发展产生了严重影响。

美国、澳大利亚等国禁止使用稻草捆扎商品或作为包装的填充材料,而英国对采用稻草或其他干草作为进口商品包装衬垫物时,要求事先必须对其进行杀菌、灭虫等预防处理;美国、加拿大、英国及欧盟禁止木质包装在未熏蒸、防腐等处理前进入其境内,德国禁止以木板箱作为进口商品的包装;德国、意大利、奥地利等国禁止生产、进口或销售以聚氯乙烯（PVC）为包装材料的商品;欧盟、美、日、韩、澳大利亚、新加坡等国禁止使用含氯氟烃的泡沫塑料;另外,欧盟、美国、日本等国还对不能再生或不能分解的塑料包装材料颁布了有关禁令。

6.1.4　商品包装的种类

根据包装在流通过程中的不同作用,可分为运输包装和销售包装。

1）运输包装

运输包装（Transport Package）是指满足运输储存要求为主要目的的包装。它具有保障产品的安全,方便储运装卸,加速交接、点验等作用。例如,纸箱、木箱、桶、集合包装、托盘包装等。运输包装一般体积较大,外形尺寸标准化程度高,坚固耐用,表面印有明显的识别标志,主要功能是保护商品,方便运输、装卸和储存。

运输包装按照内含商品的数量可分为单个包装和集合包装两种。

(1)单件运输包装

货物在运输中作为一个计件单位的包装称做单件包装。单件运输包装按包装的造型和使用的材料不同又有以下包装形式:

①箱(CASE)通常适用于价值较高,容易受损的商品。按不同的材料,箱子有木箱(Wooden Case)、板条箱(Crate)、纸箱(Carton)、瓦楞纸箱(Corrugated)、漏孔箱(Skeleton)等。

②桶(Drum,Cask)通常使用于液体、半液体,以及粉状商品、粒状商品。按材料不同,桶有木桶(Wooden Drum)、铁桶(Iron Drum)、塑料桶(Plastic Drum)等。

③袋(Bag)通常适用于粉状、颗粒状和块状的农产品及化学原料等。袋有麻袋(Gunny Bag)、布袋(Cloth Bag)、纸袋(Paper Bag)、塑料袋(Plastic Bag)等。

④包(Bundle,Bale)通常适用于羽毛、羊毛、棉花、生丝、布匹等。

此外,还有筐、捆、坛、罐、缸、瓶等。

(2)集合运输包装

它是指由若干单件运输包装组合成的一件大包装,以便使用相应的运输工具及其他设施,大大提高装卸效率,减轻劳动强度,降低商品损耗,可以促进商品装运的现代化的实现。

常见的集合运输包装有集装箱、集装包(袋)、托盘等3种方式。

①集装箱。集装箱是一种规格化的巨型箱,一般由钢板等材料制成,可反复使用,它既是商品的运输包装,又是运输工具的组成部分。集装箱是现代化的运输包装,它可以有效地保护商品,加快装卸和运输速度,提高码头的使用效率。

②集装包(袋)。集装包(袋)是用塑料纤维编织成的抽口式大包或圆形大口袋,可分为一次性使用和可以回收中转使用两种。

③托盘。托盘是用木材、金属或塑料制成的托板,将货物堆放在托板上面,并用箱板、塑料薄膜或金属绳索加以固定,组成的一件集合包装。

2)销售包装

也称内包装或小包装,是指以保护商品、传递商品信息、宣传商品、美化商品、方便消费为目的的包装。销售包装的特点一般是包装件小;对包装的技术要求美观、安全、卫生、新颖,易于携带;印刷装潢要求较高。销售包装充当推销员的角色,因此,装潢设计是销售包装的主要内容。

目前国际市场上流行的销售包装按形式和作用可分为:陈列展销类、识别商品类、使用类。

(1)陈列展销类

①堆叠式包装。堆叠式包装是指商品包装的顶部和底部都设有吻合部分,使商品在上下堆叠时可以互相吻合,如罐头等食品。

②挂式包装。挂式包装是指用挂钩、吊钩、吊带、挂孔、网兜等悬挂商品,常见的有起泡包装、袋形包装等。这种包装可以充分利用货架的空间,增加展卖面积。

(2)识别商品类

①透明包装和开窗包装。这种包装的特点是利用包装材料具有透明的特性而使消费者能够直接看到商品的形象、颜色和质量,充分显示商品本身的形态美。

②习惯性包装。习惯性包装是指采用商品习惯包装造型,使购买者见到包装即可识别商品。如贵州茅台酒的瓶造型。

(3)使用类

①携带式包装。这种包装造型适合消费者携带。

②易开式包装。易开式包装指密封的包装容器,具有容易开启的特点,常见的有易拉罐、易开盒和易开瓶等。

③喷雾包装。这种包装是一个液体喷雾器,使用时按按钮,液体即可自动喷出,适用于日常消费品和医药喷洒。

④配套包装。配套包装是指把经常同时使用的不同种类和不同规格的商品搭配成套,合成一体的包装。

⑤礼品包装。礼品包装是指专门作为礼品销售而进行的包装。

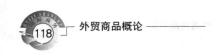

6.2 外贸商品包装材料

6.2.1 对外贸商品包装材料的要求

1)保护性能

保护性能主要指保护内装物,防止其变质、损失,保证其质量。包装的保护功能,主要取决于包装材料的机械强度、防潮防水性、耐腐蚀性、耐热耐寒性、抗老化性、透光及遮光性、透气性、防紫外线穿透性、耐油性、适应气温变化性、卫生安全性、无异味性等。

2)加工操作性能

加工操作性能主要指易加工、易包装、易充填、易封合以及适应自动包装机械操作、生产效率高的功能。主要取决于包装材料的刚性、挺力、光滑度、可塑性、可焊性、易开口性、热合性、防静电性等。

3)外观装饰性能

外观装饰性能主要指材料的形、色、纹理的美观性,能产生陈列效果,提高商品身价和激发消费者的购买欲。主要取决于包装材料的透明度、表面光泽、印刷适应性、防静电吸尘性等。

4)方便使用性能

方便使用性能主要指便于开启和取出内装物、便于再封闭等。主要取决于包装材料的启闭性能、不易破裂以及包装容器的结构等。

5)节省费用性能

节省费用性能主要指经济合理地选择包装材料,体现在节省包装材料、包装机械设备费、劳动费、降低自身重量和提高包装效率等。

6)环保性能

环保性能主要指包装材料要有利于生态环境保护,有利于节省资源,体现在易回收、可复用、可再生、可降解、易处置等。

6.2.2 常用包装材料的特点

包装材料是发展包装技术,提高包装质量,降低包装成本的物质基础。把握包装材料的性能、适应范围和发展趋势,对合理选用包装材料,合理利用社会资源都具有积极意义。

1) 纸和纸板包装

纸和纸板是支柱性的传统包装材料,耗量大,应用范围广。
纸质包装的优点:
① 具有适宜的强度;
② 密封性好;
③ 具有优良的成型性和折叠性;
④ 具有较好的印刷性;
⑤ 生产成本低且重量轻;
⑥ 易于回收复用和再生,不会污染环境。

纸质包装的缺点是:造纸工业需大量获取各种植物作为造纸原料,可导致地球森林面积减少,导致一系列生态环境的恶化;在生产加工过程中严重造成环境污染;难以封口、受潮后牢固度下降以及气密性、防潮性、透明性差等,使其在包装应用上受到一定的限制。

2) 塑料包装

现代包装技术是随塑料工业的发展而发展起来的。在 20 世纪 80 年代,出现了用塑料全面或部分取代纸、木、玻璃甚至金属包装的趋势。
塑料作为包装材料具有以下优点:
① 物理机械性能优良,具有一定的强度和弹性,耐折叠、耐摩擦、耐冲击、抗震动、抗压、防潮、防水,并能阻隔气体;
② 化学稳定性好,耐酸碱、耐油脂、耐化学药剂、耐腐蚀;
③ 比重较小,比强度高,属于轻质材料;
④ 加工成型工艺简单;
⑤ 适合采用各种包装新技术;
⑥ 印刷性和装饰性能强。

塑料作为包装材料有以下不足之处：

①强度和耐热性能不是太好；

②有些塑料有毒，带有异味；

③易产生静电；

④塑料包装废弃物处理不当会造成环境污染。

3）金属包装

用于包装的金属材料主要是钢材、铝材及其合金材料。金属材料具有：良好的机械强度，牢固结实，耐碰撞，不破碎，能有效地保护内装物；密封性能优良，阻隔性好，不透气，防潮，耐光，用于食品包装（罐藏）能达到中长期保存；具有良好的延伸性，易于加工成型；金属表面有特殊的光泽，易于进行涂饰和印刷，可获得良好的装潢效果；易于回收再利用，不污染环境等优点。

但是，金属材料成本高，一些金属材料如钢铁的化学稳定性差，在潮湿的大气下易发生锈蚀，遇酸、碱发生腐蚀，因而限制了其在包装上的应用。

4）玻璃与陶瓷包装

玻璃与陶瓷均是以硅酸盐为主要成分的无机性材料。目前玻璃仍是现代包装的主要材料之一。

①玻璃。由于玻璃本身的优良特性，作为包装材料具有化学稳定性好、耐腐蚀、无毒无味、卫生安全；密封性优良，不透气，不透湿，有紫外线屏蔽性，有一定的强度，能有效地保护内装物；透明性好，易于造型，具有特殊的宣传和美化商品的效果；原料来源丰富，价格低；易于回收复用、再生，有利于环境保护等特点。玻璃用做包装材料，存在着耐冲击强度低、碰撞时易破碎、自身重量大、运输成本高、能耗大等缺点，限制了玻璃的应用。目前，玻璃的强化、轻量化技术以及复合技术已有一定发展，加强了对包装的适应性。

②陶瓷。陶瓷化学稳定性与热稳定性均佳，耐酸碱腐蚀；遮光性优异，密封性好；成本低廉；结构造型多样，古朴典雅，釉彩和图案装饰美观。但陶瓷具有比重较大，容器相对笨重，易破损等缺点。

5）木材

木材具有特殊的耐压、耐冲击和耐气候的能力，并有良好的加工性能，目前仍是大型和重型商品运输包装的重要材料，也用于包装那些批量小、体积小、重量大、强度要求高的商品。木材作为包装材料虽然具有独特的优越性，但鉴于森林资源的匮乏、环境保护要求、价格高等原因,其发展潜力不大。

6)其他包装材料

常见的其他包装材料主要有纺织品、竹藤柳编织品等,如布袋、麻袋和编织袋等。他们有适宜的牢固度、轻巧、使用方便等优点。

竹类、野生藤类、树枝类和草类等材料是来源广泛、价格低廉的天然包装材料,用它们编制成的容器具有通风、轻便、结实、造型独特等特点。

6.3　外贸商品包装的技术和方法

6.3.1　外贸商品包装技术概述

商品包装技术主要是指为了防止商品在流通领域发生数量损失和质量变化而采取的抵抗内、外影响质量变化因素的各种技术措施。

环境是造成商品质量变化的外部因素,主要有气候条件、生物条件、化学物质和机械条件。

气候条件包括温度、气压、阳光、湿度各种气候现象等;生物条件包括微生物、害虫、鼠类、蚁类等;化学物质包括大气污染中的硫化物、有机物、氧化物等;机械条件包括振动、冲击、静负载、动负载等。

商品本身的自然属性是商品发生质量变化的内部因素,可分为物理、化学、生物等因素。

物理因素包括商品结构的机械强度,允许承受机械外力的脆值、耐热、耐寒能力等。化学因素包括抗氧化、抗腐蚀、抗老化、耐水性等。生物因素包括微生物侵蚀、鲜活商品的生理生化变化等。

商品包装防护技术针对上述内、外因素采取相应措施有:

①防止商品机械物理伤害,可采用抗震、缓冲、集合、收缩等包装;

②防止商品丢失、人为事故,可采用防盗、密封、集合等包装;

③防止商品发生化学变化,可采用真空、充气、脱氧、贴体、泡罩、防锈、防光、防潮等包装;

④防止商品发生物理变化,可采用减震、防外力冲击、隔热、耐寒等包装;

⑤防止商品发生生理生化变化,可采用保鲜、气调、冷冻等包装;

⑥防止商品发生生物学变化,可采用防霉、防虫、无菌、冷冻等包装;

⑦防止商品被有害、有毒、杂物污染,可采取防尘、密封等包装。

6.3.2 外贸商品运输包装技术与方法

1)防震包装技术

防震包装技术又叫缓冲包装,就是指为减缓内装物受到冲击和振动,保护其免受损坏所采取的一定防护措施的包装,在各种包装方法中占有重要的地位。产品从生产出来到开始使用要经过一系列的运输、保管、堆码和装卸过程,置于一定的环境之中。在任何环境中都会有力作用在产品之上,并使产品发生机械性损坏。为了防止产品遭受损坏,就要设法减小外力的影响,防震包装主要有以下3种方法:

①全面防震包装方法。全面防震包装方法是指内装物和外包装之间全部用防震材料填满进行防震的包装方法。

②部分防震包装方法。对于整体性好的产品和有内装容器的产品,仅在产品或内包装的拐角或局部地方使用防震材料进行衬垫即可。所用包装材料主要有泡沫塑料防震垫、充气型塑料薄膜防震垫和橡胶弹簧等。

③悬浮式防震包装方法。对于某些贵重易损的物品,为了有效地保证在流通过程中不被损坏,用绳、带、弹簧等将被装物悬吊在比较坚固的包装容器内,从而减少损坏。

此外还可以采取以下几种防破损保护技术:

①捆扎及裹紧技术。捆扎及裹紧技术的作用,是使杂货、散货形成一个牢固整体,以增加整体性,便于处理及防止散堆来减少破损。

②集装技术。利用集装,减少与货体的接触,从而防止破损。

③选择高强保护材料。通过外包装材料的高强度来防止内装物受外力作用破损。

2)防锈包装技术

①防锈油防锈蚀包装技术。金属直接与空气中的氧、水蒸气及其他有害气体等直接接触,就容易发生化学反应和电化学反应,而使金属发生锈蚀。如果能将金属表面保护起来,就可以达到防止金属大气锈蚀的目的。防锈油包装技术就是根据这一原理将金属涂封防止锈蚀的。

用防锈油封装金属制品,要求油层要有一定厚度,油层的连续性好,涂层完整。不同类型的防锈油要采用不同的方法进行涂复。

②气相防锈包装技术。利用气相缓蚀剂在常温下具有挥发特性,使之在很短的时间内挥发或升华出的缓蚀气体充满整个包装容器内的每个角落和缝隙,同时吸附在金属制品的表面上,从而达到抑制大气对金属锈蚀的作用。

3)防霉腐包装技术

目前常采用的主要有冷冻包装、真空包装或高温灭菌等方法。冷冻包装的原理是减慢细菌活动和化学变化的过程,以延长储存期,但不能完全消除食品的变质;高温杀菌法可消灭引起食品腐烂的微生物,可在包装过程中用高温处理防霉。有些经干燥处理的食品包装,应防止水汽浸入以防霉腐,可选择防水汽和气密性好的包装材料,采取真空和充气包装。

真空包装法也称减压包装法或排气包装法。这种包装可阻挡外界的水汽进入包装容器内,也可防止在密闭着的防潮包装内部存有潮湿空气,在气温下降时结露。采用真空包装法,要与密封结合起来,同时要注意避免过高的真空度,以防损伤包装材料。

防止运输包装内货物发霉,还可使用防霉剂,防霉剂的种类甚多,用于食品的必须选用无毒防霉剂。机电产品的大型封闭箱,可酌情开设通风孔或通风窗等相应的防霉措施。

4)防虫包装技术

防虫包装技术,常用的是驱虫剂,即在包装中放入有一定毒性和臭味的药物,利用药物在包装中挥发气体杀灭和驱除各种害虫。常用驱虫剂有萘、对位二氯化苯、樟脑精等。也可采用真空包装、充气包装、脱氧包装等技术,使害虫无生存环境,从而防止虫害。

5)危险品包装技术

危险品按其危险性质,可分为十大类,即爆炸性物品、氧化剂、压缩气体和液化气体、自燃物品、遇水燃烧物品、易燃液体、易燃固体、毒害品、腐蚀性物品、放射性物品等,有些物品同时具有两种以上危险性能。

对有毒商品的包装要明显地标明有毒的标志。密封包装是危险品包装的主要方式,如重铬酸钾(红矾钾)和重铬酸钠(红矾钠),应用坚固附桶包装,桶口要严密不漏,制桶的铁板厚度不能小于1.2 mm。

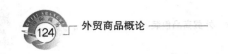

对包装内容物有腐蚀性的商品,须事先对包装容器进行防腐处理,确认商品和包装容器的材质不发生化学变化。

6.3.3 外贸商品销售包装技术与方法

1) 真空包装

真空包装也称减压包装法或排气包装法,是将产品装入气密性包装容器,抽去容器内部的空气,使密封后的容器达到预定真空的包装方法。真空包装既可阻挡外界的水汽进入包装容器内,也可防止在密闭着的包装内部存有潮湿空气,在气温下降时结露。采用真空包装,要注意避免过高的真空度,以防止损伤包装材料。真空包装不适用于粉状和液态物品或易破碎、易变形、有硬尖棱角的食品等的包装。

2) 无菌包装

无菌包装是将产品、包装容器、材料或包装辅助物采用瞬间超高温灭菌技术灭菌后,在严格密闭状态下的无菌的环境中进行充填和封合的一种包装方法。由于它在超高温后立即冷却,杀菌、包装一次完成,因此,能较好地保存原有食品的营养和色、香、味特征,可满足消费者安全、卫生、可口的需求。

3) 特种包装技术

(1) 充气包装

充气包装是根据好氧性微生物需氧代谢的特性,采用二氧化碳气体或氮气等不活泼气体置换包装容器中空气的一种包装技术方法,因此也称为气体置换包装。这种包装方法原理是通过降低氧气的浓度,抑制微生物的生理活动、酶的活性和鲜活商品的呼吸强度,达到防霉、防腐和保鲜的目的。

(2) 收缩包装

收缩包装是将经过预拉伸的塑料薄膜、薄膜套或袋,在考虑其收缩率的前提下,将其裹包在被包装商品的表面,以适当的温度加热,薄膜即在长度和宽度方向产生急剧收缩,紧紧地包裹住商品。它广泛应用于销售包装,是一种很有发展前途的技术。

(3) 拉伸包装

它是由收缩包装发展而来的,拉伸包装是依靠机械装置在常温下将弹性薄膜围绕被包装件拉伸、紧裹,并在其末端进行封合的一种包装方法。拉伸包装可以捆包单件物品,也可用于托盘包装之类的集合包装。

(4)脱氧包装

脱氧包装是继真空包装和充气包装之后出现的一种新型除氧包装方法。脱氧包装是在密封的包装容器中,使用能与氧气起化学反应的脱氧剂与之作用,从而除去包装容器中的氧气,以达到保护内装物的目的。脱氧包装方法适用于某些对氧气特别敏感的物品,如有微量氧气也会促使品质变坏的食品包装中。

6.4　外贸商品包装标志

6.4.1　使用说明

包装上的使用说明应既能反映出商品的品质,同时也应指导消费者消费,对这些文字说明应力求简明、真实、易懂。我国《产品质量法》第27条规定:产品或者其包装上的标志必须真实,并要做到有产品质量检验合格证明;有中文标明的产品名称、生产厂厂名和厂址;根据产品的特点和使用要求,需要标明产品规格、等级、所含主要成分的名称和含量的,用中文相应予以标明,或者预先向消费者提供有关资料;需要事先让消费者知晓的,应当在外包装上标明,或者预先向消费者提供有关资料;限期使用的产品,应当在显著位置清晰地标明生产日期和安全使用期或者失效日期;使用容易造成产品本身损坏或者可能危及人身、财产安全的产品,应当有警示标志或者中文警示说明,必要时也可以中外文并用。在销售装上使用文字说明或制作标签时,还应注意有关国家的标签管理条件的规定。

6.4.2　外贸商品包装标志

包装标志指在运输包装上书写、压印或绘制的图形、数字和文字等,其目的是为了在装卸、运输和保管过程中,便于识别货物,防止错发错运,保护商品和人员的安全等。主要有运输标志、指示性标志和警告性标志3种。此外,通常在包装上还有重量体积标志、原产地标志等。

1) 运输标志

运输标志(Shipping Mark)又称唛头,通常由一个简单的几何图形和一些字母、数字及简单的文字组成。其主要作用为识别货物,方便运输;易于清点,防止错发错运;同时也可使单证制作简单化,节约复核单证的时间。运输标志的组成应当简明清晰,易于辨认;标志的颜色要耐久,不易脱落。

运输标志包括以下4项内容:收货人或买方名称的英文缩写字母或简称;参考号,如运单号、订单号或发票号;目的地,货物运送的最终目的地或目的港的名称,一般不能用简称或代号;如有重名,还应加列国名或地理位置;如需转船或转运,则应加列"转运"字样和转运地名称和件数号码。

下面是一则运输标志:

ABCCO   收货人名称
SC9750   合同号码
LONDONN VIA HONG KONG   目的港和中转港
NOS. 1—100   件号(顺序号和总件数)

有时候,运输标志还要加上一些图形标志,例如,把数字和字母写在三角形(In Triangle)、菱形(In A Diamond)、正方形(In The Square)中等,此时,不仅要把数字和字母印刷在包装上,还要在外面按要求刷制三角形、菱形、正方形等图形。运输标志示例如图6.1所示。

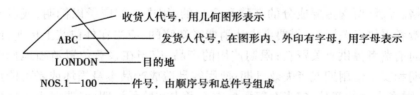

图6.1 运输标志示例

2) 指示性标志

指示性标志(Indicative Mark)是对某些易碎、易损、易变质的商品,在装卸、搬运、存放、保管过程中需要注意的事项,用简单、醒目的图形和文字在包装上标出,以提醒有关人员在操作时注意。如"此端向上"(This Way Up)、"小心轻放"(Handle With Care)、"保持干燥"(Keep Dry)、"禁止翻滚"(No Turning Over)、"勿用手钩"(No Use Hooks)等。国际海运指示标志如图6.2所示。

图6.2　国际海运指示标志

3) 警告性标志

警告性标志(Warning Mark)又称危险品标志,是针对易燃、易爆、有毒或具有放射性的货物,在外包装上以醒目的图形和文字标明危险性质以警示有关人员在货物的运输、保管和装卸过程中,根据货物的性质,采取相应的防护措施,以保护人身安全和运输物资的安全。

除我国颁布的《危险货物包装标志》外,联合国海事协商组织也规定了一套《国际海运危险品标志》。因此,在我国危险货物的运输包装上,要同时刷制我国和国际海运所规定的两套危险品标志,以防货到国外港口时不准靠岸卸货而造成不必要的损失。

在运输危险品时一定要按照有关规定在包装上的明显部位刷制警告性标志,要注意颜色必须牢固、醒目,并防止脱落、褪色。国际海运危险品标志如图6.3所示。

4) 重量体积标志和原产地标志

重量体积标志是指在运输包装外标明包装的毛重、净重和体积,以方便运输、装卸。

另外,一般在商品的内外包装上注明产地,作为商品说明的一个重要内容。商品产地是海关统计和征税的重要依据。

例:GROSS WEIGHT　　　　　108KGS

　　NET WEIGHT　　　　　　103KGS

　　MADE IN CHINA　　　　　58 cm ×48 cm ×32 cm

（1）　　　　　　（2）　　　　　　（3）　　　　　　（4）

（橘黄色底印黑色）　（绿色底印黑色）　（黄色底印黑色）　（红色底印黑色）

（5）　　　　　　（6）　　　　　　（7）　　　　　　（8）

图6.3　国际海运危险品标志

6.4.3　绿色标志

1）绿色标志

　　绿色标志也称环境标志,用来表明产品在生产、使用以及回收处置的整个过程中,符合特定的环境保护要求,对环境危害较小的一种标签。它是综合实力、国家观念、竞争意识及思维方式的全面考验。这类标签不同于产品,它的作用标明产品生产和使用的过程完全符合环境保护要求,对生态环境和人体健康无损害。世界上最早使用绿色标志是1978年德国实施的"蓝色天使"计划,在这一计划的实施过程中,它给3 600种产品发放了环境标签。其后,1988年,加拿大、日本、美国等国家也开始实行绿色标志。加拿大称为"环境的选择",日本称为"生态标志"。随后,法国、瑞士、芬兰、澳大利亚等国于1991年开始实施环境标志。中国农业部,也于1989年开始实行绿色食品标志制度。现在环境标志已风靡全球。环境标志一出现就显示了它强大的生命力。调查表明,40%的欧洲人喜欢购买有环境标志的产品,而不是"传统"产品。

　　在21世纪的国际竞争中,绿色标志犹如市场通行证,取得绿色标志,你就取得了参与竞争的特别通行证。

　　目前,国际绿色标志分为国际履约类,可再生、回收利用类,可改善区域环境质量类,改善居室环境质量类,保护人体健康类,提高资源、能源利用类等 6 类。

我国环保标志示例如图 6.4 所示,国际环保标志示例如图 6.5 所示。

中国环保　　　　　中国香港环保　　　　　中国节水标志

台湾省环保标章　　中国节能产品标志　　　　绿色食品标志

图 6.4　我国环保标志示例

全球环保标章　　　加拿大环保标志　　　　　绿色标志

中国强制认证标志　　中国认证认可　　　　　sy 95

图 6.5　国际环保标志示例

2)有机食品、绿色食品与无公害食品

(1)有机食品

有机食品是指遵照一定的有机农业生产标准,在生产中不采用基因工程获得的生物及其产物;不使用化学合成的农药、化肥、生长调节剂、饲料添加剂等物质;遵循自然规律和生态学原理,协调种植业和养殖业的平衡,采用一系列可持续发展的农业技术以维持持续稳定的农业生产体系,根据有机认证标准生

图6.6 有机食品标志

产、加工,并且必须经过具有资质的独立的认证机构认证的一切农副产品。有机食品需要经过24~36个月的有机转换期种植才能认证为有机食品。

有机食品标志如图6.6所示。

有机食品标志采用人手和叶片为创意元素。我们可以感觉到两种景象,其一是一只手向上持着一片绿叶,寓意人类对自然和生命的渴望;其二是两只手一上一下握在一起,将绿叶拟人化为自然的手,寓意人类的生存离不开大自然的呵护,人与自然需要和谐美好的生存关系。

有机食品概念的提出正是这种理念的实际应用。人类的食物从自然中获取,人类的活动应尊重自然的规律,这样才能创造一个良好的可持续的发展空间。

(2)绿色食品

绿色食品,是指遵循可持续发展原则,按照特定生产方式生产,经专门机构认定,许可使用绿色食品标志,无污染的安全、优质、营养类食品。绿色食品分为A级和AA级,AA级绿色食品与有机食品遵守相同的原则和标准。

绿色食品标志如图6.5所示。

(3)无公害食品

所谓无公害食品,指的是无污染、无毒害、安全优质的食品,在国外称无污染食品或有机食品、生态食品、自然食品,我国又称绿色食品。无公害食品(绿色食品)分为AA级和A级两种,其主要区别是在生产过程中,AA级不使用任何农药、化肥和人工合成激素;A级则允许限量使用限定的农药、化肥和合成激素。

图6.7 无公害农产品标志

无公害农产品标志如图6.7所示。

目前我国无公害食品指的是A级食品,无公害食品具有安全性、优质性、高附加值3个明显特征。

①安全性。无公害农产品严格参照国家标准,执行省地方标准,具体有3个保证体系:

a.生产全过程监控,产前、产中、产后3个生产环节严格把关,发现问题及时处理、纠正,直至取消无公害食品标志。实行综合检测,保证各项指标符合标准。

b.实行归口专项管理。根据规定,省农业行政主管部门的农业环境监测机构,对无公害农产品基地环境质量进行监测和评价。

c.实行抽查复查和标志有效期制度。

②优质性。由于无公害农产品(食品)在初级生产阶段严格控制化肥、农药用量,禁用高毒、高残留农药,建议施用生物肥药,及具有环保认证标志肥药及有机肥。严格控制农用水质(要达到Ⅲ类以上水质),因此生产的食品无异味、口感好,色泽鲜艳;在加工食品过程中无有毒、有害添加成分。

③高附加值。无公害农产品(食品)是由农业环境监测机构认定的标志产品,在国内具有较大影响力,价格较同类产品高。

6.5 外贸商品包装装潢

6.5.1 外贸商品包装的装潢设计

1)包装装潢设计的概念

包装装潢设计是美化商品,积极能动地传递商品信息,促进销售的艺术。它具有一般艺术所具有的给人以美的感受、美的情操,也是以色、形、线来发挥艺术技巧,达到意境独到效果的一般特性,同时它又具有其特殊性,它的真实目的是保护商品、表现商品、说明商品、推销商品和赋予商品外观美,同时还要考虑成本,考虑不同民族、不同国家的风俗习惯和有关法律规定以及服务对象。包装装潢要求形式和内容具有完美的统一性,具有商品和艺术相结合的双重性。

2)包装装潢设计

(1)商品包装装潢的造型结构设计

要求从力学角度出发,设计出科学的结构,即保证容器的强度,又合理利用包装材料,降低包装成本,并根据包装在商品流通中所起的主要作用不同,设计不同的造型结构。就销售包装而言,其造型结构基本上分为两大类:一类是便于陈列识别;一类是便于携带使用。

①适合于陈列、便于识别商品的包装造型。主要有:挂式造型包装、展开式造型包装、堆叠式造型包装、透明包装、惯用造型包装。

②便于消费者携带和使用的包装。这类包装造型的容器现在越来越多,越

来越合理,主要有便携式、易开式和喷雾式等。此外,还有配套包装、礼品包装、复用包装等多种使用功能的包装形式。

（2）包装装潢设计中的定位设计

定位设计是包装装潢设计的重要依据。定位设计的基本思想是要站在消费者的角度上,把准确的信息传递给消费者,给他们一种与众不同的独特印象,即要使消费者对产品产生一定的联想和看法。

①品牌定位。在日常生活中,品牌定位要解决的问题是:究竟要使消费者在多大程度上联想到公司名称(就是说要使用"公司"商标)或公司一种或几种商品品牌。

②产品的定位。确定产品是什么东西,是一种正受欢迎的产品,是一种大众化产品,是一种礼物还是一种地位的象征。产品定位的要素有产品类别、产品的具体特点、使用方法及场合、价格和水平等。

③消费对象定位。消费对象指的是卖给谁,产品的主要销售对象是青少年还是妇女,还是整个家庭? 要考虑在产品消费对象固定的基础上,是否要使这部分消费者感到新产品与市场现存的同类产品有所不同?

在品牌、产品和消费对象 3 方面的关系中,"谁卖什么东西给谁"这句话概括了定位的全部内容。

定位设计包括的内容很多,难于全部体现,或是不能得兼,应当有所侧重。一般一个包装应突出一个重点,而这个重点应当是本产品的优势方面,如是名牌,应以品牌定位为好;如具民族特色,则以产品定位为佳。

（3）商品包装装潢的表面设计

①图案。包装装潢画面中的照片、绘画、装饰纹样及浮雕等形式,都称为包装画面的图案。包装装潢画面的图案设计的表现手法可分为写实、抽象、夸张和概括的设计手法包装及广告式包装等。装潢图案能使人产生触景生情的种种联想,达到充分表现商品特征的目的。它的设计要遵循的基本原则是:形式与内容要表里如一,具体鲜明,一看包装即可知晓商品本身;要充分展示商品。

②文字。文字是包装装潢画面设计的重要组成部分,它是采用视觉方式最直观地传递商品信息的方法。包装装潢上的文字分主体文字和说明文字两种。主体文字是用以表示商品品牌、品名的标题字,是装潢画面的主体部分。主体文字设计应从各个方面,如文字、字体的选择,画面面积,位置,色彩,明暗程度等,表现出突出的视觉效果。说明文字是用来说明商品的规格、品种、成分、产地、用途、使用方法等,它的作用是宣传商品、指导消费。说明文字必须真实,各

种单位、术语要符合有关法规，不需要任何艺术加工。

③色彩。色彩是装潢画面中最富吸引力、诱惑力的无声语言，也是最富表现力、影响力的艺术表现方法。色彩直接影响包装装潢的整体效果，在包装装潢中居首要他位。

（4）各种标识性的图文符号

商品销售包装作为一种载体，承载着对内装商品身份、身价、质量等有说明作用的各种图文符号。这些图文符号是在总体设计时应纳入装潢总画面之中的不可或缺的重要内容。它们主要是商标、商品条码、商品质量标志（合格标志、认证标志、商检标志）、各种识别标志和使用指导操作标志等。

6.5.2　色彩在装潢中的作用

色彩是商品包装装潢必不可少的组成部分。在竞争激烈的商品市场上，要使商品具有明显区别于其他产品的视觉特征，更具有吸引消费者的魅力，刺激和引导消费，以及增强人们对品牌的记忆，就离不开色彩的设计与运用。在现代消费市场上，商品包装设计中的色彩是引起人们视觉最敏感的装潢要素，能给消费者留下极深刻的第一视觉印象，从而产生购买的欲望，具有提高商品销路的决定作用。

①形象地突出商品的自然属性。色彩能形象地反映被包装商品的内容、特征、用途。顾客看到包装上的色彩，就能联想出包装中的商品，如绿色体现青豆罐头，橘黄色说明是桔汁。

②强化商品信息。在信息传播中，信息的形式主要分为图形信息和文字信息。图形信息的信息量是文字信息的 900 倍，色彩又是图形的主要表现形式，是信息传达的载体。人们在商店里，吸引其注意力的，并能引起其注意的不外乎对色彩所产生的印象是最难忘的。当说起"柯达"，我们立刻想到黄、红色；说起"富士"，立刻想到绿、红色。

③色彩的完美应用具有良好的促销作用。色彩极具视觉冲击力，容易吸引消费者注意。在琳琅满目的商场，首先对消费者产生诱导作用的是色彩，它以强烈的视觉冲击力吸引消费者的视觉，并调动情感，唤起人们对商品的好感，从而诱发最初的购买欲望。

④通过色彩使用的繁简对比，增强对品牌的记忆。如统一 100 方便面的包装袋上，下半部是每袋的方便面实物图案，而在它画面的上端却是整个的干干净净的大绿大红颜色，然后非常显眼地突出"100"字样，突出表现商品的品牌。

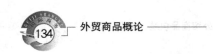
⑤具有美化和修饰商品的效果。色彩是沟通商品和消费者的第一介质,在包装设计中能起到先声夺人的效果。

拓展知识:

世界各国禁忌色彩一览表

国家名称	受欢迎的颜色或颜色的含义	中性颜色	不受欢迎的颜色或图形或颜色的含义
印度	红色、绿色、黄色	紫色	棕榈树和报晓的雄鸡
缅甸	纯色		
斯里兰卡	红色(共产党)、绿色(保守党)		
马来西亚	绿色通常具有宗教意义,但可以使用在商业上		绝对不穿黄色的衣服
菲律宾	红色、绿色、蓝色、深紫色、橙色、黄色		
泰国	红色、白色、蓝色		
埃及	绿色		
伊拉克	绿色、黑色		橄榄绿
以色列	红、蓝、紫、白		白色、天蓝色、黄色
巴基斯坦	纯色		黄色
叙利亚	蓝色、红色、绿色		黄色
摩洛哥	红色、黄色(东部)		红色、黄色(西部)
突尼斯	绿色、白色、红色		
土耳其	纯色		
德国	纯色		茶色、黑色、深蓝色的衬衫和红色领带
荷兰	橙色、蓝色		
法国			灰绿色衣服
爱尔兰	绿色		橘黄色
意大利	绿色、白色、红色		
瑞士	对汽车的颜色,一般都喜欢黑色的;非常喜欢将红色和白色同时使用		黑色是丧色
美国	象牙色、浅绿色、浅蓝色、黄色、粉红色、浅黄褐色		

6.5.3　外贸商品包装装潢的设计原则

1）突出内装物原则

商品的质量特征、品质特性、功能作用、使用保管方法等是通过商品包装表现的。通过包装装潢最大限度地达到宣传商品、促进商品销售的目的。在介绍商品性能特点、品质特征时,包装设计必须从文字内容、形式到色彩都建立在为消费者服务的基础上,真实地反映商品质量特征。包装标志、商品品牌等要清晰醒目,并具有强烈的宣传感染力,使消费者通过包装便可清楚地了解内装物的特征、特性、功能作用及使用保管方法等,甚至通过商品包装装潢设计便使顾客能联想出商品的特点、性能,达到指导消费、促进销售的目的。

2）时尚性原则

时尚性是指一定时期中流行性审美因素,还有是指某地方的风尚习惯,民族对色彩的喜爱。考虑包装装潢的时尚性,说到底是考虑市场因素。如包装的型体结构、造型、容积、重量等方面的设计,要依据消费者携带、使用和收藏的方便作为设计基础。在艺术表现上要突出包装形体美观、加工精致、具有鲜明的时代特征,努力反映现实生活和时代风貌。

3）民族性原则

商品包装装潢要反映和表现民族文化特色。包装装潢设计要按照商品销售地的民族风俗、风土人情进行设计与构思,突出地方特色,表现时代风貌。使用包装色彩时必须尊重不同国家、不同地区、不同民族的风俗习惯,一定要了解一些国家、民族对色彩的喜爱与禁忌。包装色彩使用得当,包装可以展示商品美,增加商品的附加价值;反之,如果不了解一些国家、民族对色彩的喜爱与禁忌,出口商品就可能产生意想不到的情况。

4）主体性原则

商品包装装潢必须以产品的形体结构、品质特征、功能作用、保管使用方法和销售目的作为创作设计基础,采用艺术手法表现商品的使用价值和品牌形象特征,在整体设计过程中必须以商品为主体考虑整体设计方案。包装装潢的色彩设计一般应以少胜多,产生明快、简洁、温和、素雅的视觉效果。可口可乐只

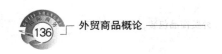

是两种颜色,白色、曙红,非常醒目。

5) 适应企业 CI 形象竞争需要的原则

一个好的商品包装装潢设计,要么需注入一定的文化内涵,尤其代表该产品企业文化的内涵,或企业的理念追求;要么是有一定的象征意义,说明一个什么问题;要么暗含着一定的诉求点,给人一种什么样的启示,或说代表企业的某种专用色、专用字,或者代表着该产品的一种属性等。如双汇王中王特制火腿肠的包装设计就充分体现了这种特点,其中代表王中王产品的主体形象是一个端坐的小雄狮,除了表明该产品为精中上品,在同族中堪称王中王外,同时还表明中华民族如东方雄狮,傲视一切,虎视世界,再不是"东亚病夫";另外还表明,企业发展蓬勃向上,充满希望,属于正在成长的文化含量。

6.6　商标的特征和作用

商标,俗称牌子,是表示商品质量和商品来源的标志,是企业信誉的象征和无形资产。根据世界知识产权组织定义:商标是用来区别某一工业或商业企业或这种企业集团的商品的标志。这种标志通常由文字、图形单独构成或组合构成。

从定义看出:①商标的使用者是商品的生产者、经营者或劳务的提供者,而不是消费者;②标志物是商品或劳务,而不是物品;③标志的目的是为了使不同厂商的商品或劳务能互相区别,不致产生混同,有利于市场竞争,而不是为了赠予、储备、铭志,也不是为了国家调配、管理物质而标志;④商标的组成要素,必须是文字、字母、图形或它们的组合图案。

6.6.1　商标的特征与作用

1) 商标的特征

企业设计的文字、图案等标志,在工商行政管理部门注册后,便具有以下特征:

①独占性。独占性指商标申请人经商标局核准其商标注册后,该商标的使用权只能归商标所有者独家使用,未经商标所有人的许可,任何他人均不得使

用,否则,构成侵犯商标专用权。这是商标与其他标记,如通用标记、商号等一个非常重要的区别。

②时效性。商标与厂商牌号不同,厂商牌号一经选定,便可无限期地使用下去,而商标投入使用后,一般都有一个期限。在中国,注册商标的使用期为10年,期满后,必须在6个月内重新提出申请,进行续展注册。

③区域性。某商标一经注册后,便取得独占使用权,但是,这种独占使用权是有一定区域限制的,即只在其注册商标国的范围内有效。

④可让渡性。商标权是工业知识产权的一种,是企业重要的无形资产,与企业其他有形财产一样可以予以转让。在目前企业经营中,较为常见的是对其他企业使用本企业商标的授权许可,这在国际市场上尤为普遍。

⑤增值性。虽然商标的价值不像企业其他有形资产那么容易度量,但它同样能够计算出价值,而且会随着企业经营规模的不断扩大和知名度的提高而自行增值。例如,海尔这一品牌价值目前已超过700亿人民币,并还在不断增值。

2)商标的作用

商标具有以下作用:

①区别商品的作用。这是商标的最基本的功能。在商品的海洋里,消费者只能根据不同的商标,区别同类商品的不同品牌和不同厂家,并进行比较和选择。商业企业在经营时,有的也利用自己的商标表示各自的经营特色。

②适应市场竞争的作用。商标代表一定的质量和特色,信誉卓著的商标能为消费者购买商品提供了安全感。著名商标有助于建立公司形象,有利于企业推出新产品,获得分销商和消费者的信任和接受。

③质量保证的作用。无论是商品经营者还是消费者,都是通过商标来区分、识别同类商品的不同档次。如丰田汽车公司生产的皇冠、花冠、短跑家等不同车型,均有不同的车型标志,这样不同质量档次的商品便能得到区分;商标也是有关部门对商品质量进行监督和审查的依据。

④保护合法权益的作用。注册商标受到法律的保护,具有排他性,防止假冒侵权,保护企业的利益。

⑤广告宣传的作用。优质的产品,商标信誉好,产品在市场中的竞争力强,以商标做广告可以使用户对商品更加产生好感,促进产品销售,商品信誉好的商标常常是通过消费者主动介绍而广为人知的,商标本身也就起到了广告的作用。

⑥提高企业资产的作用。著名商标是无形资产,可以为企业带来巨额利

润。如要使用肯德基、麦当劳商标,除必须支付加盟费约100万人民币外,还需要缴纳一定比例的管理费。

⑦国际交流用。在国际交往中,一个没有品牌的商标是无法进入国际市场的,即使进入国际市场,由于没有商标,也难以在市场上占据一定的位置,树立品牌信誉,更得不到法律的有利保护。如我国出口到日本的"英雄"金笔,被日本某商人抢先注册后便失去市场。因为这位日本商人要求经营"英雄"金笔的其他日本商社,每进口一支"英雄"金笔必须向他缴纳40日元的费用。在国际贸易中,商标对于打开销路占领国际市场,提高商品竞争力具有重要作用。

6.6.2　商标的种类

1)按商标结构分类

商标按结构可以分为以下几类:

①文字商标,是指仅用文字构成的商标,包括中国汉字、少数民族字、外国文字和阿拉伯数字或以各种不同字组合的商标。文字商标目前在世界各国使用比较普遍。文字商标具有比较简明、便于称谓、易读、易记、易传播的特点。如"张小泉"剪刀、"555香烟"。文字商标也有其不足,就是不便于识别,要受到民族、地域的限制。因此,使用民族文字商标时,一般需要加其他文字说明,以便于识别。

文字商标图例如图6.6所示。

图6.7　文字商标

②图形商标,是指仅用图形构成的商标。图形既可以是某种简单符号、比较抽象的图形,还可以是人物、动植物、自然风景等自然的物象为对象所构成的图形商标,有的以实物照片,有的则以经过加工提炼、概括与夸张等手法进行处理的自然图形构成的商标。图形商标的特点是不受语言的限制、比较直观、艺术性强,并富有感染力。

图形商标图例如图6.7所示。

图6.8 图形商标

③字母商标,是指用拼音文字或注音符号的最小书写单位,包括拼音文字、外文字母如英文字母、拉丁字母等所构成的商标。

④数字商标,用阿拉伯数字、罗马数字或者是中文大写数字所构成的商标。

⑤三维标志商标,又称为立体商标,用具有长、宽、高3种度量的三维立体物标志构成的商标。它与通常所见的表现在一个平面上的商标图案不同,而是以一个立体物质形态出现,这种形态可能出现在商品的外形上,也可以表现在商品的容器或其他地方。

⑥组合商标,指由两种或两种以上商标相结合构成的商标,也称复合商标。通过组合,使商标内容更加深化。

组合商标图例如图6.8所示。

图6.9 组合商标

⑦颜色组合商标,颜色组合商标是指由两种或两种以上的彩色排列、组合而成的商标。文字、图案加彩色所构成的商标,不属颜色组合商标,只是一般的组合商标。

⑧音响商标,以音符编成的一组音乐或以某种特殊声音作为商品或服务的商标即是音响商标。如美国一家唱片公司使用11个音符编成一组乐曲,把它灌制在该公司所出售的录音带的开头,作为识别其商品的标志。这个公司为了保护其音响的专用权,防止他人使用、仿制而申请了注册。音响商标目前只在美国等少数国家得到承认。

⑨气味商标,气味商标就是以某种特殊气味作为区别不同商品和不同服务

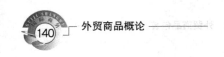

项目的商标,这种商标只在个别国家被承认。

目前,"三维标志商标"、"音响商标"、"气味商标"还不是我国《商标法》保护的客体。

2) 按照商标使用者分类

商标按使用者可分为以下几类:

①制造商商标,也称做生产者商标,是表示由商品制造者、生产企业注册使用的商标。大多数征税企业都创立自己的商标,例如"奔驰"、"宝马"牌汽车。

②销售商标。产品经营者使用自己的商标,是经营者为了表示自己销售的商品而使用的商标,它说明商标的使用者是销售商,也称为"商店商标"、"商业商标"、"推销商标"。目前,一些大型零售商和批发商利用自己的品牌优势,对商品冠以自己开发的商标进行包装、销售,商品生产者不需创立自己的品牌,达到降低商品成本,有利于大型零售商和批发商宣传自己的商标,控制生产者和商品价格,获得较高的利润。如上海"联华"牌商标、美国著名的"西尔斯"牌商标、日本"三越"百货公司的"三越"牌商标。

3) 按商标用途分类

商标按用途可以分为以下几类:

①营业商标。营业商标是指生产者或经营者把特定的标志(如商徽)或企业名称用在自己制造或经营的商品上的商标,这种标志也有人叫它是"厂标"、"店标"或"司标"。

②证明商标。又称"保证商标",是指由对某种商品或者服务具有监督能力的组织所控制,而由该组织以外的单位或者个人使用其商品或者服务,用以证明该商品或者服务的原产地、原料、制造方法,并保证负责其质量的标志。如中华人民共和国农业部注册的"绿色食品标志"、国际电工委员会的"3C"标志等。

③等级商标。等级商标是指在商品质量、规格、等级不同的一种商品上使用的同一商标或者不同的商标。这种商标有的虽然名称相同,但图形或文字字体不同;有的虽然图形相同,但为了便于区别不同商品质量,以不同颜色、不同纸张、不同印刷技术或者其他标志做区别;也有的是用不同商标名称或者图形做区别。如金威啤酒厂的"老"金威和"新"金威就是以不同颜色的商标来区分的。

④组集商标。组集商标是指在同类商品上,由于品种、规格、等级、价格的不同,为了加以区别而使用的几个商标,并把这几个商标作为一个组集一次提

出注册申请的商标。组集商标与等级商标有相似之处。

⑤亲族商标。亲族商标是以一定的商标为基础,再把它与各种文字或图形结合起来,使用于同一企业的各类商品上的商标,也称"派生商标"。如美国柯达公司以"KODAK"商标为基础,创造派生出"KODACHROME","KODA-GRAPH","KODASCOPE"等商标,就是亲族商标。这种商标一般多用于有着多种产品线的企业。

⑥备用商标。也称储藏商标,是指同时或分别在相同商品或类似商品上注册几个商标,注册后不一定马上使用,而是先储存起来,一旦需要时再使用。注册备用商标,从商标战略角度,主要有3种考虑:一是某商品虽然没投产,但一旦投产即可及时使用,而不会影响产品销售;二是为了保证名牌商标信誉,一旦由于某种原因,商品质量达不到要求时,可使用备用的商标(所谓副标)暂时代替;三是万一砸了牌子,可以及时换上备用商标。

⑦防御商标。防御商标是指驰名商标所有者,为了防止他人在不同类别的商品上使用其商标,而在非类似商品上将其商标分别注册,该种商标称之为防御商标。目的是为扩大保护范围,防止他人仿冒或注册,从而更有效地保护自己的商标。例如,美国可口可乐公司将其商标在所有大类商品上均办理了注册,以维护其商标的显著性,以防其被冲淡。我国现行的《商标法》对此种商标尚无明确规定。按照国际惯例,此种商标一般难以注册,但一经注册,则不会因其闲置不用而被国家商标主管机关撤销。

⑧联合商标。联合商标指商标所有人将与该商标相近似的、容易发生混乱的若干个商标,在同一种或类似商品上进行联合注册的商标。目的在于防止其他企业在同种或类似商品上使用与自己的注册商标相同或近似而造成混乱,突出企业商标的显著性。如"娃哈哈"商标所有人将"哈娃哈"、"哈哈娃"等7个与"娃哈哈"相似的商标均在其生产的食品上给予注册,其目的就是防止有人注册此类商标对"娃哈哈"的品牌形象造成冲击。

6.7　商标的设计

6.7.1　商标设计中常见的问题

商标设计的主要目的是让消费者记住并产生偏好和忠诚,从而认牌购货,

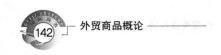

因此,只有能够清晰区别商品或服务的来源的文字、图形或其组合才能作为商标。然而我国目前在商标设计中存在着许多问题,大体可以概括为以下两类:

1) 对《商标法》缺乏了解

《商标法》明确规定了商标设计、使用中的禁止行为,然而,因违反《商标法》被驳回的商标仍有相当的比例。常见的问题有以下几种:

①以地名作为注册商标。如某企业申请"清镇"作为商标,该词是贵州省安顺地区县级行政区划,且第二含义较弱,被驳回,既耽误时间,又浪费金钱。

②以商品通用名称、图形或以直接表示所申报商品特点的词、图形申请注册商标。如某企业在"车用润滑油"上申请注册普通字体阿拉伯数字"488"商标,"488"是一种车用发动机型号,以此作为商标,直接表示商品的使用对象,被驳回。

③不熟悉商品销售国家和地区的法律规定和风俗习惯,用有伤民族、宗教感情的文字、图形或其组合申请注册商标。如在"蜡烛"等商品上申请注册"COLONIAL CANDLE OF CODE CAPE"商标,"COLONIAL"被译为"殖民的或殖民地的",用做商标伤害我国人民感情;在"火腿"上申请注册"少林寺"商标,有伤宗教感情。

④用对社会、政治等不良影响的文字、图形或其组合申请注册商标。如在商品"服装"上申请注册"JIAL"作为商标,"JIAL"译为"监狱",以此做商标,显然与全社会倡导的积极、健康向上的社会主义精神文明是相背离的。

⑤以政治名人、伟人的名或字作为注册商标。

⑥违反诚实信用的原则,将他人已注册的具有较强独创性并且有一定知名度的商标在非类似商品上注册。

2) 商标缺乏显著特征

①雷同。雷同是指相同商标在不同的商品或近似商标在同类商品上大量出现,尽管没有违反《商标法》,但无独有偶就谈不上独特,缺乏区别力,难以让消费者记住。产生此种情况的原因往往是在设计时将文字与商品的属性、功能、商品成分、原料、用途与动植物名称直接发生关系。如设计防盗门商标设计者往往拘泥于商品的功能和属性而以"牢固"、"坚固"作为商标,用相对贫乏的动、植物名称去命名相对丰富的商品,如"熊猫"牌、"牡丹"牌等,必然产生雷同现象。

②平庸。平庸是指商标虽不雷同,但商标的名称过于平常,失去新鲜感。

③缺乏创造性和视觉冲击力。构图烦琐而具体,不够简单、明快。

3) 对消费对象了解不够

不能根据消费者的消费心理、消费习惯和特点,设计相应的商标。如针对农村广大农民的文化素质不高,有些商标设计者却追求怪异,故弄玄虚,甚至"洋"味十足,或干脆用"洋文"做商标,难以设计出通俗易懂、间接而又会意商品用途的商标。

4) 设计图案时缺少对商标的呼应

部分企业申请注册商标时,只有图形,没有音、形、义俱佳的文字,造成在语音媒体上做广告困难。

5) 缺乏长远战略认识

主商标是作为企业形象代表并用于企业大部分商品的主导商标,而为更新换代,或不同规格,或不同类别商品所设计的商标,我们称之为子商标。主子商标的关系,严格来说,不是商标设计问题,而是商标战略的一部分,在设计商标时,缺乏整体考虑。如习惯用专业化的字母加数字作为不同规格的商品的商标。

6) 缺乏对互联网域名的了解

从商界看,域名已被誉为"企业的网上商标"。没有一家企业不重视自己产品的标识——商标,而域名的重要性和其价值,也已经被全世界的企业所认识。1998 年 3 月一个月内,世界上注册了 179 331 个通用顶级域名,平均每天注册5 977 个域名,每分钟 25 个。这个记录正在以每月 7% 的速度增长。

6.7.2　商标设计的发展趋势

1) 国外商标设计趋势

世界各地商标设计的发展趋势,总的都遵循这样的规律:

①形式上由繁复渐趋简洁,由沉重渐趋清秀。文字商标具有易读、易记、易传播的特点,90% 以上的欧美商品倾向于有音无义的文字商标,即用 26 个字母随意组词,不考虑商标是否有含义,只考虑读起来是否朗朗上口,铿锵有力,是

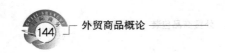

否具有区别力。例如柯达公司的"KODAK"。

②表现手法上由绘画转为图案格式,由一般图案趋向几何图案,由具体到抽象。具体表现在:字体标志好看,由繁到简,从二维空间到三维空间的立体效果;图与底相互利用,从实体到虚体的阴阳相生效果;由静到动,由理性图形到感性图形,向充满生气、自然活泼的人性化,有机性发展。如制造业从烦琐复杂的图案转向单纯简练的几何抽象造型,充分表达制造业理性、科技的时代精神。

2)国内商标设计趋势

就国内商标而言,照搬国外商标的做法显然是行不通的,因为英文和中文的区别之一是英文的字母和发音之间有联系,当一个商标的音发出来,就能根据发音写出商标来,并且易记。而中文则不同,汉字与发音之间无任何联系,中文往往靠词的含义来记住汉字。而易记性是商标设计的主要目的之一,如果文字商标无一点含义则消费者很难记住。因此,中文商标设计应该是用丰富的汉字组成一些有义无义,似懂非懂的词汇,即生造词汇,这在文字写作中是犯忌的,但却具有独特性,在商标设计上能起到意想不到的效果。如法国有个餐馆名为"牛马车",人人都觉得莫名其妙,但人人都忘不了。

6.7.3 商标设计的原则

1)独特性

独特性是标志设计的最基本要求。标志的形式法则和特殊性就是具备各自独特的个性,不允许有丝毫雷同,这使标志的设计必须做到独特别致、简明突出,追求创造与众不同的视觉感受,给人留下深刻的印象。只有富于创造性、具有自身特色的标志,才有生命力。个性特色越鲜明的标志,视觉表现的感染力就越强。

2)注目性

注目性是标志所应达到的视觉效果。优秀的标志应该吸引人,给人以较强烈的视觉冲击力。在标志设计中,注重对比、强调视觉形象的鲜明与生动,是产生注目性的重要形式要素。

3)通俗性

通俗性是标志易于识别、记忆和传播的重要因素。通俗性不是简单化,而是以少胜多、立意深刻、形象鲜明、雅俗共赏。通俗性强的标志具有公众认同面大、亲切感强、讲得出、听得进、看得懂、传得开等特点。优秀的商标应该具有以下几点：

①商标的内容和特性和商品有内在的密切联系。

②根据商标注册的时间，能体现一定的思想内容和时代精神。

③现代商标应富有人情味和生活气息，给人以一种亲切感和轻松感。

4）通用性

通用性是指商标应具有较为广泛的适应性。标志对通用性的要求，是由标志的功能和需要在不同的载体和环境中展示、宣传标志的特点所决定的。

①从对标志的识别性角度，要求商标无论是被放大还是被缩小，无论是近距离还是在远距离，无论是在繁杂的还是空旷的空间里，无论是在静态还是在动态时，都应保证能使观者较迅速地正确识别。

②从对商标在产品造型、包装装潢的通用角度，要求商标的造型要注意使商标能与特定产品的性质以及包装装潢的特点相协调。

③从对商标在复制、宣传媒体的通用性角度，要求商标不仅能适应于制版印刷，还需要能适应不同载体的复制工艺特点。

5）信息性

标志的信息传递有多种内容和形式。其内容信息有精神的，也有物质的；有实的，也有虚的；有企业的，也有产品的；有原料的，也有工艺的；其信息成分有单纯的，也有复杂的；商标信息传递的形式有图形的、文字的，也有图形和文字结合的；有直接传递的，也有间接传递的；人对信息的感知有具体的，也有抽象的；有明确的，也有含蓄的。一般而言，商标信息的处理与调节，应尽量追求以简练的造型语言，表达出既内涵丰富，又有明确侧重，并且容易被观者理解的兼容性信息为最佳，优秀的商标都具有形象简洁、个性突出、信息兼容的知觉特点。

6）文化性

文化性是商标本身的固有属性。商标中的文化性是通过商标显现民族传统、时代特色、社会风尚、企业或团体理念等精神信息。在具体的标志形象中，所显现出的这些文化属性，又是标志设计者自觉或不自觉地以自己对事物的理解和构思，自然而然地融合于商标的内容与形式之中的。因此，也可以将商标中的文化性，看做是具体商标的设计风格或设计品位的特征。文化性强、设计

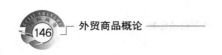

品位高的商标,其必须是联想丰富、耐人寻味的不同凡响之作。

7) 艺术性

艺术性是商标设计给人是否有美的享受的关键。商标的艺术性是通过巧妙的构思和技法,将商标的寓意与优美的形式有机结合时体现出来的。艺术性强的商标,具有定位准确,构思不落俗套,造型新颖大方,节奏清晰明快,统一中有变化,富有装饰性等特点。

在设计时,必须体现内容与形式相统一、个性突出、形象鲜明、注目性强、便于识别和记忆、给人以美的享受等商标设计要求的基本特征。

8) 时代性

时代性是标志企业形象树立的核心。商标既是商品质量的保证,又是识别商品的依据。经济的繁荣、竞争的加剧、生活方式的改变、流行时尚的趋势导向等,要求商标必须适应时代。

6.8　商标的管理

6.8.1　商标管理的内容

按商标申请前和申请后两个阶段来考虑,商标管理的内容包括:商标注册管理、商标的使用管理两个方面。

1) 商标注册管理

（1）申请注册国内商标的主体

①自然人、法人或者其他组织对其生产、制造、加工、拣选或者经销的商品,需要取得商标专用权的,应当向商标局申请商品商标注册。

②自然人、法人或者其他组织对其提供的服务项目,需要取得商标专用权的,应当向商标局申请服务商标注册。

（2）申请注册商标的途径

①一种途径是商标注册申请人或商标注册人委托商标代理组织办理商标注册事宜。

②另一种途径是商标注册申请人或商标注册人直接到商标局办理商标注册事宜。商标代理组织是经国家工商局指定或认可的从事商标代理业务社会中介组织,商标代理组织可以代理下列业务并不受行政区域限制。

③外国人或者外国企业在中国申请商标注册或者办理其他商标事宜,应当委托国家工商行政管理总局认可的具有商标代理资格的组织代理。

（3）商标注册申请的基本条件和要求

商标申请书件齐备:商标注册申请书需加盖申请人章戳,委托代理的应提供商标代理委托书并加盖代理人章戳;直接办理的还需提供:申请人营业执照副本或盖有当地工商行政管理部门章戳的营业执照复印件,申请人的介绍信,经办人的身份证复印件。

①申请书件填写规范,如需改动,需加盖章戳或签名;

②商标图样必须清晰,便于粘贴;

③申请人用药品、卷烟或报刊、杂志商标注册,提供有关部门的证明文件;

④用人物肖像作为商标申请注册的,必须提供肖像权人授权书并经公证机关公证;

⑤受理集体商标和证明商标,还需提供申请人主体资格证明的商标使用管理规则。

（4）商标注册申请流程及工作内容

商标申请流程图如图6.9所示。

商标注册申请流程一般经过注册准备、申请注册、商标审查、初审公告、注册公告、领取商标注册证以及争议的处理等环节。注册准备阶段是申请人准备商标注册的有关资料,如商标设计、提供具有优先权的资料、填写申请书等。商标注册申请,是商标注册审查程序的起点。商标注册申请先经形式审查,符合规定的,商标局予以受理。对受理的商标注册申请,再进行实质审查,并做出对该申请是否予以初步审定并公告的结论。对初步审定的商标,自公告之日起3个月内,任何人均可以提出异议。公告期满无异议的,予以核准注册,发给商标注册证,并予公告。具体工作内容包括:

①商标设计。有的企业自己设计和选择商标,大多数是借助于外力进行设计和筛选,更有聪明的企业不惜金钱向社会征集。例如:美孚石油公司为了设计既符合世界各国风俗,又符合各国商标法律规定的商标,邀请各方面的专家,历经6年,耗资1亿多美元,调查了55个国家和地区,最后从设计的1万多件商标中筛选出一个"EXXON"商标。

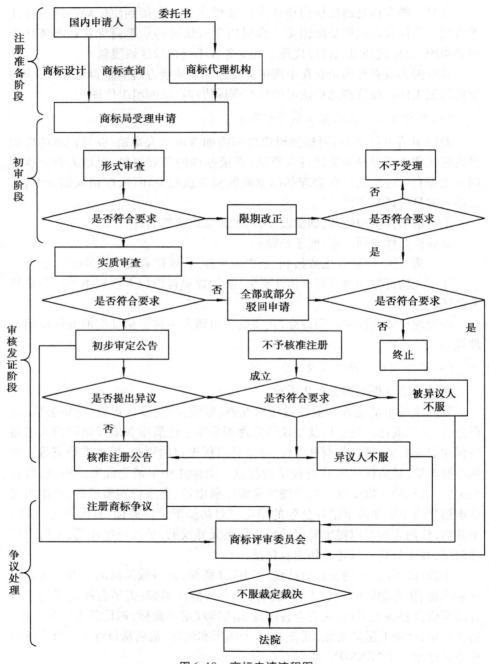

图 6.10 商标申请流程图

商标设计主要突出以下优势：

A. 独创性，即商标的设计要有新意，一方面要符合显著性的要求；另一方面有创意的商标容易扩大商品的知名度，迅速占领市场。

B. 商标的名称应避免与商品的功能连在一起；

C. 商标的设计要突出主题，合理布局。

②商标查询。商标查询通常是指商标注册申请人在申请注册商标前，为了了解是否存在与其申请注册商标可能构成冲突的优先商标权利，进行的有关商标信息的查询。一件商标从申请到核准注册历时长久。如果商标注册申请被驳回，一方面损失商标注册费，另一方面重新申请注册商标还需要更长时间，而且再次申请能否被核准注册仍然处于未知状态。因此，申请人在申请注册商标前最好进行商标查询，了解优先权利情况。

目前提供的查询服务有两种：

A. 内部查询服务，该项服务是免费的，时间为 2 个工作日（正常情况）；

B. 代理政府查询服务，该项服务遵循查询自愿、有偿、查询结果仅供参考的原则，时间为 3 个工作日。

查询结果不等于审查结果，但通过查询，将极大程度地降低注册风险。

③提交商标注册申请。提交的资料有：

A. 商标注册委托书。如需委托代理，须提交商标注册委托书，按要求如实填写并在委托书上签字盖章。

B. 申请人资格证明资料。以公司名义申请，附企业营业执照复印件；以个人名义申请，附身份证或者护照复印件。

C. 商标图样。清晰商标图样（12 份），图片长为 5 ~ 10 cm，宽为 5 ~ 10 cm，最好提供电子版图样。

D. 优先权证明。详细列出优先权涉及的商品或服务以及相关证明。优先权的获得期限是在第一次申请的 6 个月内。

E. 列出寻求注册的商品或者服务，指出商标类别。严格按照商标分类表列举所有商品或者服务，商标分类可从有关网站中查询。

④受理商标注册通知。商标局接收到商标申请资料后，会先详细审核申请表格及所有附件，以查看表格内须填写的部分是否已经填妥、有关资料是否正确、所需资料是否齐全、费用是否交齐。如无意外，商标局会出具受理通知书，时间大概为 3 个月。

⑤审查。商标局会查核有关商标是否具有显著性，是否符合中国商标法律法规的注册规定。如审核通过，申请程序将进入下一阶段（初审公告阶段）。

⑥登宪公告。初审公告为期 3 个月,如无人提出异议,该商标就可以成功注册了。

⑦注册。商标注册申请被核准后,便会把该商标的详细资料记入注册记录册,并向申请人发出注册证明书。注册日期会追溯至提交申请当日,换言之,作为注册商标拥有人的权利,应由提交申请当日起计。

(5)商标国际注册

商标国际注册指按照马德里协定和马德里协定有关议定书,由世界知识产权组织国际局进行商标注册。国内申请人申请商标国际注册,必须以首先在中国取得商标注册、初步审定或者申请已被受理为基础并且符合下列条件之一:

A. 在我国设有真实有效的营业场所;

B. 在我国有住所;

C. 拥有我国国籍。

申请国际注册,申请人可以直接或委托代理组织到商标局办理,也可以直接或委托代理组织到国际局办理。

国际注册并不能产生专用权,只有当商标注册人申请并获准在某个成员国得到保护,该国际注册商标才能在该国享有同本国注册商标相同的权利。

2)商标使用管理

商标专用权,是指经国家商标局核准注册的国内或国外商标,由商标注册人专用,受到法律的保护。其他任何人在同一种或类似商品上不得使用相同或近似的商标,否则,属于商标侵权。

构成商标侵权的行为一般有 4 种:

①未经注册商标所有人的许可,在同一种商品或者类似商品上使用与注册商标相同或者近似的商标。

②将别人商标中有特色的主要部分用做自己的商标。

③诋毁他人的商标,以图达到欺骗消费者的目的。

④使用与别人相同或相似的商标,即使商品并不相同或类似,但长期使用,可致使别人商标的显著性和独特性逐渐被冲淡。在这种情况下,也可以视为被侵权要求获得赔偿损失,此现象目前在国外日趋盛行。

商标侵权行为的认定必须具备 4 个条件:

①侵权人的商标是注册商标,已获得专用权;

②侵害的事实与违法行为有因果关系,确实由商标侵权行为所造成的;

③侵害行为确属故意和过失;

④损害事实存在。

以上 4 个条件必须同时具备,否则就不构成商标侵权行为。

商标侵权行为,不管商标注册人是否发现和控告,工商行政管理部门一经发现就应当责令停止侵权活动、赔偿经济损失、消除侵权影响,或由法院给予民事制裁。对侵犯商标权的行为,被侵权人可直接要求侵权人停止侵权行为。对侵权的制裁手段有行政制裁、民事法律制裁和刑事法律制裁等 3 种。

3) 监督商品质量

商标是商品质量的保证,在消费者心目中商品的商标越著名,商品的质量就是越好的,因此,对商品质量的监督管理是商标管理的另一重要内容。加强商标管理目的是维护商标信誉,保护消费者权益。

监督商品质量有企业内和企业外两种方式。企业为保证其商标的品牌效应,需提高管理水平,保证经营的商品质量符合消费者要求;工商行政管理部门、国家技术监督部门以及社会其他组织和个人,对商品质量实施监督。

6.8.2　出口商标管理

我国改革开放以来,市场经济有了极大的发展,许多商品在世界范围内极具竞争力。而加入 WTO 后,对外贸易的发展速度将进一步加快,出口商品日益增多,今后越来越多的中国商品将走出国门、走向世界,这就必然带来中国商品在国外的商标注册问题。面对这一情况,一些外商往往在我国商品未出口时,就事先在准备销售的国家和地区抢注商标。商标一旦被国外投机商抢注,企业面临三种选择:一是用重金买回被人抢注的商标;二是在该国出售商品时要付给抢注者一定比例的佣金;三是退出该市场。如 1993 年"海信"以及"Hisense"商标在中国注册,1999 年 1 月 5 日,两商标获中国驰名商标的 6 天以后,博世西门子在德国注册"Hisense"商标。现在"海信"想进军欧洲市场就面临着自己的商标已经被抢注的问题,海信要么花巨资从西门子手中买回自己的商标,要么就退出欧洲市场。因此,企业在制订国际战略时,要不失时机地及时在国外各销售网申请出口商标注册,以防商标被抢注,造成不必要的损失。

目前我国国内企业到国外申请商标注册,主要有以下几种渠道:

①委托中国国际贸易促进委员会商标代理处办理。

②委托我驻港澳商务机构代理。

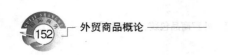

③委托国外代理人办理。直接委托国外商标代理人或通过我驻外使馆商务处介绍当地商标代理人办理。

本章小结

包装既是指容器及其他包装用品，又是指把产品盛装或包扎的活动。包装是生产性活动，具有从属性和商品性二重属性。绿色包装概念的提出是人类环保意识强化的产物，也是影响商品质量的重要因素。包装材料、包装技法、包装造型和表面装潢是包装四大要素。

包装具有保护功能、容纳和成组化功能、便利功能、促销和传递信息功能、卫生与环保功能和提高商品附加值等功能。外贸商品包装在满足"科学、经济、牢固、美观、适销"的总体要求的前提下，既要适合运输和销售这两方面的具体要求，同时还应该是绿色和环保的。

外贸商品包装可分为运输包装和销售包装两大类，究其作用来看，两者有分工侧重。充分保护商品、方便装卸搬运是运输包装的首要功能；最大限度发挥"无声推销员"作用则是销售包装追求的目标。因此，在包装设计上，运输包装注重防护而销售包装注重装潢。

包装材料各有其特点，要求包装材料具有保护性能、易加工操作性能、外观装饰性能、方便使用性能、节约费用性能和具有环保性能。运输包装材料相对单调、简单，而销售包装则相对丰富、复杂。包装标志可分为运输标志、指示性标志、警告性标志、重量体积标志和原产地标志、绿色标志。

包装装潢设计能美化商品，积极能动地传递商品信息，促进销售的艺术。包装装潢设计除了要遵循突出内装物原则、时尚性原则、民族性原则、主题性原则和适应企业 CI 形象竞争需要的原则；同时，还需要注意：美化与实用相结合，要风格独特、不落俗套，要寓意美好、含意深远。

商标是消费者和有关部门识别商品的主要标志，经注册的商标才受法律保护；商标具有区别商品、适应市场竞争、保证商品质量、保护合法权利、广告宣传、提高企业无形资产、国际交流等作用，区别商品是商标的最基本的功能；商标设计应注意简洁、新颖、易于记忆。

思考题

1. 什么是商品包装？外贸商品有何要求？
2. 运输包装和销售包装有何不同？
3. 什么是包装标志，可分为哪几类？
4. 有机食品、绿色食品和无公害食品有何区别与联系？
5. 外贸商品装潢有哪些要求？
6. 商标设计应遵循哪些原则？
7. 商标设计有哪些程序？
8. 为什么现在在商标注册上会出现抢注的现象？

实　训

识别商品外包装的标志，掌握商品包装标志的种类与含义。

案例分析

五家世界著名品牌公司状告北京秀水街胜诉

2005 年 4—10 月，(法国 LV)路易威登马利蒂公司、(意大利 GUCCI)古乔古希股份公司、(英国 BURBERRY)勃贝雷有限公司、(卢森堡 PRADA)普拉达公司和(法国 CHANEL)香奈儿有限公司等 5 家世界著名品牌公司分别 3 次在秀水市场购买了带有其知名标识的皮包等，为此于 2005 年 9 月对销售假冒商品的商户及秀水街市场进行起诉，他们认为其拥有注册商标专用权的品牌箱包商品被假冒，给商标权人带来重大经济损失，造成恶劣影响，要求法院判令被告立即停止侵权行为，赔偿 5 位原告经济损失各 50 万元人民币，共计 250 万元人民币。这是秀水街市场自 1985 年开办以来第一次因销售仿冒品被指控侵权。

而秀水街市场针对诉讼认为，他们没有故意为侵犯注册商标专用权的行为提供便利条件，对商户销售假冒注册商标商品的行为并不知情。在收到起诉材料后，他们已收回 5 家商户的摊位。5 位售假商户认为他们已受到制裁，不应再

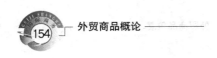

承担损失。

2005 年 12 月,北京市第二中级人民法院做出一审判决,认定个体摊贩销售带有 5 位原告商标标识的商品,其行为侵犯了 5 位原告享有的注册商标专用权。同时,认定秀水豪森公司为涉案侵权行为提供了便利条件,应就侵权后果承担连带的法律责任。据此,法院判决潘祥春等人和秀水豪森公司立即停止侵权,并共同赔偿 5 位原告各 2 万元,共计 10 万元。

被告秀水街市场不服一审判决,向北京市高级人民法院提起上诉。秀水街市场认为,如果一审成立的话,那么对内地所有的同类市场企业来说都将是“一场灾难”,被秀水街市场解除租赁合同的 5 人也联名向法院递交信件,称国外公司提起的这场诉讼让他们陷入了经济的困境。

18 日终审宣判后,五大名牌的代理律师王亚东表示,这个判决对保护知识产权和五大名牌在中国的商业利益具有积极的意义,这也是“中国在加入 WTO 时的重要承诺”。

秀水街市场总经理汪自力表示,保护知识产权本来就是市场、商户、政府一起做的事,但“仅仅让秀水一家承担,秀水承担不起”。同时,他仍认为,大量“知假买假”消费者的地下交易,客观上形成了“恶意诱购”,市场无法控制。

汪自力说,购买者的 80% 是外国人,内地应立法明确恶意购假的法律责任,对买假方进行处罚。

北京市高级人民法院认为,秀水街公司有权而且有义务对市场进行管理及对商户出售商品的种类、质量等进行监督,制止、杜绝制假售假现象。

据了解,为打击假货、保护国际著名品牌,北京市工商局已于 2005 年 3 月宣布在包括秀水市场在内的所有服装、小商品市场内禁止经销逾 50 种国际名牌,其中包括“路易威登”、“香奈尔”等品牌。

分析

1. 外国人明明知道是假货,为什么还要买?

2. 秀水街公司为什么会受到法律的制裁?

第7章
外贸商品的运输

【本章导读】

本章主要介绍了运输业的特点和国际商品运输的特点;运输的功能、原理和地位;我国外贸运输的方式及发展现状等。通过本章学习,应对外贸商品运输的重要性有较深的认识,并能初步进行运输方式的合理选择。

7.1 外贸商品运输概述

7.1.1 运输业的特点

1)运输业的性质

人们在生产劳动中,必然会发生生产工具、劳动产品以其自身位置的移动。这种"位移"就叫运输。

运输分为企业内部运输与公共运输两大类。企业内部运输是生产过程的有机组成部分,也是使用运输工具在企业内部所进行的运输。公共运输是生产过程在流通领域的继续,即企业之间、产销之间,使用运输工具而完成的运送工作。

在对外贸易活动中,进出口商品交易合同的签订,仅仅是实现进出口商品交换的前半部分,只有通过运输,按照合同签订的约定时间、地点和条件,把商品交给对方,安全收汇以后,才能最终完成商品交换的全过程。任何一笔生意、任何一种商品的交易都必须经过运输才能完成。商品运输是通过运力实现商品在空间位置上的实际转移过程。

运输具有扩大市场、稳定价格、促进社会分工、扩大流通范围等社会经济功能。随着人类社会不断发展和商品交换日益频繁,运输量不断增加,于是运输业便应运而生,并逐渐形成了一个独立的物质生产部门。

2)运输业的特点

(1)运输具有生产的本质属性

①运输和生产一样,必备的前提条件是劳动者(运输者)、劳动手段(运输工具和通道)、劳动对象(运输对象即货物和人)这3个基本条件。

②运输是产品生产过程的继续,也是价值的增值过程。

③运输的结果使运输对象发生了位移,就是在转移旧价值的同时,也创造了新价值。如商品经过一段运输后,可按高于原产地的价格出售。

④如果运输业的产品是个人消费的,它的价值会和消费品一起消费掉;如果是生产消费的,它的价值就会当做追加价值,转移到商品中去。

（2）运输自身的特点

①运输是在产品的流通领域内进行的,是生产过程在流通过程的继续。

②在运输过程中,不能改变劳动对象的性质和形状,不能生产出任何独立物质形态的产品。

③运输生产的"产品"是无形的,随着运输的终止而消失,不能像一般生产产品那样可加以储存。

④运输业的产品是与消费过程相结合,不可分离,它只能储备一定数量的生产能力——运输能力。同时,运输业只能调动一部分生产能力,而不能用工农业产品的调拨的办法来调剂供求。

⑤在运输费用中,没有原料费用,固定资产的折旧和工资是运输的主要费用。

7.1.2　国际商品运输的特点

国际商品运输具有政策性强、线长面广、环节多、时间性强、情况复杂、风险较大等特点。

1）政策性强

国际商品运输是国际贸易的一个组成部分,国际政治、经济形势对国际商品贸易及其运输都有深刻的影响。国际商品运输既是一项经济活动,也是一项重要的外事活动。在从事外贸商品运输中不仅要有经济观点,而且要有政策观念,应当按照我国的对外政策从事工作。

2）线长面广

我国已经同170多个国家和地区有经济贸易关系,在国际商品运输过程中涉及许多部门和多方面的问题。如需要同国内外货主、交通部门、商检机关、保险公司、银行、海关和各种中间商打交道,涉及面很广。

3）环节多

在国际商品运输中,一般运距较长,少则数千里,多则上万里。在运输过程中,往往需要使用多种运输工具,变换不同的运输方式,经由不同的国家和地区,中途还要经过多次装卸搬运,因而中间环节多。

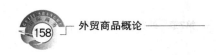

4）时间性强

国际贸易中的商品买卖竞争激烈，市场行情多变，如货物不能及时运达目的地，往往会给进出口商造成巨大的经济损失。因此，无论在主观上还是客观上，都要求运输工作要争时间、抢速度，安全、准确、迅速、节省、方便地完成运输任务。

5）情况复杂

国际商品运输不可控的因素很多，既有自然方面的因素（如台风、暴雪），又有经济、政治方面的因素，这些因素综合起来，就形成错综复杂的情况。

6）风险较大

国际间商品的运输中间环节较多，沿途经过许多不同制度和环境的国家和地区，还可能经受国际形势的变化、社会的动乱、各种自然灾害和意外事故的发生以及战争、海盗等活动的影响，都可能直接或间接地影响国际商品运输，甚至造成严重的后果，因此，国际商品运输风险很大。

7.1.3 运输的功能与原理

1）运输的功能

运输提供了物品位移和短期库存的两大功能。

（1）物品转移

社会化大生产，使得生产和消费在空间上分离，实现原材料、零部件、装配件、在制品、制成品在企业内部或生产和消费之间的空间上的位移，是保证社会化大生产顺利进行的必要条件。运输的主要功能就是实现运输转移物品在空间上的位移，并通过时间资源、财务资源和环境资源的利用，确实提高产品价值。

（2）产品存放

利用运输工具上存放货物的空间对货物进行临时储存是一个特殊的运输功能，由于这一功能可以节省仓储资源、提高物流运作效率、降低物流成本，现已被越来越多的企业所关注和运用。这一功能一般只适合于需要极短的时间（通常是几小时或最长不超过 1 ~ 3 天）储存而又要重新转移的商品。在本质上,运输车辆被用做一种临时的、移动的储存设施。

2)运输原理

运输原理是规模经济和距离经济的具体体现。

（1）规模经济

又称规模效应,是指随着运输工具装载规模的增长,每单位载重量运输成本下降的原理。在运输中所耗费的费用可分为固定费用和变动费用,固定费用可以按整批货物的重量分摊,运输规模越大,单位商品所需要承担的固定费用分摊越小。运输网络具有一些规模效应:

①运输网络空间幅员上的规模越大、线路越长、网点越多,其服务覆盖的区域就越大,单位运输成本越低。

②运输线路上通过密度越大,单位运输成本越低。如铁路由单线运输到复线运输,牵引能力由最初上百万吨发展到几千万吨,加之运输指挥能力不断进步,运输能力越来越大,效率越来越高,平均成本则不断降低。

③单个运输设备载运能力越大,其单位运输成本就越低。目前的趋势是载运工具越造越大,30 万 t 矿石船、50 万 t 油轮、6 000 ~ 8 000TEU 的集装箱轮都已经是平常物了。

④运输企业拥有的车(船、机)队中车辆数越多,其维护所需费用越少,在经营效率相同状况下,单位运输成本越低。如当只拥有一架飞机单独使用时,所需储备的零部件数量相当于飞机价值的 50%,而当拥有相同的 10 架飞机时,所需的零部件储存数量相当于飞机总价值的 10% 。

⑤运输枢纽的能力越大,在运输过程中装卸等待的时间越短,运输效率越高,成本越低。如船舶公司在港口等待装卸时间,每超过一小时则必须多支付 8 万美元的费用。

（2）距离经济

在运输过程中,存在着"递远递减"这一经济规律,指每单位距离的运输成本随距离的增加而减少。运输的距离经济也指递减原理,因为费率或费用随距离的增加而减少。运输工具装卸所发生的固定费用必须分摊到每单位距离的变动费用,距离越长则每单位商品承担的分摊费用越低。如 800 km 的一次装运成本要低于 400 km 两次装运。

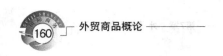

7.1.4 运输的地位

运输业作为一个独立的生产部门,是商品经济发展的产物。从整个社会来看,运输业从生产过程中分离出来并成为国民经济中相对独立的生产部门,是社会进步的标志,它极大地提高了运输生产效率,加速了商品流通,减少了商品流通费用,降低了产品成本,扩大了商品销售范围,促进了社会经济的发展。在现代社会中,运输已是社会经济的重要纽带和主要基础。运输业的发展,促使地区性市场成为全国性市场,进而发展成为世界性市场。运输的地位可以在以下几方面具体得到体现:

1)运输是社会物质生产的必要条件之一,促进工农业生产和整个国民经济的健康发展

运输是国民经济的基础和先行。马克思将运输称之为"第四个物质生产部门",将运输看成是生产过程的继续,这个继续虽然以生产过程为前提,但如果没有这个继续,生产过程则不能最后完成。

运输作为社会物质生产的必要条件,表现在以下两个方面:①在生产过程中,运输是生产的直接组成部分,没有运输,生产内部的各环节就无法连接;②在社会上,运输是生产过程的继续,这一活动联结生产与再生产、生产与消费,联结国民经济各部门、各企业,联结着城乡,联结着不同国家和地区。

对于工农业生产部门来说,运输速度加快,运输效率提高,运输质量越好,运输成本越低,就越能缩短商品在途时间,加快流动资金的周转,降低商品流通费用,从而促进经济的发展。

2)实现资源的优化配置,推动生产力的合理布局

国家和地区的工业布局,首先要考虑原材料运进运出方面所具备的交通条件,没有现代化的运输或运力不足,新的大型资源经济开发是不可能的。因此,运输在一定程度上能够实现资源的优化配置,促进生产力的合理布局。如上海市100多年前不过是一个小渔村,而且又无矿产资源,但自从沿黄埔江建立海港后,很快就发展成为我国工业、商业最为繁华的第一大城市。

3)运输是物流的主要功能要素之一

运输是物流两大基础功能之一,是改变空间状态的主要手段,运输再配以

搬运、配送等活动,就能圆满完成改变空间状态的全部任务。甚至于现在,仍有不少人将运输等同于物流,足以看出运输在现代物流中的重要地位。

4)运输可以创造"场所效用"

场所效用的含义是:同种"物"由于空间场所不同,其使用价值的实现程度则不同,其效益的实现也不同,由于改变场所而最大发挥使用价值,最大限度提高产出投入比,这就称之为"场所效用"。通过运输,将"物"运到场所效用最高的地方,就能发挥"物"的潜力,从这个意义来讲,也相当于通过运输提高了物的使用价值。

5)运输是"第三个利润源"的主要源泉

①运输是运动中的活动,其活动的时间长、距离长、消耗也大。消耗的绝对数量大,其节约的潜力也就大。

②从运费来看,运费在全部物流费中占最高的比例,运输费一般在社会物流费用中占据约50%的比例,有些产品的运费甚至高于产品的生产费,因此,节约的潜力是巨大的。

③由于运输总里程大,运输总量巨大,通过体制改革和运输合理化可大大缩短运输吨千米数,从而获得比较大的经济效益。

7.1.5　运输方式与我国外贸商品运输现状

1)运输的方式

按使用的运输工具不同,外贸商品运输可分为铁路运输、公路运输、水路运输、航空运输、管道运输和邮政运输等运输方式。其中水路运输又分为海洋运输和内河运输,铁路运输与公路运输又统称为陆上运输。

运输方式的分类如图7.1所示。

2)我国外贸商品运输现状

从我国运输网络的架构来看,已经形成了由铁路运输、公路运输、水陆运输、航空运输和管道运输5个部分立体化、综合运输体系。

我国作为"世界制造工厂",外贸商品的运输量日益增加,运输业也得到了相应的发展,而运输业的发展又为开拓越来越广阔的市场提供了可能性。截至

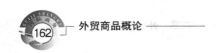

2003 年,我国运力发展状况如表 7.1 所示。

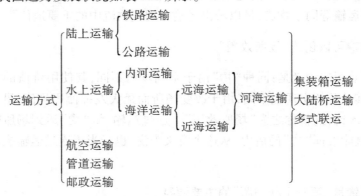

图 7.1　运输方式的分类

表 7.1　我国运力发展状况

运输方式	运输线路长度/万 km	2003 年比 1978 年增长/%
铁路	7.30	41.2
公路	180.98	103.3
内河	12.40	−8.8
航空	174.95	1 074.9
管道	3.26	292.8
运输方式	货物运输工具拥有量	2003 年比 1978 年增长/%
铁路货车	510 327 辆	69.7
公路货车	853.51 万辆	282.1
民用运输船舶	204 270 艘	
民航货机	1 190 架	

注:内河运输线路长度 1978 年为 13.60 万 km,1980 年为 10.85 万 km,以后逐年上升。

资料来源:中国网 http://www.china.org.cn/

7.2 外贸商品运输的方式及其特点

7.2.1 公路运输

公路运输又称道路运输,指利用一定载运工具(汽车、拖拉机、人力车等)沿公路实现旅客或货物的空间位移过程。从狭义来讲,公路运输就是指汽车运输。

改革开放以来,我国公路运输进入了一个新的发展时期,目前公路运输网已覆盖全国所有省、自治区和直辖市,而且全国97%的乡镇通了公路。以国道为主干线,以省道、县乡道路为支线的全国公路网已初步形成。1988年,我国第一条高速公路建成通车,到1997年底,全国已建成通车的高速公路达4 771 km。高速公路的出现和公路等级的提高,高速、重载化提升了公路运输在运输市场中的竞争力,而运输主体的多元化和运输服务方式的多样化将对公路运输业带来最大而根本性的变化,使公路运输的地位和作用更加突出。

我国通往周边国家和地区的公路国境车站如表7.2所示。

我国通过"两纵(同江至三亚、北京至珠海)两横(连云港至霍尔果斯、上海至成都)3个重要路段(北京至沈阳路段、北京至上海路段以及西南地区出海公路通道路段)"的"五纵七横",将贯通各直辖市和省会城市。预计到2010年,"五纵七横"国道干线将全部建成,构筑起以高速公路为主体的全国公路主骨架。

在货运方面,大型拖挂车和专用车的广泛运用,有力地提高了运输效率和效益。货运汽车正朝着大型化、重载化和专业化的方向发展。

高新技术,尤其是计算机信息技术、自动控制技术和新材料在公路运输经营管理中的应用,这是公路运输的一个重要发展趋势,如GPS技术。

表7.2 我国通往周边国家和地区的公路国境车站

我国与邻国和地区	我国国境车站站名—境外车站站名
中俄之间	满洲里—后贝加尔、黑河—布拉格维申斯克、绥芬河—波格拉尼奇内、同江—下列宁斯阔耶、珲春—库拉斯诺、二卡—阿巴盖图
中朝之间	丹东—新义州、图们—南阳、开山屯—三峰里、三合—会宁、南坪—七星、临江—中江、古城里—三长里、长白—惠山、老虎哨—渭源

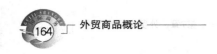

续表

我国与邻国和地区	我国国境车站站名—境外车站站名
中蒙之间	二连—扎门乌德、阿日哈沙特—哈比日嘎、珠恩嘎达布其—毕其格图、甘其毛道—嘎顺苏海图、策克—西伯库伦、阿尔山—松贝尔、满都拉—哈登宝力格、马鬃山—阿尔泰、塔克什肯—布尔干、老爷庙—布尔嘎斯台
中越之间	山腰—老街、友谊关—同登
中缅之间	国家一类口岸:畹町、瑞丽、景洪;地方二类口岸:打洛、孟连、勐定、章凤、盈江
中老之间	磨憨口岸
中巴之间	红其拉甫—苏斯托
中哈之间	霍尔果斯—霍尔果斯、阿拉山口—德鲁日巴、巴克图—巴克特
中吉之间	吐尔尕特—吐尔尕特
中尼之间	樟木口岸、普兰口岸
中国、锡金、不丹、印度之间	亚东口岸
中国内地与中国香港、中国澳门之间	内地与中国香港方面,内地口岸有:文锦渡、沙头角、皇岗,中国香港方面口岸有:罗湖、沙头角 内地与中国澳门之间,内地口岸有:拱北,中国澳门方面口岸有:关闸

7.2.2 铁路运输

铁路运输是指利用机车、车辆等技术设备沿铺设轨道运行的运输方式。

各种运输方式组成的交通运输体系中,铁路运输仍处于骨干地位。据有关资料显示,铁路运输目前承担了近50%的商品运输任务。1997年底,我国铁路营业里程达6.43万km,其中国家铁路营业里程为5.76万km,地方铁路营业里程0.67万km。主要干线共有22条,根据其发挥作用和地理位置分布的不同,可大致分为能源运输干线、南北铁路干线、华东地区干线、西北地区干线、西南地区干线和东北地区干线。2005年7月1日,青藏铁路全线开通,标志着我国各省、市、自治区都为铁路所联通,将形成以"八纵八横"为主体的、较为完整的铁路运输通道。铁路企业经过5次提速后,运能虽得到较大程度的提升,但铁路运营里程在总量上尚处于短缺状态,路网结构对国土的覆盖性尚有较大的差距。铁路运输存在着地区发展不平衡的状况。

我国通往邻国的铁路干线、国境站站名、轨距、货物和车辆交接及货物在不同轨距的换装地点如表7.3所示。

铁路适合运送中、长距离,运量大,时间性较强,可靠性要求高的各种货物。

表7.3　我国通往邻国的铁路干线、国境站站名、轨距、货物和车辆交接及货物在不同轨距的换装地点表

我国与邻国	我国铁路干线	我国国境站站名	邻国国境站站名	我国轨距/mm	邻国轨距/mm	交接、换装地点		至国境线距离/km		附注
						出口	进口	我国境内站	邻国境内站	
中俄间	滨洲线	满洲里	后贝加尔	1 435	1 520	后贝加尔	满洲里	9.8	1.3	中蒙铁路轨距不同,货物需换装。油罐车在蒙铁扎门乌德站换装。中朝铁路轨距相同,货车可以直接过轨。
	滨绥线	绥芬河	格罗迭科沃	1 435	1 520	格罗迭科沃	绥芬河	5.9	20.6	
	珲马线	珲春	卡梅绍娃亚	1 435	1 520	卡梅绍娃亚	珲春	17		
中哈间	北疆铁路	阿拉山口	德鲁日巴	1 435	1 520	德鲁日巴	阿拉山口	4.02	8.13	
中蒙间	集二线	二连	扎门乌德	1 435	1 524	扎门乌德	二连	4.8	4.5	
中朝间	沈丹线	新义州	新义州	1 435	1 435	新义州	新义州	1.4	1.7	
	长图线	图们	南阳	1 435	1 435	南阳	图们	2.1	1.3	
	梅集线	集安	满浦	1 435	1 435	满浦	集发	7.3	3.8	
中越间	湘桂线	凭祥	同登	1 435	1 435/1 000	凭祥	凭祥	13.2	4.6	
	昆河线	山腰	老街	1 000	1 000	老街	山腰	6.5	4.2	

7.2.3　水路运输

水路运输是指以船舶和其他浮运工具作为运载工具在水(主要是内河、海)

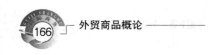

上进行运输的运输方式。

我国水运发展的特点是沿海港口和远洋运输发展较快,内河运输发展较缓慢。目前已有沿海和内河重要港口 170 个,其中主要沿海港口 29 个,主要内河港口 28 个。共有泊位 6 424 个,其中沿海主要港口泊位为 1 282 个、深水泊位 449 个。国际集装箱运输发展迅速,在不足 20 年的时间里,集装箱专用泊位从无到有发展到 57 个,目前香港、上海和深圳按年吞吐量计算,分别已成为世界上第二、第三和第四大港。

7.2.4 航空运输

航空运输是利用飞机或其他航空器在空中进行货物运输的运输方式。

随着我国对外经贸活动的发展,航空运输作为国际快速运输的主要方式,在我国得到迅猛发展。1997 年,民航航线总数达 967 条,不重复线路里程达 142.5 万 km,比 1990 年分别增加 457 条和 91.82 万 km,年均递增率为 9.57% 和 12.97%;飞机数量、客货运量、货运量分别比 1990 年增长 118%,239% 和 238%。广州新白云机场成为我国第一家对外邮政、航空物流的枢纽。

7.2.5 管道运输

管道运输是指由钢管、泵站和加压设备等组成的利用管道加压输送气体、液体、粉状固体的运输方式。

我国是世界上最早利用管道进行货物运输的国家之一,但发展速度缓慢。我国的成品油消费量居世界第 5 位,而已建成的成品油管道仅有 6 条。据有关资料显示,截至 1998 年,中国共有输油(气)管道总长度 26 376 km,全年输油(气)总量占全社会运量的 1.38%。随着高速经济增长带来的石油和天然气消费的持续上升,在未来一段时间内,我国将进行以下的国内和跨国管道建设:

①原油管道:俄中原油管道、海进江原油管道、沿江原油管道。

②天然气管道:西气东输、忠县—武汉天然气输送管道、涩北气田—西宁—兰州天然气管道。

目前进入磋商阶段的项目有:西西伯利亚—上海输气管道、伊尔库茨克—日照输气管道、萨哈林—沈阳输气管道、中亚—中国东部输气管道。

③成品油管道:兰州—成都—重庆成品油管道、西南成品油管道、镇海—南昌—长沙成品油管道。

7.2.6　各种运输方式的特征比较和联运协调

1) 各种运输方式的特征

公路、铁路、水路、航空和管道 5 种运输方式各有其不同的特征,可以从运输成本、速度、能耗、便利性、投资、运输能力、对环境的影响、适用范围等方面对 5 种运输方式进行比较,如表 7.4 所示。

表 7.4　各种运输方式特征对比分析表

运输方式	铁路运输	公路运输	水路运输	航空运输	管道运输
运输成本	成本低于公路运输	成本高于铁路、水路和管道运输,仅比航空运输成本低	运输成本一般较铁路低	成本最高	成本与水运接近
速度	长途快于公路运输,短途慢于公路运输		速度较慢	速度极快	
能耗	能耗低于公路和航空运输	能耗高于铁路和水路运输	能耗低,船舶单位能耗低于铁路,更低于公路	能耗极高	能耗最小,在大批量运输时与水运接近
便利性	机动性差,需要其他运输方式的配合和衔接实现"门—门"的运输	机动灵活,能够进行"门—门"运输	需要其他运输方式的配合和衔接,才能实现"门—门"运输	难以实现"门—门"运输,必须借助其他运输工具进行集疏运	运送货物种类单一,且管线固定,运输灵活性差
投资	投资额大、建设周期长	投资小,投资回收期短	投资少	投资大	建设费用比铁路低 60% 左右
运输能力	能力大,仅次于水路	载重量不高,运送大件货物较为困难	运输能力最大	只能承运小批量、体积小的货物	运输量大

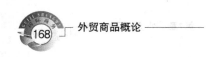

续表

运输方式	铁路运输	公路运输	水路运输	航空运输	管道运输
对环境的影响	占地多	占地多,环境污染严重	土地占用少		占用的土地少,对环境无污染
适用范围	大宗低值货物的中、长距离运输,也适用于大批量、时间性强、可靠性要求高的一般货物和特种货物的运输	近距离、小批量的货运或是水运、铁路难以到达地区的长途、大批量货运	运距长,运量大,对送达时间要求不高的大宗货物运输,也适合集装箱运输	价值高、体积小、送达时效要求高的特殊货物	单向、定点、量大的流体状且连续不断的货物的运输

2)联运协调

联运是指联运经营者受托运人、收货人或旅客的委托,为委托人实现两种以上运输方式(含两种,下同)或两程以上(含两程,下同)运输的衔接,以及提供相关运输物流辅助服务的活动。联运具有一次托运、一次计费、一张单证、一次保险和一票到底的特点。联运是一种先进的运输组织方式,有效地发挥了铁路、公路、水路、航空运输的综合优势,形成高效、便捷、安全的运输服务网络,对方便货主和旅客、降低运输成本、挖掘运输潜力、提高运输效率、创造良好的经济效益和社会效益、促进社会经济发展起到了积极的作用。虽然联运的方式有多种组合,但目前应用比较广泛的只有铁路运输和公路运输的组合("驮背运输")和公路运输和水上运输的组合("鱼背运输")。铁路、公路运输的联运使运输人既能享受到公路运输时接送和发运的灵活性,又能获得火车在远程运输中的效率。几乎所有的航空运输都是联合运输,因为它需要由货车将货物接送和装到飞机上,然后由货车运至目的地。公路运输使联运得以实现,它以最好的方式运作,提供灵活、定期和短途的服务,使联合运输的方式更有效率。

联运可以提高运输效率,简化手续,方便货主;保证货物流通过程的畅通,它把分阶段的不同运输过程连接成一个单一的整体运输过程,不仅给托运人或货运人带来了方便,而且加速了运输过程,有利于降低成本,减少货运货差的发生,提高运输质量。因此,发展联合运输是充分发挥我国运输方式的优势,使之相互协调、配合,建立起高效率运输体系的重要途径。

3)国际多式联运经营人的性质和责任范围

（1）国际多式联运经营人的性质

多式联运经营人既不是发货人的代理人或代表,也不是参加联运的承运人的代理人或代表,而是多式联运的当事人,是一个独立的法律实体。对于货主来说,它是货物的承运人,但对分承运人来说,它又是货物的托运人。它一方面同货主签订多式联运合同,另一方面它又与分承运人以托运人身份签订各段运输合同,因此,它具有双重身份。在多式联运方式下,根据合同规定联运经营人始终是货物运输的总承运人,对货物负有全程运输的责任。

（2）国际多式联运经营人的责任

国际多式联运经营人的责任期间是从接受货物之时起到交付货物之时为止,在此期间内,对货主负全程运输责任。根据目前国际上的做法,经营者的责任可以分为以下 3 种类型:

①统一责任制。在统一责任制下,多式联运经营人对货主负不分区段的运输的统一原则责任。即货物的灭失或损失,包括隐蔽损失(即损失发生的区段不明),不论发生在哪个区段,多式联运经营人按一个统一的原则负责并一律按一个约定的限额赔偿。

②分段责任制。分段责任制又称网状责任制,不同区段依据不同的法规办理。如海上区段按《海牙规则》,航空区段按《华沙公约》。在不适用国际法时,则按相应的国内法办理。赔偿也是分别按各区段的国际法或国内法规定的限额赔付,对不明区段货物隐蔽损失,或作为海上区段,按《海牙规则》办理,或按双方约定的一个原则办理。

③修正统一责任制。修正统一责任制,是介于上述两种责任制之间的责任制,故又称混合责任制。也就是在责任范围方面与统一责任制相同,而在赔偿限额方面则与分段责任制相同。

（3）多式联运经营人的赔偿责任

①赔偿责任划分的原则。《国际多式联运公约》(以下称《公约》)对联运人的赔偿责任采取推定过失或疏忽的原则是:即除非联运人能够证明他和他的受雇人或代理为避免损失事故的发生及其后果已经采取了一切所能采取的合理要求的措施,否则就推定联运人有疏忽或过失,联运人就应对货物在其掌管期间发生的灭失、损坏或延迟交货负赔偿责任。

②赔偿责任期间的确定。公约规定,多式联运经营人对于货物所负责任的

期间,是从其接管货物之时起到交付货物之时为止,也就是指货物在多式联运经营人的掌管之下这一期间。接管货物的时间是指从多式联运经营人从下列各方接管货物之时起:

A.发货人或其代表;

B.根据接管货物地点适用的法律或规章,货物必须交其运输的当局或其他第三方。

交付货物的时间是指联运经营人将货物以下列方式交付时为止:

A.将货物交给收货人;

B.若收货人不向多式联运经营人提取货物,则按多式联运合同或按照交货地点适用的法律或特定行业惯例,将货物置于收货人支配之下;

C.将货物交给根据交货地点适用的法律或规章必须向其交付的当局或其他第三方。

(4)赔偿责任限额

关于联运人赔偿的责任限额,公约规定如下:

①联运如包括海运在内,每件货物或其他每个货运单位不超过920记账单位(即国际货币基金组织所确定的特别提款权SDRs),或毛重每千克2.75记账单位,以较高者为准。

②国际多式联运如不包括海运或内河运输在内,赔偿责任限额为毛重每千克8.33记账单位。这是考虑到空运承运人和铁路、公路承运人对货损的赔偿责任应高于海运承运人的责任限额。

③如果能够确定损失发生的运输区段,而该区段所适用的某项国际公约或强制性的国内法律所规定的赔偿限额高于联运公约规定的赔偿限额时,则适用该公约或该国内法律的规定。

④联运人对延迟交货造成损失所负的赔偿责任限额,相当于延迟交付货物应付运费的两倍半,但不得超过多式联运合同规定的应付运费的总额。

⑤如果多式联运经营人和发货人之间同意,可在多式联运单据中规定超过本公约所规定的赔偿限额。

发货人的赔偿责任分为基本责任和保证:

①发货人的基本责任。对于在多式联运中发货人应负的基本责任,公约从一般原则和对危险货物的特殊规则两个方面分别加以规定。

A.如果多式联运经营人遭受的损失是由于发货人的过失或疏忽,或者他的受雇人或代理人在其受雇范围内行事时的过失或疏忽所造成,发货人对这种损失应负赔偿责任。但如果发货人的受雇人或代理人由于其本身的过失或疏忽给联运人带来损失,则应由该受雇人或代理人对这种损失负赔偿责任。

B. 对发运危险货物时,发货人一方面应以适当的方式在危险货物上加明危险标志或标签;另一方面在将危险货物交给多式联运经营人或其代表时,要将货物的危险特性以及应采取的预防措施告知联运人。如果发货人没有尽到上述职责,同时多式联运经营人又无从得知货物的危险特性,则发货人必须赔偿联运人因载运这类货物而遭受的一切损失;联运人还可以根据情况需要,随时将货物卸下、销毁或使之无害而无须给予任何赔偿。

②发货人的保证。发货人应向联运经营人保证他所提供的货物品类、标志、件数、重量和数量以及危险货物的特性等资料的准确性。如因上述资料不准确或不适当而使联运人遭受损失,发货人应负责予以赔偿,同时联运人应对发货人以外的任何人负赔偿责任。

7.3 商品运输与国际贸易

7.3.1 运输与物流的联系和区别

物流与运输既有区别,又有联系。运输和仓储是传统物流提供最基础性的服务,运输是物流两大基本功能之一,没有运输配送,也就没有物资流通过程,运输的效率直接影响物流的经济性、及时性、安全性等。物流的发展,又推动着运输业的发展。

物流与运输又存在着区别:

①概念不同。物流是指物品从供应地向接收地的实体流动过程。根据实际需要,将运输、储存、装卸、搬运、包装、流通加工、配送、信息处理等基本功能实现有机结合(2001 年 GB/T 18354—2001 物流术语);运输是指劳动者通过使用运输工具和设备,实现人与货物空间场所的有目的的位移。

②发展成熟程度不同。运输作为科学,发展历史悠久,相对成熟;物流作为一门科学,在第二次世界大战后才得到快速发展,物流科学的发展,不仅需要现代物流思想,而且需要如运输、信息等科学发展作为基础,人们对物流的认识还在发展中,如美国的物流协会现已更名为供应链管理协会。

③集成度不同。运输是对各种运输工具的集成,而物流则需对包括运输在内的各种资源的集成。

④对象不同。运输的对象不仅指实物,同时还包括人;物流的对象仅仅是实物。

⑤从系统的角度看,运输是任何全球物流的一个重要组成部分,针对运输所做的决策必须纳入整个物流系统之中,必须适应这一系统。

7.3.2 运输在物流中的作用

物流系统是由物资包装、运输配送、装卸、储存保管、流通加工以及物流信息等子系统组成。运输在物流系统中发挥的重要作用主要表现在以下几个方面:

①运输配送是物流网络的构成基础。物流网络是一个网络结构系统,由物流结点与运输配送线路构成,没有线路活动,物流网络结点将成为孤立的点,网络也就不存在。

②运输配送是物流系统功能的核心。物流系统具有创造空间效用、时间效用、形质效用三大主体效用或功能。空间效用是通过运输配送来实现的,在物流主体功能中占据主导地位。

③运输配送合理化是物流系统合理化的关键。物流合理化是指在各物流子系统合理化基础上使物流系统整体功能实现最优化,运输配送子系统实现合理化,才能使物流结构更合理,总体功能更优。

本章小结

人们在生产劳动中,必然会发生生产工具、劳动产品以其自身位置的移动,这种"位移"就叫运输。任何一笔生意、任何一种商品的交易都必须经过运输才能完成。商品运输是通过运力实现商品在空间位置上的实际转移过程。

运输业作为一个独立的生产部门,是商品经济发展的产物。从整个社会来看,运输业从生产过程中分离出来并成为国民经济中相对独立的生产部门,是社会进步的标志。在现代社会中,运输已是社会经济的重要纽带和主要基础。运输业的发展,促使地区性市场成为全国性市场,进而发展成为世界性市场。

运输具有生产的本质属性,同时又具有自身的特点。国际商品运输具有政策性强、线长面广、环节多、时间性强、情况复杂、风险较大等特点。

运输提供了物品位移和短期库存的两大功能。运输原理是规模经济和距离经济的具体体现。

　　按使用的运输工具不同,外贸商品运输可分为铁路运输、公路运输、水路运输、航空运输、管道运输和邮政运输等运输方式,每种运输方式各有其特点和适应的范围。

　　运输是物流两大基本功能之一,没有运输配送,也就没有物资流通过程,运输与物流又相区别。

思考题

1. 运输有何特点?
2. 国际商品运输有何特点?
3. 运输的功能和原理是什么?
4. 外贸商品运输有哪些方式? 各有何特点?
5. 大力发展联合运输有何重要意义? 应做好哪些工作?

实　训

通过互联网查询有关口岸运输的资料,了解我国国际运输的发展状况。

第8章
外贸商品的储存与养护

【本章导读】

本章作为外贸商品的储存与养护理论的入门，主要介绍外贸商品储存的含义、作用、原则、种类，外贸商品储存中的损耗与质变，仓库的种类、基本管理和温湿度的管理，介绍了商品的部分养护技术，包括储存商品霉变腐烂的防治技术、金属商品的锈蚀防治技术、储存商品的虫害防治技术、储存商品的老化防治技术。

8.1 外贸商品储存概述

8.1.1 外贸商品储存的含义

在物流科学体系中,经常涉及库存、储备及储存这几个概念,而且经常被混淆。其实,这3个概念虽有共同之处,但仍有区别,认识这个区别有助于理解物流中"储存"的含义和以后要遇到的零库存概念。

1) 库存

库存指的是仓库中处于暂时停滞状态的物资。这里要明确两点:其一,物资所停滞的位置,不是在生产线上,不是在车间里,也不是在非仓库中的任何位置,如汽车站、火车站等类型的流通结点上,而是在仓库中;其二,物资的停滞状态可能由任何原因引起,而不一定是某种特殊的停滞。这些原因大体有:①能动的各种形态的储备;②被动的各种形态的超储;③完全的积压。

2) 储备

物资储备是一种有目的的储存物资的行动,也是这种有目的的行动和其对象总体的称谓。物资储备的目的是保证社会再生产连续不断地、有效地进行。因此,物资储备是一种能动的储存形式,或者说,是有目的的、能动的生产领域和流通领域中物资的暂时停滞,尤其是指在生产与再生产、生产与消费之间的那种暂时停滞。马克思讲的"任何商品,只要它不是从生产领域直接进入消费或个人消费,因而在这个间歇期间处在市场上它就是商品储备的要素"。(《马克思恩格斯全集》第24卷,第161页)就是指的这种情况。

储备和库存的本质区别在于:第一,库存明确了停滞的位置,而储备这种停滞所处的地理位置远比库存广泛得多,储备的位置可能在生产及流通中的任何结点上,可能是仓库中的储备,也可能是其他形式的储备;第二,储备是有目的的、能动的、主动的行动,而库存有可能不是有目的的,有可能完全是盲目的。

3) 储存

储存是包含库存和储备在内的一种广泛的经济现象,是一切社会形态都存在的经济现象。马克思指出:"产品储存是一切社会所共有的,即使它不具有商品储备形式这种属于流通过程的产品储备形式,情况也是如此。"(《资本论》第2卷,第140页)在任何社会形态中,对于不论什么原因形成停滞的物资,也不论是什么种类的物资,在没有进入生产加工、消费、运输等活动之前或在这些活动结束之后,总是要存放起来,这就是储存。这种储存不一定在仓库中,也不一定是有储备的要素,而是在任何位置,也有可能永远进入不了再生产和消费领域。但在一般情况下,储存、储备两个概念是不做区分的。

8.1.2 外贸商品储存的作用

1) 整合

装运整合是仓储的一个经济利益,通过这种安排,整合仓库接收来自一系列制造工厂指定送往某一特定额的材料,然后把它们整合成单一的一票装运。其好处是,有可能实现最低的运输费率,并减少在顾客的收货站台处发生拥塞,该仓库可以把从制造商到仓库的内向转移和从仓库到顾客的外向转移都整合成更大的装运。

为了提供有效的整合装运,每一个制造工厂必须把该仓库作为货运储备地点或用做产品分类和组装设施。因为,整合装运的主要利益是把货票小批量装运的物流流程结合起来联系到一个特定的市场地区。整合仓库可以由单独一家厂商使用,也可以由几家厂商联合起来共同使用出租方式的整合服务。通过利用这种整合方案,每一个单独的制造商或托运人都能够享受到物流总成本低于其各自分别直接装运的成本。

2) 分类和交货站台

除了不对产品进行储存外,分类和交货站台的仓库作业与整合仓库作业相类似。分类作业接收来自制造商的顾客组合订货,并把它们装运到个别的顾客处去。分类仓库或分类站把组合订货分类或分割成个别的订货,并安排当地的运输部门负责递送。由于长距离运输转移的是大批量装运,因此,运输成本相对比较低,进行跟踪也不太困难。除涉及多个制造商外,交货站台设施具有类似的功能。零售连锁店广泛地采用交货站台做 4 k 来补充快速转移的商店存货。在这种情况下,交货站台先从多个制造商处运来整车的货物;收到产品后,如果有标签的,就按顾客进行分类,如果没有标签的,则按地点进行分配;然后,产品就像"交货"一词的意思那样穿过"站台"装上指定去适当顾客处的拖车；一旦该拖车装满了来自多个制造商的组合产品后，它就被放行运往零售店去。于是，交货站台的经济利益中包括从制造商到仓库的拖车的满载运输，以及从仓库到顾客的满载运输。由于产品不需要储存，降低了在交货站台设施处的搬运成本。此外，由于所有的车辆都进行了充分装载，更有效地利用了站台设施，使站台装载利用率达到最大限度。

3）加工/延期

仓库还可以通过承担加工或参与少量的制造活动，被用来延期或延迟生产。具有包装能力或加标签能力的仓库可以把产品的最后一道生产一直推迟到知道该产品的需求时为止。例如，蔬菜就可以在制造商处加工，制成罐头"上光"。上光是指还没有贴上标签的罐头产品，但它可以利用上光贴上私人标签。因此，上光意味着该产品还没被指定用于具体的顾客，或包装配置还在制造商的工厂里。一旦接到具体的顾客订单，仓库就能够给产品加上标签，完成最后一道加工，并最后敲定包装。加工/延期（Processing/Postponement）提供了两个基本经济利益：第一，风险最小化，因为最后的包装要等到敲定具体的订购标签和收到包装材料时才完成；第二，通过对基本产品（如上光罐头）使用各种标签和包装配置，可以降低存货水平。于是，降低风险与降低存货水平相结合，往往能够降低物流系统的总成本，即使在仓库包装成本要比在制造商的工厂处包装更高。

4）堆存

这种仓储服务的直接经济利益从属于这样一个事实，即对于所选择的业务来说储存是至关重要的。例如，草坪家具和玩具是全年生产的，但主要是在非常短的一段市场营销期内销售的。与此相反，农产品是在特定的时间内收获的，但最终的消费则是在全年进行的。这两种情况都需要仓库的堆存（Stockpiling）来支持市场营销活动。堆存提供了存货缓冲，使生产活动在受到材料来源和顾客需求的限制条件下提高效率。

①防止断档。缩短从接受订单到送达货物的时间，以保证优质服务，同时又要防止脱销。

②保证适当的库存量，节约库存费用。

③降低物流成本。用适当的时间间隔补充与需求量相适应的合理的货物量以降低物流成本，消除或避免销售波动的影响。

④保证生产的计划性、平稳性以消除或避免销售波动的影响。

⑤展示功能。

⑥储备功能。在价格下降时大量储存,减少损失,以应灾害等不时之需。

8.1.3　外贸商品储存的原则

外贸商品储存遵循以下原则:

①面向通道进行保管。为使物品出入库方便,容易在仓库内移动,基本条件是将物品面向通道保管。

②尽可能地向高处码放,提高保管效率。有效利用库内容积应尽量向高处码放,为防止破损,保证安全,应当尽可能使用棚架等保管设备。

③根据出库频率选定位置。出货和进货频率高的物品应放在靠近出入口、易于作业的地方;流动性差的物品放在距离出入口稍远的地方;季节性物品则依其季节特性来选定放置的场所。

④同一品种在同一地方保管。为提高作业效率和保管效率,同一物品或类似物品应放在同一地方保管,员工对库内物品放置位置的熟悉程度直接影响着出入库的时间,将类似的物品放在邻近的地方也是提高效率的重要方法。

⑤根据物品重量安排保管的位置。安排放置场所时,要把重的东西放在下边,把轻的东西放在货架的上边。需要人工搬运的大型物品则以腰部的高度为基准。这对于提高效率、保证安全是一项重要的原则。

⑥依据形状安排保管方法。依据物品形状来保管也是很重要的,如标准形状的商品应放在托盘或货架上来保管。

⑦依据先进先出的原则。保管的一条重要原则是对于易变质、易破损、易腐败的物品,对于机能易退化、老化的物品,应尽可能按先入先出的原则,加快周转。

8.1.4　外贸商品储存的种类

库存是一项代价很高的投资,无论是对生产企业还是物流企业,正确认识和建立一个有效的库存管理计划都是很有必要的。由于生成的原因不同,可以将储存分为以下 6 种类型:周期储存、在途储存、安全储存(或缓冲储存)、投资储存、季节性的储存、闲置储存。

①周期储存。它指补货过程中产生的库存,周期库存用来满足确定条件下的需求,其生成的前提是企业能够正确地预测需求和补货时间。

②在途储存。它指从一个地方到另一个地方处于运输路线中的物品。在没有到达目的地之前，可以将在途库存看做是周期库存的一部分。需要注意的是，在进行库存持有成本的计算时，应将在途库存看做是运输出发地的库存，因为在途的物品还不能使用、销售或随时发货。

③安全储存（或缓冲储存）。由于生产需求存在着不确定性，企业需要持有周期库存以外的安全库存或缓冲库存。持有这个观点的人普遍认为企业的平均库存水平应等于订货批量的一半加上安全库存。

④投资储存。持有投资库存不是为了满足目前的需求，而是出于其他原因，如由于价格上涨、物料短缺或是为了预防罢工等囤积的库存。

⑤季节性的储存。季节性的库存是投资库存的一种形式，指的是生产季节开始之前累积的库存，目的在于保证稳定的劳动力和稳定的生产运转。

⑥闲置储存。闲置储存指在某些具体的时间内不存在需求的库存。

8.2　外贸商品储存中的损耗与质变

商品在储存期间，由于商品本身的成分、结构和理化性质的特点，以及受到日光、温度、湿度、空气、微生物等客观外界条件的影响，就会发生这样或那样的质量变化。

商品质量变化的形式有很多，但归纳起来主要包括物理机械变化、化学变化、生理生化变化和生物学变化。

8.2.1　储存商品的损耗

引起商品储存过程中损耗的主要原因是物理机械变化和生物学变化。

①所谓物理变化是指商品仅改变其本身的外部形态（如气体、液体、固体"三态"之间发生的变化），不改变其本质，在变化过程中没有新物质生成，并且可以反复进行变化的现象。例如：商品的挥发、升华、溶化、熔化、凝固、风化、渗漏、串味等。机械变化是指商品在外力作用下发生的形态变化。主要表现形式是商品破碎和变形等。

②生物学变化是指商品在外界有害生物作用下受到破坏的现象，如虫蛀、鼠咬等。

8.2.2 储存商品的质变

引起商品储存过程中质变的主要原因是化学变化、生理生化变化和生物学变化。

①商品的化学变化是指构成商品的物质发生变化后,不仅改变了商品本身的外观形态,也改变了本质,并有新物质生成的现象。商品中常见的化学变化有化合、分解、水解(或潮解)、氧化、聚合、裂解、老化、沉淀等。

②商品的生理生化变化是指有机体商品(有生命力商品)在生长发育过程中,为了维持其生命活动,其自身发生的一系列特有的变化,如呼吸作用、发芽、胚胎发育等。

③生物学变化是指商品在外界有害生物作用下受到破坏的现象,如霉变等。

8.3 外贸商品储存中的质量管理

8.3.1 仓库的种类

库存是一项代价很高的投资,无论是对生产企业还是物流企业,正确认识和建立一个有效的库存管理计划都是很有必要的。由于生成的原因不同,可以将库存分为以下 6 种类型:周期库存、在途库存、安全库存(或缓冲库存)、投资库存、季节性的库存、闲置库存,其涵义同储存。

8.3.2 仓库的基本管理

库存是指从企业生产、经营活动的全过程而言,库存是指企业用于生产或服务所使用的,以及用于销售的储备物资。库存,既是生产、服务系统合理存在的基础,又为合理组织生产、服务过程所必需。以较低的库存成本,保证较高的供货率,不仅在理论上是成立的,在实践方面也是完全可以达到;库存控制又称库存管理,是对制造业或服务业生产、经营全过程的各种物品、产成品以及其他资源进行管理和控制,使其储备保持在经济合理的水平上。库存的形态主要包括:原材料、辅助材料,在制品,产成品和外购件等四大类。库存管理是指在物流过程中商品数量的管理。过去认为仓库里的商品多,表明企业发达、兴隆,现在则认为零库存是最好的库存管理。库存多,占用资金多,利息负担加重。但是如果过分降低库存,则会出现断档。

库存管理应该特别考虑下述两个问题:

第一,根据销售计划,按计划生产的商品在市场上流通时,要考虑在什么地方,存放多少。

第二,从服务水平和经济效益出发来确定库存量以及如何保证补充的问题。

上述两个问题与库存在物流过程中的功能有关。

8.3.3 仓库的温湿度管理

1)空气温度

空气温度是指空气的冷热程度,简称气温。气温是影响商品质量变化的重要因素。温度能直接影响物质微粒的运动速度:一般商品在常温或常温以下,都比较稳定;高温能够促进商品的挥发、渗漏、熔化等物理变化及各种化学变化,而低温又容易引起某些商品的冻结、沉淀等变化;温度忽高忽低,会影响到商品质量的稳定性。此外,温度适宜时会给微生物和仓虫的生长繁殖创造有利条件,加速商品腐败变质和虫蛀。因此,控制和调节仓储商品的温度是商品养护的重要工作内容之一。

测定气温的仪器种类很多,常见的有普遍温度表、最高温度表和最低温度表、电子温度计等。最高温度可用来测定一定时间内空气的最高温度,这种温度表是一种水银温度表,与普遍温度表的区别在于在它的球部附近的毛细管较为狭窄;最低温度表是一种酒精温度表,可用于测定一定时间内空气的最低温度,它的球部是圆柱形或双叉形的,在温度表毛细管的酒精柱中,有一根深色的玻璃小指标,指标的两端带有小的球形头。

2)空气的湿度

空气的干燥程度称为空气的湿度。空气湿度的改变,能引起商品的含水量、化学成分、外形或体态结构等的变化。湿度下降,将使商品因放出水分而降低含水量,减轻重量。如水果、蔬菜、肥皂等会发生干萎或干缩变形,纸张、皮革制品等失水过多,会发生干裂或脆损。湿度增高,商品含水量和重量相应增加。

如食糖、食盐、化肥、硝酸铵等易溶性商品结块、膨胀或进一步溶化,钢铁制品生锈,纺织品、竹木制品、卷烟等发生霉变或被虫蛀等。湿度适宜,可保持商品的正常含水量、外形或体态结构和重量。因此,在商品养护中,必须掌握各种商品的适宜湿度要求,尽量创造商品适宜的空气湿度。

空气湿度,主要有以下几种指标来衡量:

(1)绝对湿度

绝对湿度是指单位容积的空气里实际所含的水汽量,一般用"g/m^3"来表示。温度对绝对湿度有着直接影响。在通常情况下,温度越高,水汽蒸发得越多,绝对湿度就越大;相反,绝对湿度就越小。

(2)饱和湿度

饱和湿度是表示在一定温度下,单位容积空气中所能容纳的水汽量的最大限度。如果越过这个限度,多余的水蒸气就会凝结,变成水滴,此时的空气湿度称为饱和湿度。

空气的饱和湿度不是固定不变的,它随着温度的变化而变化。温度越高,单位容积空气中能容纳的水蒸气就越多,饱和湿度也就越大。

(3)相对湿度

空气中实际含有的水蒸气量(绝对湿度)距离饱和状态(饱和湿度)程度的百分比叫做相对湿度。也就是说,在一定温度下,绝对湿度占饱和湿度的百分比,其公式为:

$$相对湿度 = \frac{绝对湿度}{饱和湿度} \times 100\%$$

相对湿度越大,表示空气越潮湿;相对湿度越小,表示空气越干燥。空气的绝对湿度、饱和湿度、相对湿度与温度之间有着一定的内在联系,温度如果发生了变化,则各种湿度也随之发生变化。

(4)露点

含有一定量水蒸气(绝对湿度)的空气,当温度下降到一定程度时,所含水蒸气就会达到饱和状态(饱和湿度),并开始液化成水,这种现象叫做结露。水蒸气开始液化成水时的温度叫做"露点温度",简称"露点"。如果温度继续下降到露点以下,空气中超饱和的水蒸气,就会在商品或其包装物表面凝结成水滴,此现象称为"水淞",俗称商品"出汗"。

此外,风与空气中的温湿度有密切关系,也是影响空气温湿度变化的重要因素之一。

空气湿度的测定仪器有干湿球温度表、毛发湿度表等,最常用的是干湿球温度表,另外电子测量湿度的仪器也在逐步普及。

干湿球温度表简称干湿表。该表是用两支同样的温度表平行固定在一个平板式支架上,其中右面温度表的球部用纱布包裹,纱布的另一端浸在水盂内,称为湿球;左面温度表的球部直接接触空气,称为干球。这种温度表的干球用于测定空气温度;湿球用于测定其球部周围的温度。湿球球部所缠的是经常浸湿的纱布,当空气中水汽未达饱和状态时,湿球球部表面水分不断蒸发,蒸发时所吸收的热量需要湿球以降低温度放出的热量来供给,结果湿球温度就低于干球温度。湿球水分蒸发不仅从湿球球部吸收热能,同时也与其周围空气有关,也受风速的影响。根据干湿球指示的度数,按照不同的风速,可利用相对湿度换算表查出空气的相对湿度。

3)库内外温湿度的变化规律

(1)大气温湿度的变化

大气的变化即自然气候的变化。大气的变化规律是:

①温度变化的规律。一天之中日出前气温最低,到午后14:00—15:00气温最高。一年之内最热的月份,内陆一般在7月,沿海出现在8月。最冷的月份,内陆一般在1月,沿海在2月。

②湿度变化的规律。绝对湿度通常随气温升高而增大,随气温降低而减小。但绝对湿度不足以完全说明空气的干湿程度,相对湿度更能正常反映空气的干湿程度。

空气的相对湿度变化和气温正相反,它是随气温的升高而降低,在一日之中,日出前气温最低时相对湿度最大,日出后逐渐降低,到午后14:00—15:00达到最低。在一年之内相对湿度最高的月份一般是7—8月。

普通仓库在温湿度的管理上,要充分利用大气温湿度变化的规律,掌握好通风的时间。

(2)库内温度的变化

仓库内温度变化规律和库外基本上是一致的。但是,库外气温对库内的影响,在时间上需要有个过程,同时会有一定程度的减弱。因此,一般是库内温度变化在时间上滞后于库外,在幅度上小于库外,表现为:夜间库内温度比库外高,白天库内温度比库外低。

库内温度的变化与库房密封性的好坏也有很大的关系,同时库内各部位的

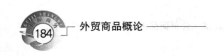

温度也因库内具体情况而有差异,工作中要灵活把握。

4)仓库温、湿度的控制与调节

影响仓储商品质量变化的环境因素有很多,其中影响最广泛最重要的是仓库内的温度和湿度。商品在储存期间发生的霉变、锈蚀、虫蛀、溶化、挥发、燃烧、爆炸等,无不与温度和湿度有直接或间接的关系。因此,商品养护的首要问题,是采用科学的方法控制与调节仓库的温、湿度,使之适合于商品的储存。

不同的商品,它们的性能也不一致,有的怕潮,有的怕干,有的怕热,有的怕冻。各种商品,一般都具有与大气相适应的性能,即按其各自的特性,都要求有一个适宜的温、湿度范围。而库内温、湿度的变化,直接受到库外自然气候变化的影响。因此,要搞好商品养护,不但要熟悉各种商品的特性,还必须了解自然气候变化的规律和气候对不同仓库温、湿度的影响,以便积极采取措施,适当地控制和调节库内温、湿度,创造一个适宜于商品储存的温、湿度条件,以确保商品质量的完好。因此,加强仓库的温、湿度管理,对搞好商品养护具有极为重要的意义。

温、湿度控制与调节的方法很多,常用的主要有密封、通风与吸潮等方法。

(1)密封

密封,就是利用一些导热性差、隔潮性较好而透气率较小的材料把商品尽可能严密地封闭起来,以避免和减弱外界环境的不利影响。密封是仓库温湿度管理的基础措施,可收到防潮、防霉、防溶化、防热、防冻、防干裂、防虫、防锈等方面的效果。密封的形式有许多,主要有整库密封、库内小室密封、货垛密封、货架(柜、橱)密封、按件密封等。

密封材料的选择很重要,通常的标准是:导热系数小;气密性好;吸湿性小;具有一定结构和良好的抗压强度,足以支撑自身重量;体积小;无毒无味,不产生污染;不易燃烧或燃烧后不产生有害气体;价格低廉。

(2)通风

通风就是根据空气自然流动的规律,使库内外的空气进行交换,以调节库内的温、湿度。通风可以达到降温、升温、降湿的目的。

利用通风来降潮(即降低相对湿度)是一个比较复杂的问题,因其涉及库内外的温度、绝对湿度和相对湿度等多个因素。长期的实践表明,在考虑库内不会结露的条件下,在库外绝对湿度和相对湿度比库内低或相等时,就可以不计库内外温度而进行通风;反之,在其他条件下,就不宜通风或通风效果不理想。

（3）吸潮

吸潮是在库房密封条件下，采用吸潮剂或机械设备排除空气中水分，以降低库内的相对湿度的一种措施。仓库常用的吸潮剂有无水氯化钙、硅胶和生石灰等。仓库中使用的吸潮机械主要指空气去湿机。

8.4　储存商品的养护技术

8.4.1　储存商品霉变腐烂的防治技术

1）商品霉变的原理

霉腐是仓储商品的主要质量变化形式，但并非任何商品在任何情况下都能发生霉变。霉腐的产生有 3 个必要条件，缺一不可，它们是：商品受到霉腐微生物污染；商品中含有可供霉腐微生物利用的营养成分（如有机物构成的商品）；商品处在适合霉腐微生物生长繁殖的环境条件下。

微生物体积微小，繁殖迅速，种类繁多，能危害商品的主要是霉菌、酵母菌和细菌。其中霉菌对一些复杂的有机物均有较强的分解能力，因而对商品的危害最多并且最严重，细菌则次之。

微生物生长繁殖所需的营养物质有水、碳水化合物（如糖类、淀物、纤维素、果胶质等）、蛋白质（包括氨基酸等）、脂肪、无机盐（矿物质）、维生素等。凡是含有这些有机成分的商品都称易霉腐商品。

碳水化合物主要存在于粮食类、棉麻类商品以及木材、纸张及其制品中；蛋白质主要存在于肉、蛋、鱼、乳及其制品，天然丝毛及其制品，皮革类、毛皮类商品中；脂肪主要存在于动物内脏、油料作物的种子和种仁、食用油和奶油等商品中。此外，果蔬类、茶叶、烟草、中药材类等都是以碳水化合物为主，多种营养成分并存的商品。

环境条件对商品霉腐的发生发展有重要影响。大多数霉腐微生物属于中温型中湿性，最适生长温度为 25～37 ℃，在相对湿度 75% 以上可以正常发育。霉菌和酵母菌适应弱酸性环境（pH 值为 4～6），细菌多适应弱碱性环境（pH 值 7～8）。霉菌生长繁殖需要有充足的氧气，而细菌和酵母菌则不论在有氧还是无氧的环境中都能生存。

了解霉腐微生物的生长规律和易霉腐商品的特点,对于采取有效措施防治商品霉腐具有指导作用。商品霉腐的预防可以采取加强管理和药物预防相结合的方法,其中温、湿度管理是重要的一环,还可以采用气调防霉腐法、气相防霉法和低温防霉腐法等。

2)引起商品霉变的微生物生长条件

商品的霉变是由于霉腐微生物在商品上进行新陈代谢作用,将商品中的营养物质转变成各种代谢物,引起商品生霉、腐烂、产生异味等质量变化的现象。可分为微生物在商品上生长繁殖破坏了商品和微生物的排泄物污染了商品两种情况。

霉腐微生物的生长需要下列外界环境条件:

①水分和空气湿度。当湿度与霉腐微生物自身的要求相适应时,霉腐微生物就生长繁殖旺盛;反之,则处于休眠状态或死亡。各种霉腐微生物生长繁殖的最适宜相对湿度,因微生物不同略有差异。多数霉菌生长的最低相对湿度为80%~90%。在相对湿度低于75%的条件下,多数霉菌不能正常发育。因而通常把75%这个相对湿度叫做商品霉变的临界湿度。

②温度。霉腐微生物的生长繁殖有一定的温度范围,超过这个范围其生长会滞缓甚至停止或死亡。高温和低温对霉腐微生物生长都有很大的影响。低温对霉腐微生物生命活动有抑制作用,能使其休眠或死亡;高温能破坏菌体细胞的组织和酶的活动,蛋白质发生凝固作用,使其失去生命活动的能力,甚至会很快死亡。霉腐微生物中大多是中温性微生物,其最适宜的生长温度为20~30℃,在10℃以下不易生长,在45℃以上停止生长。

③光线。日光对于多数微生物的生长都有影响,主要是日光中的紫外线能强烈地破坏微生物细胞和酶。多数霉腐微生物日光直射1~4 h即能大部分死亡。

④空气成分。有些微生物特别是霉菌,需要在有氧条件下才能正常生长,二氧化碳浓度的增加不利于微生物生长,甚至导致其死亡。也有一些微生物是厌氧型的,它们不能在有氧气或氧气充足的条件下生存。通风可以防止部分商品霉腐,主要是防止厌氧微生物引起的霉腐。

3)常见的易霉变的商品

霉腐微生物的生长需要一定的条件,由于商品本身的特点,有些商品比较容易构成这些条件,有些商品很难构成这些条件,前者容易霉腐,后者则不容易

发生霉腐。一般来说,含糖、蛋白质、脂肪等有机物质的商品当养护不当时最易霉变。常见易发生霉变的商品如下:

①食品类。食品类商品中容易发生霉变的有糖果、糕点、饼干、罐头、饮料、酱醋和香烟等。这些商品的原料、再制品、半制品和成品都易沾染微生物而发生霉变。此外,食品包装材料和商标纸发霉的情况也并不少见。这不仅影响产品的外观,也影响其内在质量。

②纺织原料及其制品。棉、毛、麻、丝等天然纤维及其制品,在一定的温湿度条件下,很容易生霉。化纤织品也会长霉腐微生物,属于可以发生霉变的商品。

③纸张及其制品。各种纸、纸板及其制品含有大量的纤维素,能够被微生物利用,当温度和湿度适宜时极易发生霉变。

④橡胶和塑料制品。橡胶内含有微生物可以利用的营养成分,同时无论橡胶还是塑料制品,在加工过程中都加入了一些添加剂。其中有些容易被霉腐微生物危害,造成制品霉变。

⑤日用化学商品。在日用化学品中,最易发生微生物灾害的是化妆品。由于其配料不少是甘油、十八醇、单硬脂酸甘油酯、白油及水等,实际成了许多微生物的良好培养基,是一类很容易发生霉变的商品。

⑥皮革及其制品。皮革是由蛋白质组成的,表面修饰时又添加了一些微生物可利用的营养成分,一旦温湿度适宜,微生物就会在上面繁殖,从而对皮革及其制品产生严重的破坏作用,因此,在春、夏季节特别是黄梅时节,容易长霉。

⑦工艺美术品。工艺品的种类繁多,所涉及的原料很广,如:竹制品、木制品、草制品、麻制品等。这些原料制造的工艺品在运输、储藏过程中都可能发生霉变。

此外,一些文娱和体育用品、光学仪器、电子、电器产品、录音带、录像带、感光胶片、药品等,在适宜的温湿度条件下也容易发生霉变。

4)商品霉变的防治方法

(1)加强库存商品的管理

①加强入库验收。易霉商品入库,首先应检验其包装是否潮湿,商品的含水量是否超过安全水分。

②加强仓库温湿度管理。根据商品的不同性能,正确地运用密封、吸潮及通风相结合的方法,控制好库内温湿度。特别是在梅雨季节,要将相对湿度控制在不适宜霉菌生长的范围内。

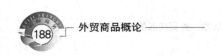

③选择合理的储存场所。易霉商品应尽量安排在空气流通、光线较强、比较干燥的库房,并应避免与含水量大的商品同储在一起。

④合理堆码,下垫隔潮。商品堆垛不应靠墙靠柱。

⑤商品进行密封。

⑥做好日常的清洁卫生。

（2）化学药剂防霉

防霉最主要的方法是使用防霉剂,防霉剂能使微生物菌体蛋白凝固、沉淀、变性;或破坏酶系统,使酶失去活性,影响细胞呼吸和代谢;或改变细胞膜的通透性,使细胞破裂、解体。防霉剂低浓度能抑制霉腐微生物,高浓度就会使其死亡。

有实际应用价值的防霉剂需具有以下特点:低毒、广谱、高效、长效、使用方便和价格低廉;适应商品加工条件,应用环境与商品其他成分有良好相溶性,不降低商品性能,在储存、运输中稳定性好等。

防霉剂的使用方法主要有:

①添加法,将一定比例的药剂直接加入到材料或制品中去;

②浸渍法,将制品在一定温度和一定浓度的防霉剂溶液中浸渍一定时间后晾干;

③涂布法,将一定浓度的防霉剂溶液用刷子等工具涂布在制品表面;

④喷雾法,将一定浓度的防霉剂溶液用喷雾器均匀地喷洒在材料或制品表面;

⑤熏蒸法,将挥发性防霉剂的粉末或片剂量置于密封包装内,通过防霉剂的挥发成分防止商品生霉。

（3）商品防霉的其他方法

①气调储藏防霉。在密封条件,通过改变空气成分,主要是创造低氧（5%以下）环境,抑制微生物的生命活动和生物性商品的呼吸强度。

②紫外线防霉。目前应用的紫外线灯辐射253.8 mμm 紫外线,灭菌作用强而稳定。但紫外线穿透力弱,易被固形物吸收,使用范围受到限制。

③微波防霉。微生物吸收微波后亦引起温度升高,使蛋白质凝固,菌体成分破坏,水分汽化排出,促使菌体迅速死亡。

④红外线凝固。微生物吸收红外线,使细胞内温度迅速上升,造成蛋白质凝固、核酸被破坏、菌体内水分汽化脱水而死亡。

⑤低温储藏防霉。低温对微生物具有抑制作用,用冷库储藏可防止霉变。

⑥干燥防霉。对已经发生霉变但可以救治的商品,应立即采取措施,以免霉变继续发展,造成更加严重的损失。根据商品性质可选用晾晒、加热消毒、烘烤等办法。

5) 食品防腐保鲜的方法

(1) 低温储藏

食品低温储藏,即降低食品的温度,并维持低温或冻结状态,以便阻止或延缓食品的腐败变质,从而达到较长时期地保藏食品的目的。

食品低温储藏。食品的变质腐败主要是由于食品内酶所进行的生化过程(例如新鲜果蔬的呼吸过程)和微生物生命活动所引起的破坏作用所致。而酶的作用、微生物的繁殖以及食品内所进行的化学反应速度都受到温度的影响。大多数酶的适宜活动温度为 30 ~ 40 ℃,温度下降,酶的活性就会被削弱,将温度维持在 −18 ℃以下,酶的活性就会受到很大程度的抑制。同时任何微生物也都有其正常生长和繁殖的温度范围,温度愈低,它们的活动能力也愈弱。0 ℃时微生物的繁殖速度与室温时相比已非常缓慢,短期储藏食品的温度通常在 0 ℃左右。−10 ~ −7 ℃时只有少数霉菌尚能生长,而所有细菌和酵母几乎都停止了生长,故 −12 ~ −10 ℃就作为食品较长期储藏的安全储温。

食品的冻藏。冻藏是先将食品在低温下冻结,然后在保持冻结状态的温度下储藏的方法。冻藏是易腐食品长期储藏的主要方法。食品的冻结方法可分为缓冻和速冻两种。

所谓缓冻,是指将食品放于冻结室内(室温一般为 −40 ~ −18 ℃,通常为 −29 ~ −23 ℃)进行冻结的方法。常在缓冻室内冻结的食品有牛肉、猪肉、箱装家禽、盘装整条鱼、大容器或桶装水果。这是比较古老的方法,也是费用最低、速度较慢的冻结方法。

所谓速冻,是指在 −30 ℃或更低的温度下冻结,使食品在较短时间内通过最大冰晶生成带(从 −1 ℃降到 −5 ℃)的冻结方法。

冻结易腐食品的储藏,应尽可能阻止食品中的各种变化,以达到长期保藏食品的目的。冻结食品的储藏工艺条件主要是温度,其次是空气相对湿度和空气流速。

(2) 干藏

食品脱水干制,是为了能在室温条件下长期保藏,以便延长食品的供应季节,平衡产销高峰,交流各地特产,储备供救急救灾和战备用的物资。食品脱水

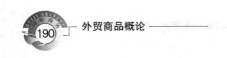

后,重量减轻,容积缩小。最常见的干制方法有滚筒干制、喷雾干制、隧道式干制等。以上这些均属人工干制法,它们都需要专用的干燥设备。此外还有自然干制法,即晒干、风干和阴干等。

（3）化学防腐保鲜

食品的化学保藏就是在食品的生产和储运过程中使用化学制品（化学添加剂或食品添加剂）来提高食品的耐藏性和尽量保持其原有品质的措施。其优点是:只需在食品中添加化学制品如化学防腐剂、生物代谢物或抗氧剂等,就能在室温下延缓食品的腐败变质,与罐藏、冷冻保藏、干藏等相比具有简便而又经济的特点。食品采用化学保藏所用的防腐剂或添加剂必须对人体无毒害。这些化学制剂可分为抗菌剂和生物代谢产物。用于易腐食品处理的化学制剂主要有:

①二氧化硫。二氧化硫是强力的还原剂,可以减少植物组织中氧的含量,抑制氧化酶和微生物的活动,从而能阻止食品变质变色和维生素 C 的损耗。

②山梨酸及其钾盐。山梨酸及其钾盐能有效地控制肉类中常见的霉菌,作为防腐剂可用于鱼肉制品、鱼贝干制品、果酱及甜酸渍制品,也可用于新鲜果蔬的储前处理。

③苯甲酸和苯甲酸钠。苯甲酸和苯甲酸钠是有效的杀菌防腐剂,常用于保藏高酸性果汁、果酱、饮料糖浆及其他酸性食品,并常和低温配合使用。以其处理后的食品如与冷藏相结合,则食品的储藏期将大为延长。

④抗菌素。某些微生物在新陈代谢中能产生一种对其他微生物有杀菌作用的物质,称为抗菌素。例如金霉素、氯霉素和土霉素、枯草菌素、乳酸链球菌素等,其抗菌效能为普通化学防腐剂的 100 ~ 1 000 倍,但其抗菌效能是有选择性的。抗菌素可通过浸泡法、喷洒法、抗菌素保藏法,以及家畜饲养法或注射法应用于食品保藏。

⑤植物杀菌素。它是各种植物中所含有的抗菌物质。杀菌素只能取自新鲜的植物,当它们从刚被破碎和磨碎的植物中取得时其杀菌作用最强。目前已经研究过芥菜籽（油）、辣根及生姜汁等用于食品的防腐保鲜。

此外,为了延缓或阻止氧气所导致的氧化作用,食品保鲜还常添加一些抗氧剂。目前常见的抗氧剂主要用于防止食品异味和褐变。

（4）气调保藏

果蔬在储藏期间的呼吸作用是使果蔬衰老、品质下降的一个主要原因。近年来,气调储藏技术得到了广泛重视。气调储藏通过改变库内气体成分的含量,利用比正常空气的氧含量低、二氧化碳和氮的含量高的气体环境,配合适宜的温度,来显著地抑制果蔬的呼吸作用和延缓变软、变质及其他衰老过程,从而延长果蔬的储藏期限,减少干耗和腐烂,保持鲜活质量。气调方法主要有:

①自发或自然气调法。将果蔬储于一个密封的库房或容器内,由于果蔬本身的呼吸作用不断消耗库房和容器内的氧而放出二氧化碳,因此在一定时间后,氧逐渐减少,二氧化碳逐渐增加,当这两者达到一定的比例时,即会造成一个抑制果蔬本身呼吸作用的气体环境,从而达到果蔬储藏期的目的。

②人工气调法。人为地使封闭的空间内的氧迅速降低,二氧化碳升高,几分钟至几小时内就进入稳定期。人工气调法有:充氮法,封闭后抽出储藏室内大部分空气,充入氮,由氮稀释剩余空气中的氧,使其浓度达到所规定的指标,有时充入适量二氧化碳也可使之立即达到要求的浓度;气流法,把预先由人工按要求的指标配制好的气体输入专用的储藏室,以代替其中的全部空气,在以后的整个储藏期间,始终连续不断地排出部分内部气体充入人工配制的气体,使内部气体组成稳定在规定的指标范围内。

③混合法或半自然降氧法。实践表明,采用加速降氧法(即充氮法)把氧含量从21%降到10%比较容易,而从10%降到5%就要耗费较前者约多两倍的氮气。为了降低成本,可开始先充氮,把氧迅速降到10%左右,然后依靠果蔬本身的呼吸作用来消耗氧气,直至降到规定的空气组成指标范围后,再根据气体成分的变化来调节控制。

(5)减压储藏

减压储藏是气调冷藏的进一步发展,它把储藏场所的气压降低,造成一定的真空度。其原理是,通过降低气压,使空气中各种气体组分的分压都相应地降低,创造出一个低氧分压的条件,从而起到类似气调储藏的作用。

减压储藏库的气密性要求比气调储藏库更高,否则达不到减压的目的,这样将使减压储藏库的造价提高。虽然当前生产上还未普及应用,但由于它能克服气调储藏中的许多缺点,因此,仍为果蔬储藏中的一种先进而理想的方式。

(6)辐射保藏

食品辐射保藏就是利用射线的辐射能量,对新鲜肉类及其制品、水产品及其制品、蛋及其制品、粮食、水果、蔬菜、调味料,以及其他加工产品进行杀菌、杀虫、抑制发芽、延迟后熟等处理,使其在一定期限内不发芽、不腐败变质、不发生品质和风味的变化,以增加食品的供应量和延长保藏期,从而可以最大限度地减少食品的损失。

辐射保藏食品与其他保藏方法相比有其独特的优点:和化学药物保藏法相比,它无化学残留物质;和加热处理法相比,它能较好地保持食品的原有新鲜品质;和食品冷冻保藏法相比,能节约能源。因此,辐射是较好的保藏食品的物理方法之一。但是辐射的方法不完全适用于所有的食品,要有选择的应用。

(7)电子保鲜储藏

近年,国内应用电子技术对果品、蔬菜进行保鲜储藏已得到应用,国内也正在进行研究。电子保鲜储藏器,就是运用高压放电,在储存果品、蔬菜等食品的空间产生一定浓度的臭氧和空气负离子,使果品、蔬菜生命活体的酶钝化,从而降低果品的呼吸强度。

电子保鲜储藏器,从分子生物学角度看,果品、蔬菜可看成是一种生物蓄电池,当受到带电离子的空气作用时,果品、蔬菜中的电荷就会起到中和的作用,使生理活动出现似假死现象,呼吸强度因此而减慢,有机物消耗也相对减少,从而达到储藏保鲜的目的。

8.4.2 金属商品的锈蚀防治技术

金属锈蚀,是指金属受到周围介质的化学作用或电化学作用而被损坏的现象。

1)金属制品锈蚀的原因

从金属锈蚀的类型区别,金属的锈蚀有的属于化学锈蚀,有的则属于电化学锈蚀。就金属锈蚀的原因分析,既有金属本身的因素,也有大气中的各种因素的影响。

①金属材料本身的原因。金属材料在组织、成分、物理状态等方面存在着各种各样的不均匀性和热、冷加工而产生的不均匀性,从而引起电极电位不均匀而加速锈蚀。

②大气中的因素。金属制品锈蚀与外界因素有直接关系,如受温度、湿度、氧、有害气体、商品包装、灰尘等的影响。

2)金属制品的防锈

金属制品的防锈,主要是针对影响金属锈蚀的外界因素进行的。

①控制和改善储存条件。金属商品储存的露天货场要尽可能远离工矿区,特别是化工厂,应选择地势高、不积水、干燥的场地。较精密的五金工具、零件

等金属商品必须在库房内储存,并禁止与化工商品或含水量较高的商品同库储存。

②涂油防锈。在金属制品表面涂(或浸或喷)一层防锈油脂薄膜。防锈油分为软膜防锈油和硬膜防锈油两种。

③气相防锈。一些具有挥发性的化学药品在常温下会迅速挥发,并使空间饱和,这些挥发出来的气体物质吸附在商品表面,可以防止或延缓商品的锈蚀。

8.4.3 储存商品的虫害防治技术

1)仓库内害虫的来源

仓库内害虫的来源有以下几种:

①商品入库前已有害虫潜伏在商品之中,随商品一起进入仓库;

②商品包装物中有害虫隐藏;

③运输工具的带入;

④仓库内本身隐藏有害虫;

⑤环境卫生不清洁,有害虫的孳生;

⑥邻近仓库间或邻近货垛储存的生虫商品的感染;

⑦农业害虫的侵入。

2)常见的易虫蛀商品

容易虫蛀的商品,主要是一些由营养成分含量较高的动植物原料加工制成的商品,主要有:

①纺织品,特别是毛丝织品。

②毛皮、皮制品,包括皮革及其制品、毛皮及其制品等。

③竹藤制品。

④纸张及纸制品,包括纸张及其制品和很多商品的纸制包装物。

⑤木材及其制品。

3)仓库害虫的防治

商品中发生虫害如不及时采取措施进行杀灭,常会造成严重损失。防治仓库害虫的措施,主要从4个方面着手,即杜绝仓库害虫的来源;改变害虫的生存环境;提高商品的抵御能力;直接杀灭害虫。具体防治方法是多种多样的,如物理防治法、化学防治法、生物防治法等。其中化学防治是利用有毒的化学药剂直接或间接毒杀害虫的方法。仓库害虫防治的方法主要有：

①杜绝仓库害虫来源。要杜绝仓库害虫的来源和传播，必须做好以下几点：A. 商品原材料、商品包装物的杀虫、防虫处理；B. 入库商品的虫害检查和处理；C. 仓库的环境卫生及备品用具的卫生消毒。

②化学防治法。使用各种化学杀虫剂，通过胃毒、触杀或熏蒸等作用杀灭害虫，是当前防治仓库害虫的主要措施。化学药剂进入虫体的途径有 3 种，分别是自体壁（表皮）进入；自口器进入；自气门进入。相应的杀虫剂分别称做触杀剂、胃毒剂、熏蒸剂。目前仓库中主要应用熏蒸剂（如溴甲烷、磷化铝）杀虫。常用的防虫、杀虫药剂有以下几种：A. 驱避剂。驱避剂的驱虫作用是利用易挥发并具有特殊气味和毒性的固体药物，使挥发出来的气体在商品周围经常保持一定的浓度，从而达到驱避害虫的目的。B. 化学药剂杀虫。主要通过触杀、胃毒作用杀灭害虫。触杀剂和胃毒剂很多，常用于仓库及环境消毒的有敌敌畏、敌百虫等。C. 熏蒸剂。杀虫剂的蒸气通过害虫的气门及气管进入体内，而引起中毒死亡，叫熏蒸作用。具有熏蒸作用的杀虫剂称熏蒸剂。用熏蒸的方法杀虫有成本低、效率高等优点。

③仓库害虫的防治方法，除了药物防治外，还有高、低温杀虫，缺氧防治，辐射防治以及各种合成激素杀虫等。

4）几种主要仓库害虫的防治

（1）老鼠的防治

老鼠属啮齿目鼠科动物，对人类危害很大，它直接损害粮食及其他库存商品，破坏商品包装，并传播病菌。防鼠主要采取切断鼠路、堵塞鼠洞、断绝水源食源、减少可以使它隐蔽的场所等方法。捕鼠一般采用有效器械诱杀。灭鼠主要使用化学毒药如磷化锌、敌鼠钠盐等配制毒饵进行诱杀。

（2）白蚁的防治

白蚁属等翅目昆虫，在热带、亚热带地区危害尤为严重。白蚁主要靠至蚀木竹材、分解纤维素作为营养来源，也能至蚀棉、麻、丝、毛及其织品，皮革及其制品，以及塑料、橡胶、化纤等高聚物商品，对仓库建筑、货架、商品包装材料等都有危害，因此有"无牙老虎"之称。

影响白蚁生存的环境条件是气温、水分和食料。预防白蚁，应根据其生活习性，阻断传播入库途径。灭治白蚁，主要采用药杀法、诱杀法、挖巢法等措施。

8.4.4　储存商品的老化防治技术

塑料、橡胶、纤维等高分子材料的商品,在储存和使用过程中性能逐渐变坏,以致最后丧失使用价值的现象称为"老化"。老化是一种不可逆的变化,它的特征是商品外观、物理性能、机械性能、电性能、分子结构等方面发生变化。

1)商品老化的内在因素

影响高分子商品老化的主要因素有:

①高分子材料老化的主要原因是材料内部结构存在着易于引起老化的弱点。高分子化合物又称"大分子化合物"、"高聚物",是由许多结构相同的单元组成,分子量高达数千乃至数百万以上的有机化合物。以这种化合物为主要成分的商品称为高分子商品,如塑料、橡胶、合成纤维等。高分子商品在储存和使用过程中出现发粘、变硬、脆裂、失光、变色等现象以及丧失其应有的物理和力学性能的现象称为老化。导致高分子商品老化的外界环境因素主要是光(特别是紫外光)、氧、热、水和溶剂、外力、生物等。延缓高分子商品的老化,应尽量避免其与不良环境因素的接触,如采取遮光、控氧、防热、防冻、防机械损伤、防虫霉、防腐蚀等措施。

②其他组分对老化有加速作用。塑料中的增塑剂会缓慢挥发或促使霉菌滋生,着色剂会产生迁移性色变,硫化剂用量增多会产生多硫交联结构,降低橡胶制品的耐氧化能力等。

③杂质对老化的影响。杂质是指含量虽然很少,但对制品耐老化性能有较大影响的有害成分。其来源是单体制造、聚合时带入的,或配合剂带入的。

④成型加工条件对老化的影响。加工时由于温度等的影响,使材料结构发生变化,影响商品的耐老化性能。

2)商品老化的外部因素

影响高分子商品老化的外部环境因素也很多,主要有:温度及其变化、阳光(主要是光线中的紫外线)、空气中的氧气(特别是臭氧)等。此外,水分和湿度、昆虫的排泄物等也对商品的老化有加速作用。

3)商品防老化方法

根据影响商品老化的内外因素不同,高分子商品的防老化可以采用以下一

些方法:

①材料改性,提高商品本身的耐老化性能。材料改性的方法很多,应用较多的有:共聚、减少不稳定结构、交联、共混和改进成型加工工艺以及后处理等。

②物理防护。抑制或减少光、氧等外因对商品影响的方法有:涂漆、涂胶、涂塑料、涂金属、涂蜡、涂布防老剂溶液等。

③添加防老剂。能够抑制光、热、氧、臭氧、重金属离子等对商品老化作用的物质称防老剂。在制品中添加防老剂,是当前国内外防老化的主要途径。防老剂的种类主要有:抗氧剂、紫外线吸收剂、热稳定剂。

此外,加强管理、严格控制仓储条件,也是商品防老化的有效方法。

本章小结

外贸商品储存是包含外贸商品库存和外贸商品储备在内的一种广泛的经济现象,是完成商品外贸活动的必备条件。

储存分为以下6种类型:周期储存、在途储存、安全储存(或缓冲储存)、投资储存、季节性的储存、闲置储存。

库存管理主要应做好仓库的温湿度管理和储存商品的养护。温、湿度控制与调节的方法很多,常用的主要有密封、通风与吸潮等方法。储存商品的养护主要要做好防霉、防腐、防锈、防虫、防鼠、防老化等。

习　题

一、名词解释

1. 储存;2. 仓库;3. 温度;4. 湿度;5. 质变;6. 锈蚀;7. 老化;8. 养护

二、填空

1. 库存指的是仓库中处于_____的物资。这里要明确两点:其一,物资所停滞的位置,不是在_____上,不是在_____里,也不是在非仓库中的任何位置,如汽车站、火车站等类型的流通结点上,而是在_____中;其二,物资的停滞状态可能由任何原因引起,而不一定是某种特殊的停滞。这些原因大体有:①_____的各种形态的储备;②_____的各种形态的超储;③_____的积压。

2. 外贸商品储存的原则:_____、_____、_____、_____、_____、_____

_____、_____。

3.商品储存过程中损耗的主要原因是物理机械变化和生物学变化。所谓物理变化是指商品仅改变其本身的外部形态,如_____、_____、_____"三态"之间发生的变化。

4.空气中实际含有的_____(绝对湿度)距离_____(饱和湿度)程度的百分比叫做相对湿度。也就是说,在一定温度下,_____占_____的百分比。

5.库存的形态主要包括:_____、_____、_____、_____等四大类。

6.一天之中日出前气温最低,到午后_____时气温最高。一年之内最热的月份,内陆一般在_____月,沿海出现在_____月。最冷的月份,内陆一般在_____月,沿海在_____月。

7.霉腐的产生有3个必要条件,缺一不可。它们是:_____;_____;_____。

8.商品的吸湿过程是商品____和____水分达到一定条件下____的过程,然而如果外界的____和____发生改变,可引起吸湿平衡的移动。

9.大多数霉腐微生物属于中温型中湿性,最适生长温度为_____℃,在相对湿度_____以上可以正常发育。霉菌和酵母菌适应弱酸性环境(pH值为_____),细菌多适应弱碱性环境(pH值为_____)。霉菌生长繁殖需要有充足的氧气,而细菌和酵母菌则不论在有氧还是无氧的环境中都能生存。

10.影响高分子商品老化的外部环境因素也很多,主要有:_____及其变化、_____(主要是光线中的紫外线)、空气中的_____(特别是_____)等。此外,水分和湿度、昆虫的排泄物等也对商品的老化有加速作用。

思考题

1.仓库的种类有哪些?
2.商品储存的作用是什么?
3.商品的老化防治方法有哪些?
4.商品的虫害防治原则是什么?
5.商品质变的原因有哪些?

实　训

1. 在实际工作中,如何利用呼吸作用来进行水果、蔬菜的储存保鲜?
2. 讨论怎样控制和调节仓库的温湿度?
3. 分析做好商品的入库工作,应从哪些方面着手?
4. 深入一个仓库,调查一下在库商品的变质情况,分析其具体原因。
5. 选择几种商品,试分析它们在储存期的质量维护。
6. 分析高分子材料老化的定义、现象、原因及防治措施。

案例分析

1) 目的

为确保在库产品质量稳定,防止变质失效,避免财产受损,并保证出库产品安全、有效,特制定本制度。

2) 适用范围

适用于整个公司的仓库的管理。

3) 职责

①质量控制组长是本制度的监督检查管理者;
②仓储管理员是本制度的具体实施者。

4) 主要内容

(1) 产品的验收入库

①产品的验收主要有两个方面:
一是品种、规格、数量的验收,要做到实物与发票、运单及合同和计划规定相符;
二是质量的验收,要查明货物是否符合合同规定的质量标准,可由仓管员单独负责或与质检人员联合负责进行验证,合格的才能点收入库,或送到分厂使用。

②只有当以上的要求验收无误后,才能办理入库登账立卡等手续,否则如发现单据中的品种、规格、数量、质量不符合规定要求的,应报告质控部及时解决。

(2)产品的保管养护

①产品堆放整齐、"五距"合理,仓位应配备底垫,防止产品受潮。具体保管要求如下:

A. 由于本公司的仓库较大,因此,采取按垛密封与吸潮剂吸潮两种方式结合储存饲料,密封前确保饲料无霉虫感染,含水量在安全限度以内,并根据垛的大小安放吸潮剂(硅胶、分子筛和氯化钙等)。

B. 安装排风扇和送风扇为仓库通风,适当时进行,通风的时机:

a. 库存温度、相对湿度、绝对湿度均大于库外时;

b. 库内温度小于或等于库外,相对湿度、绝对湿度大于库外时;

c. 库内温度小于或等于库外,绝对湿度等于或接近库外时。

注:

饱和湿度——一定体积中,空气所能容纳的水蒸气量是有限度的,当容纳的水蒸气达到最大限度饱和状态时,这时的空气湿度叫饱和湿度,用 E 表示。

绝对湿度——空气中实际含有的水蒸气重量称为绝对湿度,用 $e(g/m^3)$ 表示。

相对湿度——空气中实际含有的水蒸气重量 e 与饱和湿度 E 的百分比称为相对湿度,用 f 或 RH 表示。

②做好库房的安全及分类储存工作:产品实行分类摆放,即原材料和成品分开;品名和外包装容易混淆的品种分区存放;合格品和不合格品分区存放;工具和产品分开存放;待验品、退货产品要与合格品和不合格品分区存放。

③对报废、待处理及有问题的产品,必须与正常产品分开,专区存放,及时处理,并建立不合格品台账,防止错发或重复报损,造成货、账混乱等严重后果。

④仓管人员要坚持每半月进行一次产品巡检,如果产品品种、数量或规格型号较多,也可采取每月按"二二制"进行循检(即每半月检查1/2),发现问题,及时与上级主管部门联系处理。

(3)产品的发放出库

①根据生产作业计划和物资消耗额或销售量签发《出库单》。

②仓库严格按《出库单》所列的品种、规格、数量、质量要求供料。

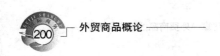
③对超定额要求补发的,必须经过规定的审批手续才能补发。

④由于计划变更调整或节约用料而产生多余物资时,要坚持退库和核销制度。

⑤发货员接到发货单后,按先进先出、近期先出、易变先出和按批号发货的原则发货。

分析

以上文件为 AAA 饲料公司所制定的仓库管理规定,请你说明该制度控制哪些方面,还需要什么方面的改进,如何改进?

第9章
外贸商品检验

【本章导读】

本章作为外贸商品检验理论的初步了解,主要介绍外贸商品检验的概念与种类、内容、形式、工作程序,抽样的概念、原则和方法,外贸商品检验的基本方法,包括感官检验法、理化检验法、生物学检验法、实际试用观察法的介绍,外贸商品的品级及方法。

9.1 外贸商品检验概述

9.1.1 外贸商品检验的概念与种类

1）外贸商品检验的概念

商品检验是指根据商品标准规定的各项指标,运用一定的检验方法和技术,综合评定商品质量优劣、确定商品品级的活动。因此,又称为商品质量检验。

商品检验对生产企业、商业部门、质量监督部门以及消费者,都是一项重要工作。商品检验是保证商品质量、提高商业经营管理水平的一项重要内容。生产企业通过对生产各环节的商品质量检验来保证产品质量,促进产品质量不断提高;商品流通部门在流通各环节进行商品检验,及时防止假冒伪劣商品进入流通领域,以减少经济损失,维护消费者利益;质量监督部门通过商品检验,实施商品质量监督,向社会传递准确的商品质量信息,促进我国市场经济的发展。

2）外贸商品检验的种类

（1）按检验目的的不同,通常可分为生产检验、验收检验和第三方检验等3种

①生产检验。又称第一方检验、卖方检验,是由生产企业或其主管部门自行设立的检验机构,对所属企业进行原材料、半成品和成品产品的自检活动。目的是及时发现不合格产品,保证质量,维护企业信誉。经检验合格的商品应有"检验合格证"标志。

②验收检验。又称第二方检验,买方检验,是由商品的买方为了维护自身及其顾客利益,保证所购商品符合标准或合同要求所进行的检验活动。目的是及时发现问题,反馈质量信息,促使卖方纠正或改进商品质量。在实践中,商业或外贸企业还常派"驻厂员",对商品质量形成的全过程进行监控,对发现的问题,及时要求产方解决。

③第三方检验。又称公正检验、法定检验,是由处于买卖利益之外的第三方(如专职监督检验机构),以公正、权威的非当事人身份,根据有关法律、标准或合同所进行的商品检验活动,如公证鉴定、仲裁检验、国家质量监督检验等。

目的是维护各方面合法权益和国家权益,协调矛盾,促使商品交换活动的正常进行。

（2）按接受检验商品的数量不同,可分为全数检验、抽样检验和免于检验

①全数检验。又称全额检验、百分之百检验,是对整批商品逐个（件）地进行的检验。其特点是能提供较多的质量信息,给人一种心理上的放心感。缺点是由于检验量大,其费用高,易造成检验人员疲劳而导致漏检或错检。

②抽样检验。抽样检验是按照已确定的抽样方案,从整批商品中随机抽取少量商品用做逐一测试的样品,并依据测试结果去推断整批商品质量合格与否的检验。它具有占用人力、物力和时间少的优点,具有一定的科学性和准确性,是比较经济的检验方式。但检验结果相对于整批商品实际质量水平,总会有一定误差。

③免于检验。即对于生产技术水平高和检验条件好、质量管理严格、成品质量长期稳定的企业生产出来的商品,在企业自检合格后,商业和外贸部门可以直接收货,免于检验。

（3）按商品内、外销售情况,有内销商品检验和进出口商品检验两种

①工厂签证,商业免检。工厂生产出来的产品,经工厂检验部门检验签证后,销售企业可以直接进货,免于检验程序。该形式多适用于生产技术条件好,工厂检测手段完善、产品质量管理制度健全的生产企业。

②商业监检,凭工厂签证收货。商品监检是指销售企业的检验人员对工厂生产的半成品、成品及包装,甚至原材料等,在工厂生产全过程中进行监督检验,销售企业可凭工厂检验签证验收。该形式适用于比较高档的商品质量检验。

③工厂签证交货,商业定期不定期抽验。对于某些工厂生产的质量稳定的产品、质量信得过的产品或优质产品,一般是工厂签证后便可交货,但为确保商品质量,销售企业可采取定期不定期抽验的方法。

④商业批检。商业批检是指销售企业对厂方的每批产品都进行检验,否则不予收货。此种检验形式适用于质量不稳定的产品。

⑤行业会检。对于多个厂家生产同一种产品,在同行业中由工商联合组织行业会检。一般是联合组成产品质量评比小组,定期或不定期地对行业产品进行检验。

⑥库存商品检验。仓储部门对储存期内易发生质量变化的商品所进行的定期检验,目的是及时掌握库存商品的质量变化状况,达到安全储存目的。

⑦法定检验。法定检验是根据国家法令规定,对指定的重要进出口商品执行强制性检验。其方法是根据买卖双方签订的经济合同或标准进行检验,对合格商品签发检验证书,作为海关放行凭证;未经检验或检验不合格的商品,不准出口或进口。

⑧公正检验。公正检验是不带强制性的、完全根据对外贸易关系人的申请,接受办理的各项鉴定业务检验。商品检验机构以非当事人的身份和科学公正的态度,通过各种手段,来检验与鉴定各种进出口商品是否符合贸易双方签订的合同要求或国际上有关规定,得出检验与鉴定结果、结论,或是提供有关数据,以便签发证书或其他有关证明等。

⑨委托业务检验。委托业务检验是我国商检机构与其他国家商检机构,开展相互委托检验业务和鉴定工作。目前,各国质量认证机构实行相互认证,大大方便了进出口贸易。

9.1.2 外贸商品检验的内容

1)包装检验

包装检验是根据购销合同、标准和其他有关规定,对进出口商品或内销商品的外包装和内包装以及包装标志进行检验。包装检验首先核对外包装上的商品包装标志(标记、号码等)是否与有关标准的规定或贸易合同相符。对进口商品主要检验外包装是否完好无损,包装材料、包装方式和衬垫物等是否符合合同规定要求。对外包装破损的商品,要另外进行验残,查明货损责任方以及货损程度。对发生残损的商品要检查其是否由于包装不良所引起。对出口商品的包装检验,除包装材料和包装方法必须符合外贸合同、标准规定外,还应检验商品内外包装是否牢固、完整、干燥、清洁,是否适于长途运输和保护商品质量、数量的要求。

2)品质检验

品质检验亦称质量检验。运用各种检验手段,包括感官检验、化学检验、仪器分析、物理测试、微生物学检验等,对商品的品质、规格、等级等进行检验,确定其是否符合贸易合同(包括成交样品)、标准等规定。

品质检验的范围很广,大体上包括外观质量检验与内在质量检验两个方面:外观质量检验主要是对商品的外形、结构、花样、色泽、气味、触感、疵点、表面加工质量、表面缺陷等的检验;内在质量检验一般指有效成分的种类、含量、有害物质的限量、商品的化学成分、物理性能、机械性能、工艺质量、使用效果等的检验。

3)卫生检验

卫生检验主要是根据《中华人民共和国食品卫生法》、《化妆品卫生监督条例》、《中华人民共和国药品管理法》等法规,对食品、药品、食品包装材料、化妆品、玩具、纺织品、日用器皿等进行的卫生检验,检验其是否符合卫生条件,以保障人民健康和维护国家信誉。如《食品卫生法》规定:食品、食品添加剂、食品容器、包装材料和食品用工具及设备,必须符合国家卫生标准和卫生管理办法的规定。进口食品应当提供输出国(地区)所使用的农药、添加剂、熏蒸剂等有关资料和检验报告。海关凭国家卫生监督检验机构的证书放行等。

4)安全性能检验

安全性能检验是根据国家规定、标准(对进出口产品,应根据外贸合同以及进口国的法令要求),对商品有关安全性能方面的项目进行的检验,如易燃、易爆、易触电、易受毒害、易受伤害等,以保证生产、使用和生命财产的安全。目前,除进出口船舶及主要船用设备材料和锅炉及压力容器的安全监督检验,根据国家规定由国家有关专业部门负责监督检查外,其他进出口商品涉及安全性能方面的项目,由出入境检验检疫机构根据外贸合同规定和国内外的有关规定和要求进行,以维护人身安全和确保财产免遭侵害。

5)数量和重量检验

商品的数量和重量是贸易双方成交商品的基本计量计价单位,是结算的依据,直接关系到双方的经济利益,也是贸易中最敏感而且容易引起争议的因素之一。商品的数量和重量检验包括商品的个数、件数、长度、面积、体积、容积、重量等。

9.1.3 外贸商品检验的形式

检验在国际货物买卖的过程中是指对卖方交付或拟予交付的合同货物进行品质、数量和包装鉴定,对某些商品,还包括根据一国法律或政府法令的要求进行的卫生检验和动植物病虫害检疫。外贸商品检验的形式依据检验时间和

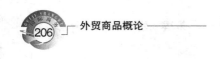

地点可有以下形式：

1）在出口国检验

在出口国检验，又称为装船前或装船时检验。它又可分为：

①工厂检验。由工厂的检验单位或买方的验收人员在货物出厂前进行检验或验收。在这种条件下，卖方只承担货物在离厂前的责任，运输途中的品质、数量变化的风险，概由买方负担。这对卖方是最为有利的一种选择。

②装船前或装船时检验。这是指出口货物在装船前交由双方约定的机构或人员进行检验，商品的品质、数量以当时的检验结果为准。这就是国际上通常所说的"离岸品质、重量"（Shipping Weight/Quality）。目前，有些散装货物采用传送带或其他机械操作办法装船，其抽样检验和衡量工作，一般是在装船时进行。尽管如此，它还没有脱离离岸品质、重量的范畴。

2）在进口国检验

①卸货时检验。卸货时检验一般是指货物到达目的地卸货后，在约定的时间内进行检验。检验地点可因商品性质的不同而异，一般货物可在码头仓库进行检验，易腐货物通常应于卸货后，在关栈或码头尽快进行检验，并以其检验结果作为货物质量和数量的最后依据。这也就是国际贸易上通常所说的"到岸品质、重量"（Landed Weight/Quality）。在采用这种条件时，卖方应承担货物在运输途中品质、重量变化的风险，买方有权根据货物到达目的港时的检验结果，在分清卖方、船方和保险公司责任的基础上，对属于卖方应该负责的货损、货差，向卖方提出索赔，或按事先约定的价格调整办法进行调整。

②买方营业处所或最后用户所在地检验。对于一些不便在目的港卸货时检验的货物，例如密封包装，在使用之前打开有损于货物质量或会影响使用的货物，或是规格复杂、精密程度高、需要在一定操作条件下用精密仪器或设备检验的货物，一般不能在卸货地进行检验，需要将检验延迟到用户所在地进行。使用这种条件时，货物的品质和重量（数量）是以用户所在地的检验结果为准。

3）出口国检验，进口国复验

目前，我国对外签订的买卖合同，大量使用的是货物在装船前进行检验，由卖方凭商检证书连同其他装运单据，交银行议付货款。货物到达目的港后，再由双方约定的机构在约定的时间内，对货物进行复检。如发现货物的品质或数量与合同规定不符，买方有权在规定时效内提出异议。检验机构的选定，涉及到由谁实施检验和提出有关证书的问题,关系到买卖双方的利益,这一向是检验条款中必须明确的另一个重要问题。

9.1.4　外贸商品检验的工作程序

进出口商品检验的工作流程如下:

受理报检→抽样制样→检验鉴定→签证放行。商检机构受理报检时,报检者需提供进出口的有关单据。

9.2　外贸商品检验的抽样与抽样方法

9.2.1　抽样的概念

抽样也称取样、采样、拣样,是指从被检验的商品中按照一定的方法采集样品的过程。抽样检验是按照事先规定的抽样方案,从被检批中抽取少量样品,组成样本,再对样品逐一进行测试,将测试结果与标准或合同进行比较,最后由样本质量状况统计推断受检批商品整体质量合格与否。它检验的商品数量相对较少,节省检验费用。抽样检验适用于批量较大、价值较低、质量特性较多,且质量较稳定或具有破坏性的商品检验。

9.2.2　抽样的原则

1) 代表性原则

要求被抽取的一部分商品必须具备整批商品的共同特征,以使鉴定结果能成为决定此大量商品质量的主要依据。

2) 典型性原则

典型性原则指被抽取的样品能反映整批商品在某些(个)方面的重要特征,能发现某种情况对商品质量造成的重大影响。如食品的变质、污染、掺杂及假冒劣质商品的鉴别。

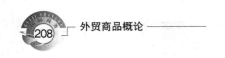

3) 适时性原则

针对组分、含量、性能、质量等会随时间或容易随时间的推移而发生变化的商品要求及时适时抽样并进行鉴定。如新鲜果菜中各类维生素含量的鉴定及各类农副产品中农药或杀虫剂残留量的鉴定等。

9.2.3 抽样的方法

抽样的目的在于通过尽可能少的样本所反映出的质量状况来统计推断整批商品的质量水平。因此,如何抽取对该批商品具有代表性的样品,对准确评定整批商品的平均质量,显得十分重要,是关系着生产者、消费者利益的大事。因此,要正确选择抽样方法,控制抽样误差,以获取较为准确的检验结果。根据商品的性能特点,抽样方法在相应的商品标准中均有具体规定。

目前,被广泛采用的是随机抽样法。即被检验整批商品中的每一件商品都有同等机会被抽取的方法。被抽取机会不受任何主观意志的限制,抽样者按照随机的原则、完全偶然的方法抽取样品,因此比较客观,适用于各种商品、各种批量的抽样。常用的抽样方法有简单随机抽样、分层随机抽样和系统随机抽样。

1) 简单随机抽样

简单随机抽样法又称单纯随机抽样法,它是对整批同类商品不经过任何分组、划类、排序,直接从中按照随机原则抽取检验样品。简单随机抽样通常用于批量不大的商品的抽样,通常是将批中各单位商品编号,利用抽签或随机表抽样。从理论上讲,简单随机抽样最符合随机的原则,可避免检验员的主观意识的影响,是最基本的抽样方法,是其他复杂的随机抽样方法的基础。当批量较大时,则无法使用这种方法。

2) 分层随机抽样

分层随机抽样方法又称分组随机抽样法、分类随机抽样法。它是将整批同类商品按主要标志分成若干个组,然后从每组中随机抽取若干样品,最后将各组抽取的样品放在一起作为整批商品的检验样品的抽样方法。分层随机抽样方法适用于批量较大的商品检验,尤其是当批中商品质量可能波动较大时,如不同设备、不同时间、不同生产者生产的商品组成的被检批。它抽取的样本有很好的代表性,是目前使用最多、最广的一种抽样方法。

3) 系统随机抽样

系统随机抽样法又称等距随机抽样法、规律性随机抽样法。它是先将整批同类商品按顺序编号,并随机决定某一个数为抽样的基准号码,然后按已确定的"距离"机械地抽取样品的方法。如按 2,12,22 的顺序抽取样品。这种抽样方法抽样分布均匀,比简单随机抽样更为精确,适用于较小批量商品的抽样,但当被检批商品质量问题呈周期性变化时,易产生较大偏差。

9.3　外贸商品检验的基本方法

9.3.1　感官检验法

感官检验法指利用人体的感觉器官结合平时积累的实践经验对商品质量进行判断和鉴定的方法。感官检验法主要包括视觉检验、嗅觉检验、味觉检验、触觉检验和听觉检验5种方法。可以判断和评定商品的外形、结构、外观疵点、色泽、声音、滋味、气味、弹性、硬度、光滑度、包装装潢等的质量情况,并可以对商品的种类、规格等进行识别。

感官检验法快速、经济、简便易行,不需要专用仪器、设备和场所,不损坏商品,成本较低,因而使用较广泛。但是,感官检验法一般不能检验商品的内在质量;检验的结果常受检验人员技术水平、工作经验以及客观环境等因素的影响,而带有主观性和片面性,且只能用专业术语或记分法表示商品质量的高低,而得不出准确的数值。为提高感官检验结果的准确性,通常是组织评审小组进行检验。

9.3.2　理化检验法

理化检验法是借助于各种仪器设备或化学试剂来测定和分析商品质量的方法。理化检验往往在实验室或专门场所进行,故也称实验室检验法。理化检验法主要用于检验商品的成分、结构、物理性质、化学性质、安全性、卫生性以及对环境的污染和破坏等。

理化检验法既可对商品进行定性分析,又可进行定量分析,而且其结果比感官检验法精确而客观,它不受检验人员主观意志的影响,结果可用具体数值表示,能深入分析商品的内在质量。但是,理化检验法需要一定的仪器设备和实验场所,成本较高;检验时,往往需要破坏一定数量的商品,费用较大;检验时间较长;需要专门的技术人员进行;对于某些商品的某些感官指标,如色、香、味的检验还是无能为力的。因此,理化检验法在商业企业直接采用较少,多作为感官检验的补充检验,或委托专门的检验机构进行理化检验。

理化检验法根据其检验的原理不同,可分为物理检验法、化学检验法、生物学检验法三大类。其中物理检验法又分为一般物理检验法、力学检验法、电学检验法、光学检验法和热学检验法等;化学检验法又分为化学分析法、仪器分析法等;生物学检验法又可分为微生物学检验法和生理学检验法。

9.3.3　生物学检验法

生物学检验法是通过仪器、试剂和动物来测定食品、药品和一些日用工业品以及包装对危害人体健康安全等性能的检验。

1）微生物检验

检测商品中的有害微生物的存在与否以及数量多少的方法。

2）生理学检验

测定食品的消化率、发热量,及某一成分对机体的作用、毒性等。常用鼠、兔等动物进行这种试验。

检验商品品质需采用的检验方法因商品种类不同而异,有的商品采用感官检验法即可评价质量（如茶叶）,有的商品既需要采用感官检验法,也需要采用理化检验法（如搪瓷）,有的商品需以理化检验的结论作为评价商品质量的依据（如钢材）。要使商品检验的结果准确无误,符合商品质量的实际,经得起复验,就要不断提高检验的技术和经验,采用新的检验方法和新的检测仪器,随着科技发展,使理论检验方法向着快速、准确、少损（或无损）和自动化方向发展。

9.3.4　实际试用观察法

实际试用观察法是指产品在实际使用或模拟时使用的情况,进而观察产品质量等性能的一种检验方法。

该方法的优点是:在没有其他方法检验时可以采取该方法检验产品的性

能、功能和质量;

该方法的缺点是:时间较长,具有一定的破坏性(例如子弹的发射等),人为随意性大。

9.4 外贸商品的品级

9.4.1 外贸商品分级

1)商品品级的概念

商品品级是表示商品质量高低优劣的标志,也是表示商品在某种条件下适合其用途大小的标志,是商品鉴定的重要内容之一。它是相对的、有条件的,有时会因不同时期、不同地区、不同使用条件及不同个性而产生不同的质量等级和市场需求。一般来说,工业品分 3 个等级,而食品特别是农副产品、土特产等多为 4 个等级,最多达到六七个等级,如茶叶、棉花、卷烟等。

2)商品质量等级的划分原则

按照国家《工业产品质量分等导则》有关规定,商品质量水平划分为优等品、一等品和合格品 3 个等级。

优等品是指商品的质量标准必须达到国际先进水平,且实物质量水平与国外同类产品相比达到近 5 年内的先进水平。

一等品是指商品的质量标准必须达到国际一般水平,且实物质量水平达到国际同类产品的一般水平。

合格品是指按照我国一般水平标准组织生产,实物质量水平必须达到相应标准的要求。

3)商品质量等级的评定

商品质量等级的评定,主要依据商品的标准和实物质量指标的检测结果,由行业归口部门统一负责。

优等品和一等品等级的确认,须有国家级检测中心、行业专职检验机构或受国家、行业委托的检验机构出具的实物质量水平的检验证明。合格品由企业

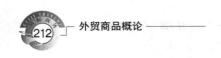

检验判定。

9.4.2　外贸商品分级的方法

商品质量分级的方法很多,一般有百分法和限定法两种方法。

1)百分法

将商品各项质量指标规定为一定的分数,重要指标占高分,次要指标占低分。如果各项指标都符合标准要求,或认为无瑕可挑的,则打满分,某项指标欠缺则在该项中相应扣分。全部合格为满分 100 分。如酒的评分方法,满分为 100 分:

白酒:色 10 分、香 25 分、味 50 分、风格 15 分。

啤酒:色 10 分、香 20 分、味 50 分、泡沫 20 分。

2)限定法

限定法是将商品各种疵点规定一定的限量,又可分为限定记分法和限定数量和程度法。

(1)限定记分法

将商品品种疵点规定为一定的分数,由疵点分数的总和确定商品的等级,疵点分数越高,则商品的等级越低。这种方法一般在日用工业品中采用。

(2)限定数量和程度法

在标准中规定,商品每个等级限定疵点的种类、数量和疵点的程度。如日用工业品中全胶鞋质量指标共有 13 个感官指标,其中,鞋面起皱或麻点在一级品中规定"稍有",二级品中规定"有",鞋面砂眼在一级品中规定"不许有"等。

9.5　假冒伪劣商品鉴别

9.5.1　假冒伪劣商品的定义

假冒伪劣商品是指那些含有一种或多种可以导致普通大众误认的不真实因素的商品。

假冒伪劣商品可以分为假冒商品和劣质商品两种类型。

假冒伪劣商品是假冒伪劣的物质产品,不包括精神产品。

假冒伪劣商品的特征是:具有不真实性因素和社会危害性。

1)假冒商品

商品在制造时,逼真地模仿其他同类产品的外部特征,或未经授权,对已受知识产权保护的产品进行复制和销售,借以冒充别人的产品。在当前市场上主要表现冒用、伪造他人商标、标志;冒用他人特有的名称、包装、装潢、厂名厂址;冒用优质产品质量认证标志和生产许可证标志的产品。

2)伪劣商品

伪劣商品是指生产、经销的商品,违反了我国现行法律、行政法规的规定,其质量、性能指标达不到我国已颁布的国家标准、行业标准及地方标准所规定的要求,甚至是无标生产的产品。

3)假冒商品和伪劣商品的区别和联系

假冒商品和伪劣商品,既有区别又相互联系,是可以互相转化或相互包含的相同类型的商品。假冒商品,如前所述,是指非常逼真地模仿某个商品的外观,从而使用户、消费者误认为该商品就是真商品。假冒商品的生产者和销售者是在未经授权、许可(或认可)的情况下,对受知识产权保护的商品进行复制和销售。复制一般是指对商品的商标、包装、标签或具有其他重要的特性进行复制。所谓假冒,就是指行为人违反国家法律、法规的规定,以假借名牌或名家旗号的手法,生产销售其产品(商品),坑害用户、消费者的行为。因此,从广义上讲,假冒商品的内容与名称不相符,也属于伪劣商品的一种。但从狭义的角度看,伪劣商品主要是指质量低劣或者失去了使用价值,与假冒商品也有区别。如上述所指的假冒产地、厂名或认证标志、名优标志、他人注册商标的,属于假冒商品,不属于伪劣。伪劣商品有时也假冒其他名牌商品进行销售,则此时它既是伪劣商品,又是假冒商品。

伪劣商品和正品有严格区别。正品是指符合质量标准的商品,有时可分优等品、一等品、合格品等。相反,达不到质量标准的产品,有明显的外观瑕疵或影响使用价值的次品以及不符合技术标准而不能正常使用的废品等,如果进行销售都属于伪劣商品。

9.5.2 假冒伪劣商品的范畴

按国家质检总局规定,有下列情形之一的商品为假冒伪劣商品:

①假冒注册商标的;

②假冒专利的;

③盗版自制的;

④假冒产地、厂名、厂址的;

⑤假冒认证标志、国际标准采用标志、名优标志、防伪标志等标志的;

⑥不符合执行标准的;

⑦掺假,以假充真,以次充好,以旧充新,以不合格商品冒充合格商品的;

⑧实行生产许可证制度而无生产许可证或者假冒生产许可证编号的;

⑨国家明令淘汰的;

⑩过期、失效、变质的。

国家质检总局还规定,有下列情形之一的商品视为假冒伪劣商品:

①无执行标准或者无标明执行标准编号的;

②无检验合格证明的;

③无中文标明商品名称、厂名和厂址的;

④限期使用的商品未标明生产日期、保质期,或者伪造、篡改生产日期、保质期的;

⑤实行生产许可证制度而无标明生产许可证编号的;

⑥应当标明商品规格、等级、所含的主要成分和含量而未标明的;

⑦可能危及人身、财产安全或者使用不当容易造成商品本身损坏,未标有警示标志或者中文警示说明的;

⑧剧毒、危险、易碎、储运中不能倒置以及有其他特殊要求,未标有警示标志或者中文警示说明的;

⑨利用标志弄虚作假的。

9.5.3 假冒伪劣商品的危害

1)严重损害我国名优产品的信誉,侵犯企业的合法权益,危及企业的生存与发展

从已被查获的案件看,在市场上被假冒的商品,都是一些质地优良,适销对

路,深受消费者和用户厚爱,在国内外市场上都有较高声誉的名牌商品,这些商品在其创业创名牌的过程中,都付出了长时间艰辛的劳动,其中,相当一部分是我国产品的精粹,是国之瑰宝。但是,越是"名优""高档""紧俏",越有假冒混杂其间,特别是易制作、利润高、销路好的商品大量被假冒。统计数据显示,贵州茅台酒厂集团公司2009年配合执法部门端掉制假窝点84个,刑事拘留涉案人员150多人,共查扣假冒贵州茅台酒11.8万多瓶,各种假冒包装材料46万多件。应该说,2009年是贵州省查扣假冒茅台酒力度很大的一年,有一个数字可以说明,在2008年,相关部门查扣销毁假茅台是13 000瓶,侵权茅台酒10 000瓶,商标等假冒侵权包装物6 000余件。相对于2009年是比较少的。

2) 坑农害农,严重影响农业生产

假劣农药、化肥、种子、饲料、农机配件是影响农业生产的一个突出问题。2005年4月,江苏省淮安市楚州区农业局查处了无锡市宜兴益农化工厂制售"虫病无影"假农药案。该案共造成淮安市和盐城市共6个县(区)29个乡(镇)1 052户的291.56 hm^{2}麦苗遭药害死亡,直接经济损失达170多万元。此案于2005年4月27日移送当地公安机关,30名犯罪嫌疑人全部抓获归案,7名主犯全部移送起诉,追缴赔款100多万元,农户损失赔偿基本到位。假冒伪劣使一些地区本来就很脆弱的农业生产雪上加霜,严重破坏农业生产,影响农民生活的安定。

3) 广大消费者蒙受了人身的、经济的、精神的多重伤害

2003年12月5日,云南玉溪市元江哈尼族彝族傣族自治县50余名农民喝过假酒后于12月7日出现中毒现象,7日至8日就有30多名假酒中毒人,其中4名患者因中毒过深死亡。据了解,中毒者在12月6日喝过从当地甘庄农场符龙泉商店买来的用工业酒精勾兑出的假酒,其甲醇含量为普通酒的168倍。在村中另一头,死者保成明的家,他的家除了他年迈的老母亲外,已经没有任何人了,因为在6日那天何成明和妻子以及两个20多岁的儿子全部喝假酒中毒。

2009年1月17日、19日,新疆喀什地区莎车县分别有两名糖尿病患者在服用标示为平南制药厂生产的"糖脂宁胶囊"后,出现疑似低血糖并发症,相继死亡。后经检验,该药品中非法添加了化学物质格列本脲,超过正常剂量6倍,致人死亡的药品为假冒产品。2009年2月9日至10日,青海省大通回族土族自治县3名患者使用标志为黑龙江乌苏里江制药有限公司佳木斯分公司生产的双黄连注射液后发生不良反应事件,并有死亡病例报告。

4) 败坏出口商品的信誉

假冒伪劣商品流出国门,主要是20世纪90年代边境口岸购物旅游、边民互市、挂靠公司边贸失控、政府有关部门对边贸出口商品监督乏力造成的。20世纪八九十年代,中国产品一度畅销俄罗斯及东欧市场,后因假冒伪劣产品损坏形象逐渐退出了该市场。近年来,随着中国产品竞争力的提升及开拓新兴市场战略的实施,俄罗斯市场又迎来了第二春。

假冒伪劣商品虽然只占社会商品总量的一小部分,但是,发展和蔓延势头如果得不到有效的遏制,将会对我国经济和社会的发展以及社会主义市场经济体制的建立造成极大的危害,也是对几千年来中华民族已形成传统的社会公德、职业道德、个人美德的严重冲击。进一步说,它加剧了社会财富向不公平分配方向发展,加剧了社会上不劳而获的投机心理的发展,不以勤劳致富,而是损人利己,害人致富;它也毒化了社会环境,不仅严重腐蚀了一部分人的灵魂,腐蚀了一批干部,加剧了权力腐败的速度,而且还严重腐蚀了下一代人;它破坏了整个社会经济运行的规则,制约了先进生产力的发展,从这个高度来认识,它不仅是个经济问题,而且是个严肃的社会和政治问题。

9.5.4 假冒伪劣产品的特点

1) 假冒和劣质品相伴

在我国老百姓的眼里,假冒产品就是伪劣产品。事实上,这种情况并非在所有的国家存在。在一些发达国家,一般的生产技术较为普及,设备和技术都能够轻易得到,因而假冒产品与正牌产品的品质差距不是很大,假冒者的利润主要在对正牌产品商标、商誉的侵占上。而在多数发展中国家,由于整体的生产技术水平低,假冒者为获取更高的利润,以劣质产品假冒正牌产品,假冒产品所导致的消费者受伤害的事例往往较多。回顾我国假冒伪劣的历史可以发现,20世纪80年代末和90年代前期,所查处的假冒伪劣产品,多数质量极其低下,甚至完全是假货。而近几年,随着社会生产技术水平的提高,假冒产品的质量也有所提高,甚至出现了大量与正牌产品质量相当的假冒产品。这其实就是生产技术发展对假冒产品的改变作用。尽管这样,目前的假冒产品中大部分还是生产技术水平低下的作坊式小厂的伪劣产品,并且这种情况还要持续相当一段时间。

2）产品假冒和防伪标志物假冒相伴

假冒伪劣的泛滥刺激了防伪产业的发展,但几乎市场销售好、市场定位较高的产品或多或少都在使用防伪产品。造假和防伪始终就在相互斗争中生存和发展。当前的假冒商品中,身披激光防伪标志等防伪外衣的比比皆是,这成了我国假冒产品的一大特点。

3）仿造品和仿冒品并存

目前商品市场上,在假冒产品之外还有大量的仿造品和仿冒品存在。这些仿冒品突出的特征是在商标标志和包装上使用与名牌产品相同或极为相似的图案和风格;在商品的品牌上取与名牌产品相近的名称。

4）假冒伪劣和地方保护主义、腐败等现象共生

在查处许多假冒伪劣案件中,大量的假冒产品来自一些假冒伪劣产品集散地。这些集散地市场周围是大量的从事假冒伪劣产品生产加工、运输和销售的个人、专业户和生产厂家,造假达到了明目张胆的地步。当地政府对此不闻不问,甚至暗中支持。另一方面,造假售假的大量存在还有腐败作为支持。许多被查处的造假案件背后都有行贿、受贿等腐败相伴。假冒伪劣生产呈现出专业化和分散化特点。

近些年,在我国政府的严厉打击下,造假也趋向分工细化、地点分散,每一个造假窝点往往只负责生产、销售的某一环节。造假者之所以这样,是因为这样能增加打假难度。

9.5.5 假冒伪劣商品泛滥的原因

近代社会假冒伪劣商品的出现已有一百多年的历史了,19世纪中叶是英国工商业高速发展的时期,也是假冒伪劣商品泛滥最严重的时期。第二次世界大战后的日本、我国台湾地区等国家和地区在经济起飞阶段也出现过类似的情况。中国的假冒伪劣商品究竟知多少? 已被查处的只是有如冰山浮露出水面的一小部分。假冒名牌卷烟每年约有100万箱,名烟打假是抓得比较好的一个行业,被查处的充其量也只占10%～20%。1993年,东风汽车公司根据用户投诉进行调查,当年有数字的假冒东风汽车达2 000辆,据该公司估计,国内拼装的假东风车约为20 000辆。假冒名优白酒所占真酒的比例前几年居高不下,至

于大量名牌服装的假冒,纤维制品含量标志不符合等问题,基本上没有查处。因此,有人估计,市场上的假冒伪劣商品充其量只查处了其中的十分之一,《人民日报》的一篇报道甚至估计只查出了其中的二十分之一。

1)利益驱动下的欺诈行为

前几年,只要能在竞争的市场上蒙混过关,有人便会把砖块、沙子掺进待售的棉包中去;把糖精、色素、香精制成"汽水"沿街叫卖;便会把用甲醇勾兑成的"名优"白酒去卖给那些正在操办新婚宴席的人,招待各方的宾客;便会把50%的淀粉加50%的滑石粉混合后,压成各种各样的"抗菌素"片剂,去蒙骗药剂师、医生和病人;也会把别人的商标堂而皇之地粘贴在自己粗制滥造的产品上,冒充名优产品招摇撞骗;等等。在高度的计划经济体制下,政府通过指令性计划直接全面干预经济,政府是国民经济发展的直接的具体的组织者,也是产权和利益的主体,企业则是政府机构的附属物。生产什么?生产多少?按什么质量标准组织生产?产品如何销售?等等,由国家指令性计划安排,产品的流通由国家统一调拨,市场体系基本是封闭的。企业和劳动者的积极性没有充分发挥,特别是在短缺性经济年代,生产力水平较低,当时产品的突出问题是品种数量少、质量差、档次低。

市场经济是竞争经济、效率经济,又是差别经济。在市场经济条件下,企业是产权和利益的主体,追逐赢利最大化是企业奋斗的目标,也是企业生机和活力的关键所在。市场经济像一条无形的鞭子,时刻抽打着商品的生产者去不停息地追求个别劳动时间低于社会必要劳动时间,不停息地追求用最小的投入获得最大的产出。市场体系是开放的,市场经济确实调动了个人利益这个杠杆,激发了人们强烈的致富欲望。这就导致了两种可能的倾向:绝大多数企业和劳动者研究市场的需求,不断开发适销对路的产品,加强管理、公平竞争、正当竞争、合法竞争,并以此实现自身的利益。相反,极少数人见利忘义,置法律和道德于不顾,采用简陋的设备、廉价的民工、质次价廉的原材料,便可暴富。市场经济的重利原则也潜藏着诱发人们见利忘义的价值取向,导致拜金主义和极端个人主义的产生。"要想发大财,全靠假茅台",一瓶假茅台酒的成本和各种费用仅20多元,而售价可达几百元上千元,利润高得令人咋舌。一条手工制作的假"红塔山"烟,成本不过10元,在市场上充做真品售价可达近百元。在浙江的一些小商品市场,一瓶假的绿丹兰化妆品售价仅数元,贩卖到安徽等地售价高达数十元。郑州市城郊查获的一批假农药,每吨成本2 000元,售价高达每吨5万~12万元。制假售假者越干利越大,越干越起劲,越干心越黑。正如马克思在《资本论》中引用邓宁的一段话："一旦有适当利润,资本就胆大起来。如果有10%的利润,他就保证到处使用;有20%的利润,他就活跃起来;有50%的利润,他就敢铤而走险;为了100%的利润,他就敢践踏一切人间法律;如果有300%的利润,他就敢犯任何罪行,甚至冒着被绞首的危险。"(《马克思恩格斯全集》第23卷,第829页)

由此可见,在尚未建立良好的经济秩序前,市场经济的趋利性往往导致了某些人在暴利的诱惑和驱使下采用制假售假这种欺诈的行为。应该说,任何社会都不可能完全杜绝欺诈,只是在有效的制度下和文明社会中,欺诈行为不会轻易得手罢了。当前,我国还处在传统的计划经济体制向社会主义市场经济体制转变时期,市场发育不成熟出现许多薄弱环节,使假冒伪劣商品得以滋生蔓延。

2）对市场主体的监督乏力

每个置身商品市场的生产者和经营者,是市场的主体,也是利益的主体。为了维护正常的市场秩序,必须严格审查进入市场有关当事人的资格,严格限制不具备资格者进入市场,确保市场主体的合法性。任何不经过核准登记的生产经营者和其他市场当事人,没有取得营业执照的经济组织和个人,都不准进入市场。在工业发达国家,对市场主体的准入还应含有能否生产和销售合格产品的能力这样的要求。应该说,近几年我国对市场主体的监督有了很大进步。但是,在监督方面仍有3个不到位:

（1）对各类专业商品市场经营者的监督不到位

有些专业商品市场是假冒伪劣商品"栖息"的场所和"集散地"。取缔前的河北无极医药市场,一排排药店根本没有领取医疗卫生部门核发的药品经营企业许可证,只需花钱便可领取营业执照,天津达仁堂生产的牛黄清心丸一盒需25.6元,在该市场上10元钱就能买到,达仁堂药厂负责人6次到无极均发现假牛黄清心丸。

（2）对乡镇企业、个体企业、街区企业的监督不到位

这是当前我国假冒伪劣商品泛滥的"源头",制假售假者往往采取"时间逃避",即打而复生,卷土重来;"空间逃避""坚壁清野"或打一枪换一个地方。

（3）对大型商业企业的监督不到位

多年来,相当多的大型商业企业对自身的商业信誉不够重视,少数大型商业企业为了追求短期效益,出租柜台和摊位由个人承包,承租人或承包人往往

是哪里的商品便宜便从哪里进货,这是导致假货劣货登上大型商店大雅之堂的重要原因。王海根据《消费者权益保护法》,买假获得双倍赔偿是在京城的一些大商场频频得手的,这说明大商场在严把进货关、入库关、销售关等方面存在明显的疏漏,有些则是为了获取不正当利润而故意欺诈消费者。

从社会大环境来看,一个时期以来,在经济活动中往往只注重追逐物质利益,忽视了道德文化精神,"金钱拜物教"导致了道德水准的下滑。尤其是在商品经济不发达的中国,小商品生产者数量大、文化素质低,对市场经济的秩序和维护市场正常运行的道德规范及法律法规缺乏了解;小生产方式导致信息闭塞,限制了他们的视野;目光短浅,使他们热衷于短期行为,"抓一把了事",搞"一锤子买卖";不是依法经商,正当致富,而是靠钻空子,非法获利。制假的地下窝点、监督薄弱的城乡结合部、商品贸易集散地,到处可以见到他们的踪影。用欺诈手段制售假冒伪劣商品,构成了他们在现阶段最适宜的竞争手段和聚敛资本的"捷径"。也有人认为,当一个社会公民素质不很高时,他们中的一些人还不具备足够的能力(财力、人力、技术力量)去开发新产品时,制造假冒伪劣商品往往成为落后的生产力的代表者得以生存的重要手段。安徽省某县拘留收审的 85 名制假人员中,91% 是个体和无业人员。中国是多种经济成分并存的国家,小商品生产者数量比任何国家都庞大,其中的一小部分人已成为制假售假队伍中一支"生力军"。显而易见,中国要在遏制假冒伪劣商品方面取得重大进展,严重的问题是教育和监督广大的小商品生产者。

3) 对市场竞争行为的监督乏力

公平竞争是现代市场经济的一个基本原则。这个原则表明,各种各类的经济主体都有机会均等地参加市场活动,平等地进行交换,平等地进行竞争。没有平等公平的竞争,就不可能有正常的市场秩序。当前,我国市场上出现的真货斗不过假货,好货斗不过劣货,优而不胜,劣而不汰,大量名优产品被挤出市场的不正常现象,其源盖出于不正当竞争。其中,特别是商品购销中的"回扣"现象更是制假售假者在不正当竞争中使用的"杀手锏"。制假者在销售中采用金钱开道的办法,名目繁多,手段用绝,诸如现金回扣、高档礼品、旅游观光、房屋装修、摸奖等。"回扣"中尤以药品的交易为甚。据报载,全国的药品仅按1% 的回扣计,国家每年损失 8 亿元。"回扣"的泛滥,使一部分卖方失去了参与公平竞争的机会。暗中"回扣"大量流入了个人腰包,滋生腐败。广西博白县24 名个体户,5 年间在昆明地区推销了上千万元的药品,给 19 家医疗单位药房主任、采购员"回扣"送礼,最少的 2 000 元,多的上万元,个别的 10 万元。一家医院的药剂科主任从 7 个单位接受"回扣"53 933 元,查出后被判刑 10 年;另一家医院的药房主任案发后,从他家中查出黄金 3 000 g,沙发垫里全是钞票。高额"回扣"是诱发采购人员采购假冒伪劣商品的一个重要原因。

9.5.6　假冒伪劣商品的鉴别方法

1)几种主要鉴别方法

①对商品商标标志及其包装、装潢等特殊标志真伪进行鉴别。

②通过感官品评或其他简易手段进行鉴别。

③按照国家标准对商品理化、卫生等各项指标进行检测。

④利用本部门的专业特长,特别是长期实践积累的经验,对本企业或行业生产或经销的商品进行鉴别。

2)鉴别要点

(1)认准商标标志

假冒伪劣商品一般都是假冒名优商品。我国名优商品都使用经国家工商行政管理局登记注册的商标。要印刷时,在商标标志周围加上标记:"注册商标""注"或"®"。其中"®"为国际通用。假冒名优商品在外包装上多数没有商标标志,或"注册商标""注"或"®"等字样。真品商标为正规厂家印制,商标纸质好,印刷美观,精细考究,文字图案清晰,色泽鲜艳、纯正、光亮,烫金精细。而假冒商标是仿印真品商标,由于机器设备、印刷技术差,与真品商标相比,往往纸质较差,印刷粗糙,线条、花纹、笔划模糊,套色不正,光泽差,色调不分明,图案、造型不协调,版面不洁,无防伪标记。

已注册的商标应由公安部门所属特种行业管理的正规印刷厂印制,而假冒商标一般出自不正当渠道,这些渠道不正规的印刷技术会使所印商标上出现许多疵点特征。可以通过检验商标上是否有这些疵点特征来确定其真伪。

假冒商标的印刷疵点特征有:

①墨稿疵点特征:字体不正,笔画偏粗、不流畅,间隔不均,字迹不清晰,图案细节被省略,或很粗糙,花纹粗细不一,该圆滑处不圆滑,边线棱角不明显。

②制版疵点特征:印刷板周边有缺损,不光滑,版与版之间有差异,字迹变粗,笔画连接不清晰,粗细不均。

③印刷疵点特征:多色图案花纹衔接不好,版面拼接处不连贯或重叠部分

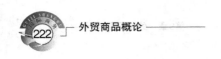

过多、过少,商标边缘颜色有外溢,该印的地方没有印到。

④模切疵点特征:切边外有未切断的纤维,切边与商标边缘没有共同的起伏,切边处有缺损,不圆滑。

(2)查看商品标志

根据《产品质量法》第十五条规定,产品或其包装上的标志应符合下列要求:

①有产品质量检验合格证明;

②有中文标明的产品名称,生产厂厂名和厂址;

③根据产品的特点和使用要求,需要标明产品规格、等级、所含主要成分的名称和含量的,都应予以标明;

④限期使用的产品,要标明生产日期和安全使用期或者失效日期;

⑤使用不当,容易造成产品本身损坏或者可能危及人身、财产安全的产品,应有警示标志或者中文警示说明。

假冒伪劣商品的标志一般不是正规企业生产,外包装标志或残缺不全,或乱用乱写,或假冒优质奖标记,欺骗消费者。

(3)检验商品特有标记

部分名优商品在其特定部位还有特殊标记,如飞鸽、凤凰、永久三大国产名牌自行车,在车把、车铃、车座、农架、车圈等处均有特殊标记。

部分名优烟、酒包装上的商品名称系用凹版印刷,用手摸有凹凸感,而假冒产品名称在包装上字体较平,无凹凸感。

(4)检查商品生产厂名

一些传统名优商品,以地名命名商品名称的,往往同一种商品生产厂家很多但正宗传统名优商品只此一家,因而要认准厂名。如正宗名优"德州扒鸡",厂家是中国德州扒鸡总公司,注册商标是德州牌。正宗名优"金华火腿"上有"浙江省食品公司制"和"金华火腿",而虽有"金华火腿"印章,生产厂家并非"浙江省食品公司"的,多为冒牌货。

(5)检查商品包装

名优产品包装用料质量好,装潢印刷规范,有固定颜色和图案,套印准确,图案清晰,形象逼真。伪劣商品一般包装粗糙,图案模糊,色彩陈旧,包装用料材质差。用真假商品对比,可以辨认。

大多数名优商品包装封口,均采用先进机械封口,平整光洁,内容物不泄漏。而假冒伪劣商品无论是套购的真品包装,还是伪造、回收的包装,封口多手工操作,不平整,常有折皱或裂口,仔细检查封口处,大都能发现破绽。如假冒名酒,将酒瓶倒置,往往会有酒液流出,用鼻嗅闻,能觉察到酒味。

对包装封口有明显拆封痕迹的商品要特别注意,很可能是"偷梁换柱"。

使用回收真酒瓶装假酒,酒瓶常有污垢,封口不圆整,在同一包装箱内的酒出厂日期、生产批号不一。

许多名优产品包装上有中国物品编码中心统一编制的条形码,经激光扫描器扫描,电脑可以识别。冒牌货往往无此标志,或胡乱用粗细不等的黑色直线条纹以及数字欺骗消费者,用激光扫描器扫描,没有正常反应,电脑不能识别。

(6)检查液体商品的透明度

除黄酒和药酒允许有正常的瓶底聚集物外,其他酒在常温下均为清亮透明,无悬浮物,无沉淀。

用肉眼观察兑水的白酒,酒液浑浊不透明;兑水的啤酒颜色暗淡,不清亮透明。

乳剂农药在正常情况下不分层,不沉淀。

(7)看商品的色泽

对农作物的种子和谷物,可看颜色是否新鲜而有光泽,籽粒大小是否均匀。

卷烟烟丝应色泽油润而有光泽,受潮的烟丝失去光泽,发暗。

优质禽畜生肉,肌肉颜色鲜艳、有光泽,脂肪为白色;劣质品肌肉颜色灰暗、无光泽,脂肪发灰、褐色。

(8)看商品的烧灼情况

粉剂农药取 10 g 点燃后,如冒白烟,说明有效;若极易燃烧,且冒浓黑烟,说明是假农药。

香烟烟支点燃后,能自燃 40 mm 以上者为正常,否则是受潮,或烟丝质量差。

(9)看商品的发霉、潮湿、杂质、结晶、形状、结构情况

药品和食品有发霉情况的应禁止销售和使用。粉状商品(如面粉、药粉、水泥等)出现团块的,表明受潮失效或变质。

(10)手感

手握饱满干燥的谷物及农作物的种子,应感到光滑顶手,插入种子堆(包)时阻力小,感觉发凉;如手握感到松软,插入时阻力大的,则籽粒不饱满,含水量大。

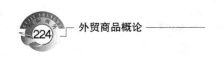

检查香烟时,可用手捏,名牌条装烟从外面轻捏会感觉很硬,冒牌条装名烟里面往往是软纸包装的杂牌次烟,轻捏就觉得纸软。检查烟支时可用手捏,感到烟丝有弹性的为正常;手感疲软、容易弯曲是受潮,发脆的则是干燥。

(11)听感

罐头有漏听或胖听的不能食用。胖听罐头盖部凸起,用手叩击能听到空虚鼓音。手搓香烟烟支,能听到轻微沙沙声是正常的表现;如果柔而无声表明香烟已受潮,沙沙作响的是过于干燥了。

(12)嗅感

凡食品、药品鼻嗅有霉味、酸败味、异味的,马口铁罐头有金属味的,均不能再食用或服用。

(13)味感

名牌香烟吸入后气味醇正,口感舒适;劣质烟有苦、辣、霉味、土腥味、杂气重。名酒香气突出,醇厚丰满,回味悠长,大多能空杯留香。兑水的白酒品尝时口感香味寡淡,尾味苦涩。兑水的啤酒品尝时口感香味、滋味淡薄,感觉不到酒花香气,味道欠纯正。

(14)检查商品供货渠道

国家规定部分商品只能由特定部门经销。如国务院规定:各级农资公司是化肥流通主渠道,农业植保站、土肥站、农技推广站(简称"三站")和化肥生产企业自销为化肥流通辅助渠道,其他任何单位和个人,一律不得经营化肥。

经销农作物种子要有"三证一照"。"三证"是检验种子质量的检验合格证、种子经营许可证和调入种子检疫证,以及经销单位的营业执照。

经销食盐、香烟要有专卖许可证。

(15)检查商品认证标志

假冒进口彩电后盖上的商检安全标志从颜色、字体上也可乱真,但尺寸略小,而且没有防伪暗记。

9.5.7　商品防伪标签

近年来,由于假冒伪劣商品泛滥,采用防伪技术对识别和防止假冒伪劣商品作用日益突出,在自己产品上印刷防伪标志成为名牌厂家、生产名优产品企业用来自我保护的一种有效措施。目前在我国市场上有防伪标志的商品已有数百种,如霞飞化妆品、红星牌二锅头酒、计算机用3M公司生产的软磁盘等。

防伪标签分类如下：

①反应式 SK 温控防伪标志：在商标上只要稍微加温，防伪颜色就会立即退掉，显示出防伪厂家的生产标记；降温后，防伪颜色迅速还原，重新覆盖防伪标记。

②荧光型防伪标记：通过专用防伪荧光灯照射，采用防伪荧光油墨印刷的标记会发亮，呈现出鲜艳的红、桔红、黄绿或绿色荧光，其荧光强度高、印刷适应性好。

③隐形技术防伪标记：根据全息防伪标记的原理，采用金属瓶盖顶面直接制作出一种隐蔽真形闪光变色的防伪标记。这种标记在阳光或聚光电筒照射下，能反射出一种特定的图案或字形。

④激光全息防伪标记：根据激光干涉原理，将图案或人物从不同层面、不同角度拍摄后，再叠加处理，产生不同颜色的效应。这种防伪标记技术含量高，不易仿制，应提倡和推广。

⑤光敏、温敏双重防伪标记：由一基底层和分别含有光敏与温敏的涂料层构成的双重防伪标记。光敏涂料在自然光紫外线照射下，颜色在 2 ~ 6 s 内迅速由浅变深，发生可逆性反应；温敏涂料在常温下用手指触摸 5 ~ 10 s，颜色迅速由深变浅，发生可逆性反应。使用时，消费者只需用手指轻轻按住商品上的防伪标志，5 s 后就能使之改变颜色。

为了逐步规范防伪技术产品，国家质量技术监督局于 1997 年发布了 6 项防伪技术产品国家标准。《人民币伪钞鉴别仪》作为强制性国家标准，已于 1998 年 7 月 1 日起实施。《防伪全息产品通用技术条件》《安全防伪第一部分：证券、证件用纸》《防伪油墨第一部分：紫外激发荧光油墨（胶版、凸版印刷）技术条件》《防伪印刷产品生产管理规范》和《防伪技术术语》等五项防伪标准，作为推荐性国家标准于 1998 年 5 月 1 日起实施。

《防伪全息产品通用技术条件》规定了防伪全息技术的分类、防伪力度、产品技术要求和安全措施；安全防伪纸标准主要用于印刷证券、支票、股票和证件用纸；防伪油墨标准规定了紫外激发荧光油墨的技术要求。

防伪系列标准的实施，对抑制假人民币、假证券的社会流通，保护人民利益，稳定金融秩序十分有利；五项推荐性防伪标准为规范防伪行业的发展，提供了技术基础和保障。

众所周知，任何技术含量低的或单一的防伪技术及产品，很难有效地起到防伪作用。制造防伪产品的水平愈高、技术越难越复杂，仿冒难度也就越大，因而，防伪的效果也就越好。基于这一实际，很多防伪产品生产厂家不断改进、完善、更新自己的技术和产品,目前已经研制出集激光全息、一次性使用、隐形加密、多彩色重组、微型暗记、动态旋转、正交成像、紫外荧光及变色油墨等多种防伪技术于一身的产品,从而增强了产品的防伪功能。

本章小结

外贸商品检验是指根据商品标准规定的各项指标,运用一定的检验方法和技术,综合评定外贸商品质量优劣、确定外贸商品品级的活动。

外贸商品检验的内容包括:包装检验、品质检验、卫生检验、安全性能检验与数量和重量检验。

外贸商品检验的形式有:在出口国检验、在进口国检验和出口国检验、进口国复验等 3 种形式。

外贸商品检验的基本方法有:感官检验法、理化检验法、生物学检验法和实际试用观察法。

我国商品质量水平划分为优等品、一等品和合格品 3 个等级。

商品质量分级的方法很多,一般有百分法和限定法两种方法。

假冒伪劣商品可以分为假冒商品和劣质商品两种类型。假冒伪劣商品的鉴别方法是通过对商品商标标志真伪、感官品评、国家标准、专业特长等进行鉴别。

习 题

一、名词解释

1. 商品鉴定;2. 商品识别;3. 商品检验;4. 定性分析;5. 定量分析;6. 仪器分析;7. 感官鉴定法;8. 理化鉴定法;9. 抽样;10. 典型样品;11. 随机抽样;12. 简单随机抽样;13. 分层随机抽样;14. 分段随机抽样;15. 规律性随机抽样;16. 商品品级;17. 商品品级的划分;18. 百分记分法;19. 限定记分法;20. 限定法

二、填空

1. 商品鉴定广泛应用于商品的_____、_____、_____以及_____、_____等环节中。

2. 如果说商品标准是全面衡量_____的"尺子",那么,商品鉴定则是利用这把"尺子"对_____进行具体量度的全部_____。

3. 进行商品鉴定,就是对商品标准的_____,其本身就是标准化工作的_____。

4. 商品质量是企业的_____,是企业各项工作的_____反映。

5. 流通企业在从事商品经营的_____中,都必须进行认真的商品_____。这样,既可保护流通企业原有的_____,又可使流通企业不致蒙受_____上的损失。

6. 在进货时进行商品鉴定,可以防止_____商品的进入。

7. 新材料的_____和新产品的_____工作是衡量一个国家、一个企业_____水平和_____水平的重要标志之一。

思考题

1. 商品鉴定的主要内容有哪些?

2. 商品鉴定的作用是什么?

3. 商品鉴定的基本形式有哪些?

4. 商品检验与商品鉴定有什么关系?

5. 如何识别新茶与陈茶、真茶与假茶?

6. 请指出商品检验与商品分析的差别?

7. 对于抽样,常提出哪些要求?

8. 对于那些没有具体明确抽样数量的商品,应如何确定抽样的数量?

9. 指出4种随机抽样法适用的条件?

10. 指出感官鉴定法及理化鉴定法的优缺点。

11. 在进行感官鉴定时应注意哪些问题?

12. 划分商品品级有什么意义?

13. 假冒伪劣商品的泛滥对我国出口贸易有何影响? 如何杜绝假冒伪劣商品?

实　训

1. 运用所学知识,结合自己的体验,对所熟悉的某一食品进行质量检验。

2. 考查本地市场商品质量,并谈谈你是如何识别假冒伪劣商品的。

3. 几种皮革制品的感官鉴别实验。

4. 调查本班同学洗涤用品的选用情况。

5. 你家中有哪些塑料制品,各属哪些状况?

6. 谈谈你和你的长辈的服饰消费观念。

7. 茶叶质量的感官评审。

案例分析

1)目的

制订检验控制程序,对产品生产的各个阶段进行监控,确保产品符合规定的要求。

2)适用范围

适用于本公司原辅材料检验、生产过程监控与成品检验的控制。

3)职责

①品管部负责制订产品及物料的检验规范,负责按此程序及检验规范执行检验与试验,并确保只有经检验和试验合格的产品(物料)才能流转或放行。

②品管部化验室负责对原辅材料、成品进行检验和试验,并负责对检验状态进行标识。

③生产车间负责安排质检员对车间半成品进行质量检验,并负责对检验状态进行标识。

④品管部负责对不合格品进行最终判定。

4)工作程序

(1)原辅材料的检验

①原辅材料到达仓库时,仓管员首先对原料名称、品种、型号规格、数量、包装等进行验收,看其是否符合进货凭据内容。不符合的,报告生产部,由生产部采购员与供应商协商处理;符合的,在进货凭据上签字表明初步验收合格,同时填制报验单送到化验室。

②生产急需而来不及完成检验放行材料时,由仓库管理员填写《原料紧急放行申请表》报品管部经理签准。使用过程中由生产车间做好标识和记录,确保一旦发生不合格能立即追回。

③化验室原料检验员接到报验单后,依原辅材料检验标准对原料进行抽样检验并验证其检验报告或合格证等质量凭证,并出具《原辅材料化验报告单》或《包装材料检验记录》。而对本公司不能检验的项目则送公正质检部门进行检验由其出具检验报告。合格的出具《原辅材料化验报告单》或《包装材料检验记录》,通知仓库办理入库手续;不合格的在《原辅材料化验报告单》或《包装材料检验记录》上注明不合格,并执行《不合格品控制程序》。

(2)过程检验

①一工段过程检验员检验提取液的密度、固体饮料的水分、粒度、装量、龟苓膏粉的成型质量、包装质量等是否符合要求。

②二工段过程检验员检验成型质量、装量、罐头的密封度、杀菌冷却水有效余氯浓度、包装质量等是否符合要求。

③过程检验员在各自岗位检查,并出具过程检验记录,检验合格的半成品转入下一工序;检验不合格的半成品按《不合格品控制程序》处理。

(3)最终检验

①品管部化验室成品检验员对生产成品的检验实行抽样方式,依据《产品企业标准》对样品进行理化分析及微生物检测。符合要求的可进行包装、装箱,不符合要求的按《不合格品控制程序》处理。

②成品检验员根据检验结果填制《成品检验记录》,并对合格的产品发放合格证。

分析

以上是某公司所制订的产品检验控制程序,请你指出运用了哪些检验方法? 有哪些不足之处? 并说明改进方法。

第10章
外贸商品的特性

【本章导读】

本章主要介绍我国外贸中 4 类主要商品的基本特性,包括该类商品的基本成分、分类、结构、性质和质量要求等。

我国出口的外贸商品种类非常繁多,但主要是以下四大类别:食品类、工业品类、纺织品类和家用电器类。因此,本书主要是介绍这 4 类商品的主要特征。

10.1 外贸食品商品的特性

10.1.1 食品商品的化学成分

在商品学中,食品商品的化学成分主要指的是食品商品的营养成分,又称营养素,包括碳水化合物、蛋白质、脂肪、维生素、矿物质和水分等。食品的营养成分,不仅决定着食品的营养价值,而且与食品的质量和质量变化有着密切的关系。因此,食品的营养成分是研究食品质量和储藏的重要内容。

1)碳水化合物

(1)碳水化合物的营养功用

①供给能量。碳水化合物(糖)是最主要、最经济及最快的热能来源。糖在人体内的产热量大约为 17.165 88 kJ/g,虽然低于同样重量脂肪所产生的热能,但是富含碳水化合物的食品价格一般比较经济,而且大量食用不会引起油腻感,更重要的是碳水化合物能够较快地释放出热能,短时间大强度的热能几乎全部由糖供给,而长时间的能量消耗,在糖供给充足时,也先利用糖做能源,糖消耗后才动用脂肪。

②构成物质。所有神经组织和细胞核中都含有糖。核糖和脱氧核糖是核酸和核蛋白的必要成分;细胞间质及结缔组织中含有大量的黏多糖等物质。

③调节生理。糖的调节生理作用表现在调节脂肪代谢和节约蛋白质。脂肪在体内的代谢中需有碳水化合物的存在。饮食中提供的糖类不足时,人体活动需要的热量就会从氧化脂肪、蛋白质中获取,而氧化蛋白质获取热量是很不合算的。摄入蛋白质的同时摄入糖类,就可以减少蛋白质的氧化,从而起到节约蛋白质的作用。

(2)糖的组成、结构与分类

碳水化合物(糖)是由 C,H,O 3 种元素组成的多羟基醛或多羟基酮。根据糖的结构不同,可将它们分为单糖、双糖和多糖 3 类。

①单糖。不能被水解的简单糖类叫单糖。单糖根据碳原子数不同又可分为戊糖和己糖,戊糖不能被人体利用,而己糖可被人体利用。

A.戊糖。分子中含有 5 个碳原子的糖为戊糖,如核糖、木糖、阿拉伯糖等。

B. 己糖。分子中含有 6 个碳原子的糖为己糖,如葡萄糖、果糖、半乳糖等。葡萄糖广泛存在于食品中,动植物食品、加工食品都含有葡萄糖,以葡萄和苹果含量最多;果糖广泛存在于瓜果中,蜂蜜中含量也较多。半乳糖在食品中游离存在的很少,乳品中的乳糖经水解后能产生半乳糖,乳糖是己糖中被人体吸收速度最快的糖,并能帮助人体吸收钙。

②双糖。由两个单糖分子缩合而成的糖叫双糖,如蔗糖、麦芽糖、乳糖等。

A. 蔗糖。蔗糖分子由一分子葡萄糖和一分子果糖缩合而成。蔗糖最早发现于甘蔗中,因而得名,它广泛用于食品中,食糖中的主要成分就是蔗糖。

B. 麦芽糖。麦芽糖是由两个葡萄糖分子缩合而成。利用麦芽中的酶可以使淀粉水解,其产物中含有较多的麦芽糖,因而得名。

C. 乳糖。乳糖是由一分子半乳糖和一分子葡萄糖缩合而成,主要存在于乳品中。人乳中乳糖含量比牛、羊乳的多,而且比较容易消化吸收。

③多糖。由许多单糖分子缩合而成的糖,称为多糖,如淀粉、糖原、半纤维素、纤维素和果胶质等。

A. 淀粉。淀粉是由大量葡萄糖分子缩合而成,聚合度为 100 ~ 6 000,一般为几百。根据结构不同,可把淀粉分为以下两类:一是直链淀粉。直链淀粉是由葡萄糖组成的链状化合物,遇碘呈蓝色,黏性小,在粳米、面粉、高粱中含量较多。二是支链淀粉。支链淀粉也是由葡萄糖组成,但分子较大,有分支,遇碘呈蓝紫色,黏性大,在糯米、糯高粱中含量较高。

B. 糖原。糖原也是由许多葡萄糖分子缩合而成的,为支链淀粉的结构,但糖原的支链较多、较密、较短。糖原主要存在于动物的肝脏和肌肉中。人体吸收的单糖,除了供正常的热量消耗外,多余的部分则转变为糖原储藏在肝脏和肌肉中,供人体热量供应不足时的需要,并分解生成乳酸,因此,肌肉长期活动后会感到酸痛。

C. 粗纤维。纤维素和半纤维素称为粗纤维,是植物细胞壁的主要成分。人体没有相应的水解酶,故对它们很难消化。纤维素是由许多葡萄糖缩合而成的高分子化合物。粗纤维在营养上虽无利用的价值,而且它的存在会妨碍人体对其他营养成分的消化和吸收。菜果等植物性食品粗纤维含量增加,会变得粗老,影响食用质量。但适量的粗纤维能刺激肠胃蠕动,有助于肠胃对食物的消化吸收,有利于废物的排泄,而且对预防阑尾炎、肠癌、冠心病和糖尿病等有一定效果。

2）蛋白质

（1）蛋白质的营养功用与特殊的生理意义

①构成机体组织，促进人体生长发育。人体中除水分外，几乎一半以上由蛋白质组成。约有70%的蛋白质存在于骨骼肌和皮肤中；在细胞结构中的1/3是蛋白质；肌肉中蛋白质占干物质的80%，血液中蛋白质占干物质的90%以上。因此，蛋白质是构成人体组织与器官的基础物质。若人体摄取的食物中缺乏某种必需氨基酸，将影响其他氨基酸的利用，使蛋白质的合成发生障碍，出现负氮平衡。如果人体处于此种情况，将发生营养不良，生长发育就会停滞。

②提供人体所需的部分热量。当膳食中其他热量营养摄入不足或人体急需热量不能及时得到满足时，蛋白质也能氧化产生热量供机体需要。每克蛋白质在体内可产生17.2 kJ的热量，人类每天需要的热能大约14%来自于蛋白质。当膳食中摄取的蛋白质超过人体需要量时，多余部分则在人体内分解供热，或转变为糖原和脂肪储存在人体内，作为机体所需热量的储备。

③修补体内各种组织。机体组织的新陈代谢主要是蛋白质参与修补和更新。据测定，人体内全部蛋白质每天约有3%进行更新，肝脏内的蛋白质每10天要更新一次，肌肉组织的蛋白质则每180天更新一次。

④具有特殊的生理功能：

A. 酶的催化作用和激素的生理调节功能。

B. 抗体（具有免疫作用的球蛋白）的免疫功能。

C. 血红蛋白的运载功能。

D. 核蛋白的遗传功能。

E. 肌纤凝蛋白的收缩功能。

F. 胶原蛋白的支架作用等。

（2）蛋白质的组成与结构

①蛋白质的化学组成。蛋白质都是由碳、氢、氧、氮等4种主要元素组成，有的还含有少量的硫和磷，有些蛋白质中含有铁、铜、锰、锌、铀、铝、碘等元素。蛋白质的种类不同，其元素的组成和比例也不完全相同。相比之下，蛋白质中氮的比例相对稳定，约占干物质的16%。

②蛋白质的结构。蛋白质不能被人体直接利用，必须在体内经蛋白质水解酶分解成氨基酸，才能被人体吸收。氨基酸是构成蛋白质的基本单元，是含有氨基（—NH_2）和羧基（—COOH）的一类低分子有机化合物。

蛋白质是含有许多肽键的含氮高分子化合物。肽键（—C—N—）是由一个
$$\begin{matrix} O & H \\ \| & \| \end{matrix}$$
氨基酸的羧基和另一个氨基酸的氨基相互缩合脱水形成的键。肽键把许多氨基酸连接形成较长的多肽键，这种多肽键是蛋白质的基本结构。在多肽键上还有不同的侧基（如亲水性基团—SH 疏基、—OH 羟基、—COOH 羧基、—NH₂ 氨基等，疏水性基团烃基、苯环等）。

③必需氨基酸和非必需氨基酸。非必需氨基酸是指可以在人体内合成，或者可由其他氨基酸转变而成的氨基酸。必需氨基酸是指体内不能自己合成，或者合成速度不能满足身体正常发育需要，其需要量又较多的氨基酸。有 9 种人体必需氨基酸：色氨酸、赖氨酸、苯丙氨酸、亮氨酸、异亮氨酸、苏氨酸、蛋氨酸、缬氨酸、组氨酸等。

（3）蛋白质的分类

蛋白质可分为完全蛋白质和非完全蛋白质两类。凡是所含必需氨基酸种类齐全、数量充足、比例恰当又符合于合成人体蛋白质需要的蛋白质，其营养价值就高，称为完全蛋白质。凡是必需氨基酸品种不齐全的蛋白质称为不完全蛋白质。如果长期摄入不完全蛋白质食物，不仅不能维持人体正常生长发育，也不能维持生命。

来自动物食品的蛋白质大多属于完全蛋白质，来自植物食品中的蛋白质大多数属于不完全蛋白质。大豆蛋白质是植物蛋白质中唯一能代替动物性蛋白的完全蛋白质，除蛋氨酸的数量稍低外，其他氨基酸种类比较齐全，营养价值较高。用大豆制成豆制品，不仅提高了蛋白质的消化率，而且豆制品中不含胆固醇，可以有效地预防冠心病。

（4）蛋白质的主要性质

①蛋白质的水解。蛋白质在酸或碱条件下水解，会破坏部分氨基酸，生成深色有臭味的产物。蛋白质在酶的作用下水解，氨基酸不会被破坏，能生成具有一定的色、香、味的中间产物。食品工业中各种调味品，如酱油、酱类、豆豉、酱豆腐等都是利用酶水解蛋白质原料的产品。

②蛋白质的等电点。蛋白质分子中既有碱性的氨基，又有酸性的羧基，蛋白质属于两性化合物。在酸性介质中蛋白质能形成带正电荷的离子，在碱性介质中则形成带负电荷的离子。蛋白质分子中的氨基和羧基的数目并不完全相等，产生的正负离子数也不相等。如果在蛋白质溶液中加酸增加正离子或加碱增加负离子，使蛋白质溶液中正负离子数完全相等，总电荷等于零，这时溶液的

pH 值称为蛋白质的等电点。在等电点时蛋白质的溶解度、黏度、渗透压、膨胀性、稳定性等均达到最低限度。在食品加工和储藏中都要利用蛋白质的这一性质。

③蛋白质的胶体性质。蛋白质的分子大小在胶粒范围内($10^{-9} \sim 10^{-7}$ m),在水中能形成胶体溶液。由于同一种蛋白质表面有相同的电荷,胶粒间互相排斥,又由于蛋白质带的电荷能与水分子的电荷在蛋白质分子四周形成水膜,阻止蛋白质胶粒之间的聚集,这两个因素使蛋白质在水中能形成比较稳定的胶体溶液。如果将以上两种因素破坏后,蛋白质在水中就可能发生沉淀。在生活实践中,常利用蛋白质的胶体性质沉淀或分离蛋白质。如做豆腐、肉皮冻就是利用蛋白质的胶凝作用。

④蛋白质的变性。蛋白质的变性是指天然蛋白质在物理或化学因素的影响下,分子内部原有的高度规则、有序的空间立体结构变为无序而散漫的构造,致使原有的性质部分或全部丧失。引起蛋白质变性的物理因素包括干燥、脱水、加热、冷冻、振荡、射线照射、超声波等;化学因素包括强酸、强碱、脱水剂、沉淀剂等。蛋白质在食品加工、烹饪和储存中都可以发生变性,如豆腐、松花蛋的制作,烹饪中鱼丸、肉丸、胶冻等制作都是利用蛋白质的变性作用。肉、禽、鱼等食品经过冷藏因蛋白质的变性会降低它们的食用质量。

3)脂类

脂类是脂肪和类脂的总称。

(1)脂肪

①脂肪的营养功用。

A. 供给能量,保持体温。脂肪是三大营养成分中产热量最高的成分,脂肪的产热量约为 37.681 2 kJ/g,是糖和蛋白质的两倍多。因此,脂肪的主要生理功用是供给热能。脂肪的发热量高,为最浓缩的热能来源,脂肪在体内储存占体积小,储藏量大。脂肪不易导热,因此皮下脂肪能防止体内热量过分散失,在寒冷环境中有利于保持体温。

B. 构成体质。一般人体内脂肪占体重的 10% ~20%,胖人还要多些,60 kg 的人存脂可达 6~12 kg。

C. 保持组织器官及神经免受外伤。脂肪具有一定的弹性,可缓和机械冲击,填充内脏器官,使各器官保持一定位置,从而保护了神经及组织器官。

D. 储存能量。虽然糖原也是热量储备的能源,但糖原在肝脏中的积累量是有限的(正常情况下肝脏只能储存 100 g 糖原)。饮食中提供的糖类和蛋白质

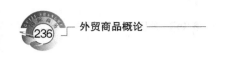

超过每天需要的数量时,其中多余部分会转变为脂肪储存在体内。

E. 促进脂溶性维生素（A,D,E,K）的吸收。脂溶性维生素不溶于水,只能溶于脂肪,因此只有在脂肪存在的情况下才能被吸收。脂类吸收障碍时,常伴有脂溶性维生素的缺乏。

但是,必须指出,体内储存的脂肪过多,易得肥胖病,用脂肪作为能量的主要来源易疲劳,耐久力下降。脂肪摄入过多能抑制胃液分泌和胃的蠕动,引起食欲不振和胃部不舒服。肠内脂肪过多,会刺激肠壁,妨碍吸收功能而引起腹泻。

②脂肪的组成。脂肪含碳、氢、氧 3 种元素。纯净的脂肪是由一分子甘油和三分子脂肪酸缩合而成的甘油三酯。脂肪包括动物脂肪和植物油两大类。习惯上把含有饱和脂肪酸较多的固体脂肪称为脂,动物脂肪在常温下为固态,因此称为脂。习惯上把含不饱和脂肪酸较多的液体脂肪称为油,植物脂肪在常温下一般为液态称为油。

③脂肪酸的分类。

A. 饱和脂肪酸和不饱和脂肪酸。饱和脂肪酸是指分子结构式中不含有双键的脂肪酸,如软脂酸、硬脂酸和花生酸等。又按碳链上碳原子的数目多少分为低级饱和脂肪酸(含 10 个以下碳原子)和高级饱和脂肪酸(含 10 个以上碳原子)。不饱和脂肪酸是指分子结构式中含有双键的脂肪酸,如油酸、亚油酸和亚麻酸等。

B. 必需脂肪酸和非必需脂肪酸。必需脂肪酸是指在人体内有特殊生理功能,但在人体内不能合成,必须每天从食物中摄取的不饱和脂肪酸,如亚油酸,亚麻酸、花生四烯酸等。必需脂肪酸不仅是组织细胞的组分,还与代谢有密切关系,其主要来源是植物油。非必需脂肪酸是指人体内可以合成而不必每天从食物中摄取的脂肪酸,如油酸、软脂酸和硬脂酸等。

④脂肪的物理性质。

A. 色泽与气味。纯净的脂肪无色无味。天然脂肪带有的颜色主要是由于脂肪中溶有脂溶性维生素(类胡萝卜素等)所致。天然脂肪的气味是由非脂成分及低脂酸造成的。

B. 黏度。油脂具有一定的黏度,其黏度与油脂的组成有关。长链脂肪酸比例大的脂肪黏度大;不饱和脂肪酸比例高者,其黏度略低。因此,一般植物油的黏度比动物脂低。

C. 密度与溶解度。除个别（如腰果籽壳油)外,脂肪的密度均小于 1。脂肪的密度一般与其分子量的大小成反比,与其不饱和度成正比。植物油的比重略大于动物脂。脂肪不溶于水而溶于乙醚、丙酮、氯仿及热乙醇等非极性溶剂。

D. 熔点。所谓熔点,就是物体由固体向液体的转变温度。一般来说,油脂的熔点与脂肪酸的碳链长短和不饱和程度有关,碳链长,则熔点高;不饱和程度高,则熔点低。由于植物油中不饱和脂肪酸的比例比动物脂高,因此,植物油的熔点比动物脂低。熔点低的油其消化率较高。

E. 折光率。每种脂肪都有一定的折光率,脂肪酸的碳链增长,不饱和程度增加,折光率也随着增加。

⑤脂肪的化学性质。

A. 脂肪的水解与酸价。脂肪在酸、碱、酶的作用下,能发生水解反应,生成甘油和游离脂肪酸。脂肪在碱溶液中水解,产生的游离脂肪酸又与碱发生皂化反应,生成脂肪酸的碱金属盐(即肥皂的主要成分)。随着油脂新鲜度的降低,水解程度增大,产生的游离脂肪酸增加。游离脂肪酸的含量常用酸价表示,是鉴定脂肪新鲜度的重要指标。

酸价表示中和 1 g 脂肪中的游离脂肪酸所需 KOH(苛性钾)的毫克数。酸价高反映脂肪中游离脂肪酸含量高,表明脂肪不新鲜。

B. 氢化。液体植物油中的不饱和脂肪酸在催化剂的作用下,与氢发生加成反应,称为氢化。氢化后形成饱和脂肪酸,提高了熔点,在常温下由液体的油成了固体的脂。这种脂也叫硬化油或氢化油,化学稳定性较好,体积缩小,便于储藏运输,适合生产肥皂。如果选用优质的植物油,经轻度氢化,并加入奶油香料、乳化剂等即可制成人造奶油。

C. 氧化腐败。油脂中的不饱和脂肪酸,暴露在空气中受氧的作用氧化分解成低级脂肪酸和醛、酮,发生恶劣的酸臭味,甚至呈有毒性,这种现象称为油脂的氧化腐败。油脂酸败对食品质量影响很大,不仅风味变得令人讨厌,而且油脂的营养价值也降低,除了组成的脂肪酸被破坏外,与油脂共存的脂溶性维生素也被破坏了。长期食用酸败的油脂,对人体健康还带来有害的影响,轻者会引起呕吐、腹泻;重者会引起肝脏肿大,肾脏肥大,以及肝变性、脂肪肝等症状。因此,防止油脂的氧化酸败有重大意义。

(2)类脂

脂肪中的类脂包括磷脂、固醇。

①磷脂。磷脂是一种甘油酯,它的组成成分中除了甘油和脂肪酸外,还有磷酸与有机碱。粗制植物油中都含有磷脂,动物脂肪中较少,蛋黄中磷脂含量较多,动物的其他组织中含有磷脂。磷脂是一种很好的乳化剂,有助于人体对脂肪的消化。

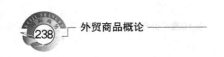
②固醇。固醇在动植物脂肪中都有存在,在植物油中存在的是植物固醇,如谷固醇、麦角固醇和豆固醇等;在动物脂肪中存在的是胆固醇。固醇都不溶于水,不会与碱皂化,因此,它不是皂化物。

人体中的胆固醇参与代谢作用和调节水分,正常人的血液中都有一定含量的胆固醇。人体中的胆固醇,75%左右为肝脏自身合成的,25%来自于饮食。饮食中胆固醇含量增加,肝脏合成就相应减少,使血液中的胆固醇保持在一定的含量范围。但随年龄增长,特别是从事脑力劳动者,体力和热量消耗逐渐减少,如果饮食中摄取的胆固醇较多,血液中的胆固醇超过正常的数值,就会沉积在动脉血管壁上,不仅会造成动脉粥样硬化,血压升高,还容易引起冠心病。因此,中老年人,尤其是脑力劳动者,应控制饮食中的胆固醇含量,在饮食中增加维生素 C 和粗纤维,对降低血液中胆固醇有良好效果。

4)维生素

(1)维生素的营养价值

维生素是一类低分子有机化合物,是人和动物维持生命和生长发育所必需的一类营养成分,它们对体内营养成分的消化、吸收,对体内能量的转变和正常的生理活动,都具有十分重要的作用。很多维生素还是酶的辅酶,与酶对生理活动具有同样的功能。因此,维生素是机体代谢必不可少的微量营养素。若饮食中某种维生素长期不足或缺乏,会对人体造成不同程度的危害,轻则使劳动效率降低,人体抵抗力下降,重则会出现病理状态,甚至危及生命。因此,维生素的作用是其他营养物质不能也不可代替的。绝大部分维生素不能在人体内合成,必须每天从饮食中摄取。

(2)维生素的分类

维生素根据溶解性能分为脂溶性维生素和水溶性维生素两大类。

①脂溶性维生素。此类维生素溶于脂肪中,不溶于水,与机体代谢有关,它们是维生素 A,D,E,K 等。

②水溶性维生素。此类维生素溶解于水中,易在烹饪加工中流失,包括维生素 B_1,B_2,B_3,B_5,B_6,B_{12} 和维生素 C 等。

已被确定的人体必需的维生素包括维生素 A,D,E,K,B_1,B_2,B_6,B_{12},尼克酸,叶酸及维生素 C 等。

(3)常见维生素

①维生素 A。维生素 A 包括维生素 A_1 和 A_2 两种。维生素 A_1 又叫做视黄

醇,主要存在于哺乳动物及海水鱼的肝脏中。维生素 A_2 是 3-脱氢的视黄醇,主要存在于淡水鱼的肝脏中,其生物活性为维生素 A_1 的 40%,视黄醇可由胡萝卜素在动物的脂肪及肠壁内转化而来。

维生素 A 的主要生理功能:维生素 A 参与眼球内感光物质——视紫红质的合成,具有维持正常视觉,防止夜盲症,维持上皮细胞组织的健康,增加对传染病的抵抗能力和促进生长发育的功能。

②维生素 D。维生素 D 中最重要的是 D_2 和 D_3。维生素 D_2 和 D_3,是由麦角固醇(D_2 原)和 7-脱氢胆固醇(D_3 原)经日光中的紫外线照射后转化而成的。一般在成年人的皮层中存在有 7-脱氢胆固醇,因此,只要接触阳光,就不会缺乏维生素 D。维生素 D_2 和 D_3 的生理功能相同,能调节钙、磷的正常代谢,促进小肠对钙、磷等矿物质的吸收,从而有助于牙齿和骨骼的形成。

维生素 D 主要存在于动物性食品中,如动物肝脏、蛋黄中较多,尤其以海产鱼肝油中含量最为丰富。

③维生素。维生素 E 能加强肾脏功能,预防不育症,对抗衰老和预防动脉硬化有显著作用。维生素 E 广泛分布于动植物食品中,尤其是各种植物油,如小麦胚芽油、棉籽油、花生油、玉米油等都富含维生素 E。此外,肉、鱼、禽、蛋、乳、豆类、水果及几乎所有的绿色蔬菜中均含有维生素 E。

④维生素 B_1。维生素 B_1 即硫胺素,是构成脱羧辅酶的主要成分,是人体充分利用碳水化合物所必需的物质。维生素 B_1 最重要的功能是预防及治疗神经炎和脚气病,以及促进儿童发育和增进食欲。缺乏维生素 B_1 会引起心脏扩张,心跳减慢,体重减轻,生长迟缓。维生素 B_1 存在于大豆、花生、豌豆,以及动物内脏、瘦肉中,尤其在酵母中含量丰富。

⑤维生素 B_2。又称为核黄素,是脱氢酶的主要成分,由于呈橙黄色而得名。维生素 B_2 是活细胞进行氧化反应所必须的物质,对促进生长,维持人体健康有益。缺乏维生素 B_2 易患口角溃疡、舌炎、脂溢性皮炎、角膜炎等疾病,还容易引起白内障。维生素 B_2 主要存在于动物内脏、乳品和蛋黄中。

⑥维生素 C。维生素 C 又称为抗坏血酸,是人体氧化-还原反应的重要递氢体,能促进细胞间质胶原的形成。缺乏维生素 C 会导致血管脆性增加,易出血。维生素 C 能提高人体对传染病的抵抗力,对铅、砷、苯等毒物有去毒作用。维生素 C 广泛存在于植物性食品中,尤以新鲜的苹果中含量最为丰富。

5)矿物质

食品经高温(550~600 ℃)燃烧后,在不挥发的残留物——灰分中存在的各种元素统称为矿物质。矿物质是构成人体的 20 多种元素中除碳、氢、氧、氮外的所有元素。

矿物质约占人体体重的 4%,也是人体必需的营养素。其特点是,它们不能在人体内合成,也不能在体内代谢过程中消失。人体从食物、饮用水及食盐中获取矿物质。

根据矿物质元素在人体内的含量和需要量,通常将其分为常量元素和微量元素两类。含量在 0.01% 以上的称为常量元素或大量元素;含量低于 0.01% 的称为微量元素。

(1)食品中重要的矿物质

①钙。钙是人体中含量最多的元素,总含量约为 1 200 g,其中 99% 存在于骨骼和牙齿中,1% 存在于软组织、细胞外液及血液中。

钙还能维持毛细血管和细胞膜的渗透性,以及神经肌肉的正常兴奋和心跳规律。若血钙下降则会引起神经肌肉兴奋性增强,从而导致手足抽搐;血钙增高可引起心脏、呼吸衰竭。此外,钙还参与凝血过程,对多种酶有激活作用。

钙广泛存在于豆制品、虾皮、海带、紫菜中,乳和乳制品也是食物中钙的最好来源,不仅含钙量丰富,而且吸收率高。

②碘。人体内含碘总量为 20 ~ 50 mg,其中约 20% 存在于甲状腺中,其余以蛋白质结合碘的形式分布于血浆中。碘的生理功能主要体现在参与甲状腺素的合成及对机体代谢的调节。成年人每天从饮食中摄取 100 μg 碘就能满足需要。海带、蛤蜊、虾皮等海产品都含有较多的碘。

③锌。锌在体内含量仅次于铁,为 1.4 ~ 2.3 g,主要存在于头发、皮肤、骨骼、肝脏、肌肉、眼睛及雄性腺中。锌在机体内首先参与很多酶的合成,是酶的活性所必需的。锌还可以加速生长发育,增强创伤的愈合能力。

锌来源于牛肉、羊肉、猪肉、鱼类及海产品等动物性食品。豆类、小麦等植物性食品也含锌。

④磷。人体内 70% ~ 80% 的磷存在于骨骼及牙齿中,并能促进糖、脂肪和蛋白质的代谢。磷来源于豆类、花生、肉类、核桃、蛋黄。

(2)酸性食品和碱性食品

人体吸收的矿物元素,由于它们的性质不同,在生理上有酸性和碱性的区别。

属于金属元素的钠、钾、钙、镁等,在体内被氧化成碱性氧化物,如 Na_2O,K_2O,CaO,MgO 等。含金属元素较多的食品,在生理上称它们为碱性食品。绝大多数的蔬菜、水果、豆类和奶都属于碱性食品。

食品中所含的另一类矿物元素则属于非金属元素,如 P,S,Cl 等。它们在体内氧化后生成酸根,如 PO_4^{3-}、SO_4^{2-}, Cl^- 等。含非金属元素较多的食品,在生理上称它们为酸性食品。大部分的肉、鱼、禽、蛋等动物食品中含有丰富的含硫蛋白质,而主食的米、面及其制品中含磷较多,因此,它们均属于酸性食品。

正常情况下人的血液,由于自身的缓冲作用,其 pH 值均保持在 7.3～7.4。但如果由于饮食中各种食品搭配不当,容易引起人体生理上酸碱平衡的失调。一般情况下,酸性食品在饮食中容易超过所需要的数量(因为人们的主食都属于酸性食品),导致血液偏酸性。这样就会增加钙、镁等碱性元素的消耗,引起人体缺钙症等不良现象。因此,在饮食中必须注意酸性食品和碱性食品的适宜搭配,尤其应该控制酸性食品的比例。这样就能维持生理上的酸碱平衡,防止酸中毒。

6)水

(1)水分对人体的重要作用

人体的含水量为体重的 60%～70%,婴儿在 70% 以上。正常情况下,成人每天需水约 2 L,其中 60% 来自饮水,40% 由食品中的水分和营养成分消化时产生的代谢水或氧化水提供。如果人体失水 20%,生命就难以维持。因此水对人体十分重要,其主要功能如下:

①食品中的营养成分只有在水溶液中才能被人体吸收。

②水直接参与人体各种生理活动,如营养成分的代谢、酶的催化、渗透压的调节等。

③营养成分的消化要依靠水的参加,消化后的物质也要靠水把它们运送到各部组织,并依靠水把废弃物排出体外。

④血液中的水分随着血液的循环参与各种生理活动和保持正常的体温。

(2)食品中水分子存在的形式

在动、植物食品组织中,存在的水分按其存在的形式和特性不同,基本上分为两种,即游离水(自由水)和结合水。

①游离水。游离水是指细胞间、细胞内容易结冰,也能溶解溶质的水。这部分水可用简单的方法或热力作用把它从食品中分离出来。它与一般的水没有什么不同,0 ℃或稍低于 0 ℃即能结冰,在食品中易蒸发而散失,也易吸潮而增加,容易发生增减的变化。游离水主要存在于食品的毛细管中,如细胞间隙

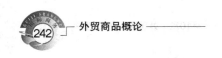

和制成食品的结构组织中。

②结合水。结合水是指与食品中蛋白质、脂肪、淀粉等胶体物质结合在一起的水分。结合水的量与食品中胶体物质的量有一定的比例关系,一般蛋白质能结合其重量的50%。结合水与游离水有很大的差别,其有下面的特性:

A. 沸点高、冰点低(-40 ℃)。这一性质有很多重要的生物学意义。由于这种性质,使食物的种子和微生物的孢子(几乎没有自由水的材料)在很低温度下保持生命力,而多汁组织(新鲜蔬菜、水果、肉等)在冰冻后细胞结构被冰晶破坏,解冻后组织立刻崩溃。

B. 不溶解食品中的可溶性成分,不易流动和挥发。

C. 微生物不能利用结合水,只能利用自由水。

结合水对食品的质量有重大影响,当结合水被强行与食品分离时,食品的风味和质量也就改变。食品不适当的干燥,会使食品中的结合水破坏,使干燥食品的复水性受到影响,而降低食品的质量。

（3）水分活性

食品储藏对食品水分的要求,不用水分含量,而改用水分活性。因为食品水分含量百分比不能直接反映食品的储藏条件。水分活性是指食品中呈溶液状态的水蒸气压与纯水的蒸气压之比,即

$$A_w = P/P_0$$

式中,A_w 为水分活性;P 为食品中呈溶液状态的水蒸气压;P_0 为纯水的蒸气压。

食品中只有游离水才能溶解可溶性的成分(如糖分、盐、有机酸等)。随着食品中水溶性成分的增加,结合水的含量增高,自由水的含量减少,而结合水不易挥发,因此蒸气压就减少,水分活性降低。食品中呈溶液状态的水,其蒸气压都小于纯水的蒸气压,因此,食品的水分活性都小于1,一般用小数值表示。

食品的水分活性高,易引起微生物的繁殖。微生物在繁殖时所需的水分活性为:细菌0.86,酵母菌0.78,霉菌0.65。许多生鲜食品的水分活性均在0.9以上,都在细菌繁殖的水分活性范围之内,因此,生鲜食品是一种易腐食品。经干燥和冰冻的食品水分活性降低;采取腌制和糖渍的食品,除提高食品的渗透压外,也可降低食品的水分活性。因此,采取这些方法都可抑制微生物的生长繁殖。

10.1.2　食品商品的感官特性

除营养价值和卫生安全性外,食品的质量还取决于食品的色泽、滋味和气

味等感官特性。

1）食品的颜色

（1）动物色素及其变色

家禽肉、禽肉以及某些红色的鱼肉中都存在有肌红蛋白（Mb）和残留血液中的血红蛋白（Hb）。肌红蛋白和血红蛋白的化学性质很相似，都呈紫红色，与氧结合成氧合肌红蛋白（MbO_2），呈鲜红色。新鲜的肉类多呈鲜红色或紫红色。但是当肉的新鲜度降低后，肌红蛋白被氧化成羟基肌红蛋白，呈暗红色或暗褐色，失去肉类原有的鲜艳颜色。因此，从家畜肉、禽肉的颜色变化，能反映它们的新鲜度。肌红蛋白的氧化变色对于肉制品的质量影响较大，为防止这种变色，一般在肉食加工过程中加入起色剂硝酸钠，利用硝酸钠生成的一氧化氮（NO）与肌红蛋白结合生成稳定的呈鲜红色的亚硝基肌红蛋白（MbNO）而保持肉制品的鲜艳颜色。但是这种起色剂用量过多也能产生亚硝胺，而亚硝胺是一种能诱发癌症的物质，因此，在肉食品加工中对硝酸钠的用量需按食品卫生标准规定严格加以控制。

（2）植物色素

①叶绿素。叶绿素有 a,b 两种，a 为蓝绿色，b 为黄绿色。叶绿素在酸性环境中与 H^+ 起置换反应，生成黄褐色的脱镁叶绿素和 Mg^{2+}。绿色蔬菜经炒煮或腌制后或存放时间过长会发生这种现象。如果在植物食品中，增加适量的 $NaHCO_3$，使 pH 值为 7.0～8.5，叶绿素被水解为比较稳定的呈鲜绿色的叶绿酸钠盐，叶绿醇和甲醇使产品保持较好的鲜绿色。另外，叶绿素在低温或干燥状态时性质比较稳定，因此，低温储存的鲜菜和脱水蔬菜都能保持绿色。

②类胡萝卜素。类胡萝卜素呈黄色、橙色和红色等，广泛分布在蔬菜、水果中，如胡萝卜、马铃薯、南瓜等都是含有这种色素的食品。这类菜果经过加热处理仍能保持其原有色泽，但是光线和氧却能引起类胡萝卜素的氧化褪色，因此在储藏中应尽量避免光线照射。

③花青素。花青素是一类主要的水溶性植物色素，许多水果、蔬菜和花的颜色，就是由细胞汁液中存在的这类水溶性化合物决定的。花青素具有随介质 pH 值的改变而改变颜色的特性，因此，水果、蔬菜在成熟过程中，会由于 pH 值的变化而呈现出各种颜色。

（3）微生物色素

红曲色素是由红曲霉菌所分泌的色素，是我国民间常用的食品着色剂。如

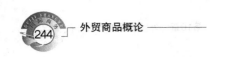

酿造红曲黄酒、制酱腐乳、香肠、粉蒸肉和各种糕点的着色。该色素耐热性强，耐光性强，不受金属离子的影响，不易与氧化剂、还原剂反应，不溶于水。

（4）食品加工中的褐变现象

天然食品作为原料进行加工，储藏或受到机械损伤后，易使原来的色泽变暗或变成褐色，这种现象称为褐变。按其原因不同可分为酶褐变和非酶褐变两类。

①酶褐变。在多酚氧化酶的催化下，食品中的多酚类氧化聚合成褐色的黑色素，这种颜色变化叫酶褐变。酶褐变多发生在较浅色的水果和蔬菜中，例如苹果、香蕉和土豆等，当它们的组织被损伤、切开、削皮、遭受病害或者处在不正常的环境下，很容易发生褐变。这是因为它们的组织暴露在空气中，在酶的催化下使多酚类氧化成黑色素。

②非酶褐变。在食品加工和储藏过程中还常发生一类与酶无关的褐变，称为非酶褐变，主要类型有羰氨反应、焦糖化反应和抗坏血酸的氧化等。

A.羰氨反应又称美拉德反应，凡是氨基与羰基共存时，都能引起这类反应。氨基包括游离氨基酸（尤其是赖氨酸）、肽链、蛋白质、胺类等。羰基包括醛、酮、单糖以及因多糖分解或脂质氧化生成的羰基化合物。

B.焦糖化反应，是指糖类在没有氨基酸存在的情况下，加热到熔点以上时，也会变成黑褐色的色素物质的反应。糖的脱水产物俗称焦糖或酱色。

C.抗坏血酸的氧化，抗坏血酸对果汁、桔子汁、柠檬汁的褐变影响较大。

2）食品的香气

（1）植物性食品的香气

①蔬菜类的香气。蔬菜香气中的主要物质是一些含硫化合物，这些物质在通常的状态下，即可产生挥发性香味。

②水果的香气。水果的香味以有机酸酯和萜类为主，其次是醛类、醇类、酮类和挥发酸，它们是植物代谢过程中产生的，水果的香气一般随果实成熟而增强。

（2）动物性食品的香气

①食用肉的香气。因为肉中含有丙谷氨酸、蛋氨酸、半胱氨酸等物质，在加工过程中，它们与羰基化合物反应生成乙醛、甲硫醇、硫化氢等，这些化合物在加热条件下可进一步反应生成一些香气物质，这些物质成了肉香的主体成分。

②牛乳及乳制品香气。牛乳香气的成分很复杂，主要由一些短链的醛、硫

化物和低级脂肪酸组成,其中甲硫醚是构成牛乳风味的主体成分。

(3)发酵食品的香气

①酒类的香气。酒类的香气很复杂,各种酒类的芳香成分因品种而异,酒类的香气成分经测定有 200 多种化合物,其中羧酸的酯类最多,其次是羧基化合物。

醇类是酒的主要芳香物质。酯类是酒中最重要的一类香气物质,它在酒的香气成分中起着极为重要的作用,酯类的形成有两种方式:一种是在发酵过程中经酯酶的作用,将醇转变为酯;另一种是酒在储藏时由于酸与醇的酯化作用而生成酯,一般储存期愈长,酯含量愈高。

②酱及酱油的香气。酱及酱油多以大豆、小麦为原料经霉菌、酵母菌等的结合作用而形成的调味料。酱及酱油的香气物质是制醪后期发酵产生的,其主要成分是醇类、醛类、酚类和有机酸等。

(4)加热食品所形成的香气

许多食品在热加工时会产生诱人的香气,究其原因有二:一是食品原料中的香气成分受热后被挥发出来;二是原料中的糖与氨基酸受热时发生化学反应生成香气物质。后者是产香的主要原因。食品中氨基酸与糖受热时发生美拉德反应而形成不同香气。

3)食品的滋味

(1)甜味和甜味物质

食物的甜味不但可以满足食用者的爱好,并且还能改进食品的可口性和其他工艺性质,以及提供人体一定量热能。

食品中甜味物质分天然和合成两类。天然甜味物质可分为两类:一类是糖及其衍生物糖醇,如蔗糖、葡萄糖、果糖、乳糖、半乳糖、棉籽糖、山梨醇、甘露糖、麦芽糖醇等;另一类是非糖天然甜味物质,如甘草苷、甜叶菊苷、二肽和氨基酸衍生物等。糖精钠、甜蜜素是我国允许使用的合成甜味物质。

(2)酸味和酸味物质

酸味是由舌黏膜受到氢离子刺激而引起的。因此,凡是在溶液中能离解出 H^+ 的化合物都具有酸味。酸味物质的阴离子(酸根)对酸味物质的风味有影响,多数有机酸具有爽快的酸味,而多数无机酸(如盐酸)却具有苦涩并使风味变劣。酸味料是食品中常用的调料,并且有防腐作用,在食品工业中使用很普遍。常见的酸味剂主要有醋酸、柠檬酸、乳酸、酒石酸、苹果酸、延胡索酸、葡萄

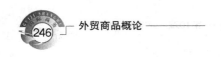
糖酸、抗坏血酸、磷酸等。

（3）咸味和咸味物质

咸味是一些中性盐类化合物所具有的滋味。盐类物质在溶液中离解后，阳离子被味细胞上的蛋白质分子中的羧基或磷酸基吸附而呈咸味，而阴离子影响咸味的强弱，并产生副味。食品调味用的咸味剂是食盐，即氯化钠。

（4）苦味和苦味物质

单纯的苦味是不可口的，但如果调配得当，却能起着丰富和改进食品风味的作用。例如苦瓜、莲子、白果、啤酒等都有一定苦味，但均被视为美食。苦味物质广泛存在于生物界，植物中主要有各种生物碱和藻类，如啤酒花中的甲种苦味酸、咖啡、可可、茶叶中的咖啡碱、茶碱；动物中主要存在于胆汁中。

（5）辣味与辣味物质

辣味能刺激舌部和口腔的触角神经，同时也会刺激鼻腔，属于机械刺激现象。适当的辣味有增进食欲，促进消化液的分泌，在消化道内具有杀菌作用。因此，辣味物质广泛地用于调味品中。具有辣味的物质主要有辣椒、姜、葱、蒜等，其中的主要成分是辣椒素、胡椒碱、姜酮、姜脑等物质。

（6）涩味和涩味物质

当口腔黏膜蛋白质被凝固，就会引起收敛，此时感到的滋味便是涩味。因此，涩味不是作用味蕾所产生的，而是由于刺激触觉神经末梢所产生的。

引起食品涩味的主要成分是多酚类化合物，其次是铁离子，如明矾、酚类、醛类等物质，有些水果和蔬菜中存在草酸，香豆素和奎宁酸也会引起涩味。

（7）鲜味和鲜味物质

鲜味是食品的一种复杂的美味感，甜酸苦辣四原味和香气以及质地协调时，就可感觉到可口的鲜味，呈现鲜味的成分主要有核苷酸、氨基酸、酰胺、三甲基胺、肽有机酸、有机碱等。

10.1.3　食品商品的卫生特性

食品卫生不仅关系到人们的健康和生命安全，而且还影响到子孙后代的健康，因此，食品卫生是一项不可缺少的质量指标和一项卫生措施。食品卫生的范围很广，食品污染的原因也很多，主要包括以下几方面：

1）食物本身含有的有毒成分

（1）发芽的马铃薯

马铃薯本身无毒，但若储存不当，其表面发绿甚至发芽，则会有绿色表皮，特别是发芽部位产生一种毒素，叫做龙葵素或茄碱。食后会引起舌头发麻、喉咙发痒、恶心、呕吐、腹痛、腹泻、头昏、胸闷、发烧甚至出现呼吸麻痹而死亡，且加热不能破坏龙葵素。因此，已发芽或变绿的马铃薯（土豆）不能食用和销售。

（2）含氰苷的食物

桃、李、杏、枇杷等的榛仁中都含有氰苷，这些食物被食用后，食物本身含有的氰苷酶可将氰苷水解，生成氢氰酸，从而引起中毒。氢氰酸是剧毒物质，对人的最低致死剂量为 $0.5 \sim 3.5$ mg/kg 体重。中毒后胸闷、呼吸困难，最后因呼吸困难到麻痹、心跳停止而死亡。

（3）含皂苷的食物

豆类如扁豆、菜豆、芸豆、四季豆等，若处理不当，如蒸炒时间短，没有熟透，就会引起中毒。豆类的毒素成分是皂苷，皂苷易被水解生成糖类和皂苷原。皂苷原能强烈刺激消化道黏膜，引起局部充血、肿胀和出血性炎症。其临床症状是恶心、呕吐、腹痛、腹泻等，有的还可引起溶血症状，其发病一般在食后 $3 \sim 4$ 小时，有些人发病可能早些或晚些。豆类的种子里也含有毒素，因此，食用时也必须煮熟，以免中毒。

（4）有毒蜂蜜

有毒蜂蜜是蜜蜂采了有毒蜜源植物如雷公藤、昆明山海棠等花粉而酿成的蜜，主要含有毒生物碱，有苦、麻、涩的异常滋味，误服后会出现低热、头昏、四肢麻木、恶心、呕吐，甚至循环或呼吸中枢麻痹而死。因此，滋味苦、麻、涩的蜂蜜不宜服食和销售。

（5）有毒蕈类

蕈类食品味道鲜美、营养丰富，但有些蕈类却含有毒肽和有毒生物碱，易引起食物中毒。一般认为，长得漂亮，颜色鲜艳，蕈伞上有疣点的有毒；嗅之有臭气、腥气的有毒；尝之有苦味、辣味的有毒。但也有不少例外。因此，选食蕈类应特别慎重，最好经过国家收购部门专业化人员化验鉴定，确认无毒蕈类，由零售商店出售供居民购买食用，以确保安全。

（6）河豚

河豚鱼新鲜洗净的肌肉基本无毒，但若死后不久，内脏毒素溶入体液中能逐渐渗入肌肉中,这时即使反复清洗,也还是有毒。河豚毒素有剧毒,可使神经末梢和神经中枢发生麻痹,最后呼吸中枢和血管神经中枢麻痹而死。河豚毒素中毒后,死亡率极高。因此,应禁止食用和销售河豚鱼。水产部门应加强检查,防止河豚鱼混入其他水产品中。销售部门如发现河豚鱼,必须拣出上交,严禁鲜河豚鱼上市。

2)环境对食物的化学污染

环境对食物的化学污染主要包括农药、重金属与食品添加剂的污染。

(1)农药残留对食品的污染

农药在防治植物的病虫害和杂草,保证农业增产的同时,也在一定程度上造成了食物的污染。尤其是有机农药,大都对人和动物有害,有的可危及中枢神经;有的脂溶性很强,能在脂肪、肝脏、肾脏等组织器官中积累引起中毒;有的甚至可能诱发癌症。农药污染食物的途径很多,概括起来有:

①直接污染。为防止农作物病虫害,直接将农药喷洒在农作物上,造成农作物上的毒性积累,有的甚至转化为毒性更高的化合物。因此,喷洒过农药的农作物,一定要超过安全间隔期后才能摘收食用。

②植物间接吸收。农作物在生长发育过程中,吸收田间土壤中或灌溉水中的残留农药,并将其转运至作物组织器官内,使本来未用过农药的作物也污染上了农药。

③通过食物链富集。在自然界,由食物把多种生物联系起来形成食物链。如在水域中,浮游植物被浮游动物所食,浮游动物被小虾所食,小虾又被鱼类所食,这样浮游植物—浮游动物—小虾—鱼就构成一个食物链。若水域中流入了农药DDT,虽然其溶解度极小,水中含有量仅为 0.000 3 $\mu g/kg$,但经过浮游生物吸收后,在它体内的 DDT 浓度可增加1.3 万倍;小鱼吃了这些浮游生物,体内的 DDT 浓度增加到1.7 万倍;大鱼吃了小鱼,大鱼体内的 DDT 浓度可增加6.7 万倍。由此可见,由食物链引起的农药对食品的污染是十分惊人的。同样,畜禽饲料中残留的农药也可以在畜禽体内蓄积起来,转移到奶和蛋中。

有机氯是对人体危害最严重的农药之一。一般挥发性不强,不溶或微溶于水,但脂溶性很强。因此,有机氯杀虫剂易于在人体和动物富含脂肪的组织中蓄积。有机氯农药化学性质稳定,不易被日光和微生物分解,即使发生降解,其产物仍是稳定性较强的有毒化合物,残留期长。

有机磷农药大都不稳定,在食用作物中残留时间短,在生物体内的蓄积量远比有机氯低。

氨基甲酸酯类农药的毒性虽然不大，但在酸性条件下可与亚硝酸盐反应形成各种亚硝胺类物质，是人们所共知的强致癌物质。

除虫菊素对很多害虫都具有高效杀灭作用，但对哺乳动物无任何毒害，除虫菊素接触空气、日光后很快分解，分解后不残留任何有毒物质，因此，是一种理想的杀虫剂。

（2）重金属对食物的污染

重金属是指密度为 4 以上的金属，如汞、镉、铅、铜等，砷虽是非金属，但其危害性质与重金属相同，因此，也常被列入重金属中讨论。重金属的化学性质比较稳定，在体内不易分解，可在体内不断富集，有的甚至可以转化为毒性更大的化合物。重金属进入人体后与蛋白质结合，会生成不溶性盐，使蛋白质变性，引起肌体中毒。汞、镉、铅、砷对健康危害最大。

①汞是银白色液体金属，俗称水银，常温下可蒸发，其蒸气无色、无味，比空气重 7 倍，毒性很大。食物中存在的汞化物，主要是由土壤、空气和水进入食物中的。汞矿的开采、冶炼以及用汞的工厂、实验室、医院等可能排出含汞的废水，污染自然水源，经过水生生物的富集作用，或农化物的富集，可使水生生物或农作物体内的汞含量提高许多倍，若再通过食物链，就会使被污染水中的鱼、虾、贝类或吃污染农作物的畜禽体内的汞浓度再增高许多倍。

汞在人体内可引起慢性中毒，开始感觉疲乏、头晕、失眠，肢体末端和嘴唇、舌、牙龈麻木，逐渐发展为运动失调、语言不清、耳聋、视力模糊、记忆力衰退，严重者出现精神紊乱，最后发狂，痉挛致死。

人摄入甲基汞的危险剂量是 210 μg/日。根据这一指标，饮用水中即使有甲基汞，也不会出现摄入过量的情况。我国对食品中汞的含量做出了严格的规定：粮食不超过 0.02 mg/kg；蔬菜、水果、牛乳不超过 0.01 mg/kg；肉、蛋、油不超过 0.05 mg/kg；鱼、水产品不超过 0.3 mg/kg。

②铅是一种有毒的蓝灰色金属，主要以蒸气、灰尘和化合物的形式，通过污染了的食品和呼吸道进入人体。植物可通过根系吸收土壤中的溶解性铅，尤其是番茄、马铃薯、萝卜、大麦、玉米、烟草等易受铅的污染，并在根部蓄积。鱼、虾、蛤类可以从污泥中富集铅，其体内铅浓度可比水体中高出 1 000 倍。在加工、储藏、运输中使用的容器（如马口铁的容器等）与食品直接接触，农药中使用含铅的砷酸铅，大气受"三废"的污染等，都能引起食品的铅污染。

铅在人体内是一种累积性毒物。由食物和饮水摄入体内的铅，随年龄的增长而增加。铅中毒主要是损害神经系统、造血系统和肾脏，也可以影响循环系统、生殖系统的功能，甚至致癌、致畸、致突变。常见的症状是食欲不振、肠胃

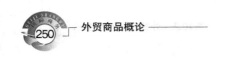

炎、失眠、头昏、头痛、肌肉关节痛、腰痛、便秘、腹泻、贫血、口腔内有金属味等，严重的可发生休克和死亡。

为了预防铅中毒，我国食品卫生标准规定，对经常与含铅合金的金属容器接触的食品（炼乳、罐头、调味品等）其含铅量不能超过 1 mg/kg。

③镉是银白色略带淡蓝色的一种金属，在自然界常与锌共存。金属镉毒性小，但其氧化物和某些盐类（如硫酸镉、氯化镉、硝酸镉等）毒性较大。人体内的镉是从食物、空气、水和其他环境因素中经过消化道和肺吸收的。据调查，镉经不同途径进入人体的比例是：食物占 51.1%，香烟烟雾占 46.1%，饮水占 1.1%，空气占 1%。因此，防止摄取受镉污染的食物和饮料，戒烟和禁止在公共场所吸烟至关重要。

镉在土壤中的含量为 0.5 mg/kg 左右。农作物可吸收土壤中微量的镉，这是自然来源。镉主要是通过工业采矿、冶炼、合金制造、电镀、油漆、颜料、电池、陶瓷等工业的废水和废气污染食品。

镉对人体的危害主要是破坏酶的活性，影响肾脏、骨骼和消化器官的功能。最明显的是使骨骼中的钙析出，并从尿中排出，如不及时补钙，会引起骨骼疏松和软化，容易造成骨折。慢性镉中毒，开始是感到腰酸背痛、膝关节痛，以后发展为全身痛，严重时咳嗽、打喷嚏，也能引起骨折。

我国规定镉的含量为：蛋白、蔬菜 0.05 mg/kg 以下；肉、鱼 0.1 mg/kg 以下。世界卫生组织暂定，成人每人每周镉的摄入量不得大于 400～500 μg。

④食品受砷污染的原因有：使用含砷的农药；食品加工中使用的添加剂，如无机酸、碱、盐、合成色素等；被三废污染的水源等。

砷在体内排泄很慢，积累到一定的数量，会导致慢性中毒。主要的症状是：多发性神经炎、皮肤痛觉和触觉减退、四肢无力、眼睑浮肿、表皮角质化和消化道疾病等，严重时呼吸困难、循环衰退、虚脱，直至死亡。

我国食品卫生标准规定，原料食品含砷量不得超过 0.5 mg/kg。

（3）食品添加剂对食品的污染

食品添加剂大多是人工合成的化学制品，若使用不当，会对人体造成有害的影响。现在食品工业中，添加剂使用的种类和数量越来越多。随着食品毒理学研究的进展，人们非常关注食品添加剂可能具有的慢性毒性、致畸、致突变、致癌作用。目前多数国家都慎重使用化学添加剂，对使用的品种和数量都有严格的选择和限制，甚至对添加剂的对象也有规定。我国允许使用的主要添加剂的功能和使用卫生标准如下：

①防腐剂。这是防止微生物繁殖造成污染所使用的一种添加剂。我国允

许使用的防腐剂不多,并且使用量限制严格,主要有苯甲酸及其钠盐、山梨酸及其钾盐。使用的范围主要是调味品、各种饮料、罐头、果酱、蜜饯等食品。苯钾酸及其钠盐使用量不得超过 0.5 ~ 1 g/kg;山梨酸及其钾盐使用量不得超过 0.2 ~ 1 g/kg。

②抗氧化剂。我国允许使用的抗氧化剂,主要用于油脂及含油脂较多的食品中,如油脂、油炸食品、糕点、饼干、速煮面条、罐头等。使用的抗氧化剂主要有 3 种:丁基羟基茴香醚(BHA)、二丁基羟基甲苯(BHT)、没食子酸丙酯。前两者单独使用或混合使用均不得超过 0.2 g/kg,后一种单独使用量不得超过 0.05 g/kg。

③保色剂。这是肉制品为了保持其肌肉鲜艳的色泽所使用的添加剂,主要是亚硝酸钠或硝酸钠,除了可以防止血红素被氧化变色外,还有改善风味和防止肉毒杆菌繁殖的作用。但这些保色剂在细菌的还原作用下,与肉中的仲胺(二级胺)在一定的条件下能生成亚硝酸胺。已经证实亚硝酸是一种强烈的致癌物,对消化器官的致癌更为显著。因此,在肉制品中使用硝酸钠或亚硝酸钠必须严格限制其使用量。硝酸钠使用量不得超过 0.5 g/kg,亚硝酸钠使用量不得超过 0.03 g/kg。

④漂白剂。为了保持食品洁白或浅色的色泽所采用的添加剂,主要有亚硝酸钠、硫磺、二氧化硫等。使用的食品有饼干、蜜饯、罐头原料、葡萄糖、食糖、粉丝等。这些漂白剂除了有漂白作用外,还具有一定的灭菌作用。对以上这些食品中的残留量以二氧化硫计,饼干、食糖、粉丝中不得超过 0.05 g/kg;其他食品不得超过 0.01 g/kg。

⑤甜味剂。用甘草做甜味剂,使用量不加限制。糖精钠使用量不得超过 0.15 g/kg;浓缩果汁按浓缩倍数的 80% 添加。

⑥着色剂。根据来源和成分不同分为天然色素、无机色素、有机合成色素。

天然色素中除了藤黄具有剧毒外,其他的天然色素对人体均无害,其中属于红色的有胭脂红、藏红花、酸性石蕊、红色地衣、甜菜红、锦葵红、红曲等,红曲的红色鲜艳,是较好的天然色素;属于黄色的有酪黄、胡萝卜素、姜黄、栀子黄等;属于蓝色的有天然蓝靛;绿色的有叶绿素;褐色的有焦糖制的酱色。

无机色素属于矿物性色素,它们都含有重金属,如锑、砷、铬、铅、汞等,因此,都不允许使用。

有机合成色素在国外使用广泛,不仅品种多,而且色泽鲜艳,易于着色,使用方便,但大多数属于苯胺色素,对人体有害。日前我国允许使用的有机合成色素只有肥脂红、苋菜红、靛蓝、柠檬黄等 4 种,使用量不得超过 0.05 ~ 0.1 g/kg。

⑦香料与香精。在食品中应用的有天然植物香料、天然单体香料和人工合成香精。

天然植物香料有大料(大茴香)、桂皮、川香叶、桂花、玫瑰花、姜、胡椒、花椒等。

单体天然香料是从植物香料中提取出来的,如柠檬油、桔橙油、薄荷油、留兰香油、玫瑰油、桂花浸膏、茉莉浸膏、枣酊、可可酊、香荚豆酊、咖啡酊等,天然香料在食品中使用量不加限制。

人工合成的香精种类繁多,他们是仿天然香料经化学合成产生的,统称为香精,主要是醇类、酸类、醛类、脂类等。人工合成香精的使用量都有一定的限制,在糖果中不得超过 $0.15\% \sim 0.5\%$;在汽水中不得超过 $0.075\% \sim 0.08\%$;饼干糕点不得超过 $1/600 \sim 1/400$。

⑧苯骈芘。3,4-苯骈芘是煤炭、石油及木炭等不完全燃烧,或工业中利用这些燃料进行加工处理时产生的一类化合物(气体)。

A. 污染途径。烟熏是食品受污染的主要途径;工业三废污染,排入大气的3,4-苯骈芘除散落在植物表面直接污染外,也可通过水源和土壤的污染,被植物的根系吸收。

B. 致癌性。许多研究证明,3,4-苯骈芘是一个重要的致癌因素,可引起各种癌症。发病潜伏期可能为 $20 \sim 25$ 年,对从事沥青及煤焦油工作的发病人员进行调查,其发病率最高在 $40 \sim 65$ 岁。

C. 允许量。有人认为,40 年内食用总量达 80 000 μg,就有可能致癌。因此,人体每日进食 3,4-苯骈芘不得超过 10 μg。

3) 环境对食物的生物污染

(1) 寄生虫

寄生虫如囊虫、旋毛虫、蛔虫等,主要寄生在猪、牛、羊、狗、熊、野猪等动物体内和蔬菜上。人如果吃进未经煮熟、煮透、带有寄生虫的肉后,寄生虫可在人肠道、肌肉、脑脊髓中寄生,引起疾病,呈现恶心、呕吐、腹泻、高烧、肌肉疼痛,甚至肌肉运动受到限制等症状。如幼虫进入脑脊髓,还可引起脑膜炎症状。

预防措施:

①不吃未彻底煮熟的肉类和蔬菜。

②加强肉品的兽医卫生检验,做好卫生工作。猪囊虫肉眼可见,白色、绿豆大小、半透明的水泡状包囊,包囊一端为乳白色不透明之头节。受感染的猪肉一般称为"米猪肉"。牛囊虫须经放大才能看到。

（2）人畜共患传染病微生物

病死的家禽畜可能带上人畜共患传染病微生物，如炭疽杆菌、鼻疽杆菌、口蹄疫病菌、沙门氏菌等，如果人吃了病死的家禽畜，可感染上微生物而发生疾病。

（3）细菌

我国每年发生的食物中毒事件，有60%～90%是细菌性食物中毒。致病性细菌引起食物中毒，以秋夏季节发生较多，因为气温高，微生物易于生长繁衍。容易引起致病性细菌生长繁殖的食物，主要是动物性食物，如肉、鱼、奶、蛋及其制品。此外，剩饭、凉食等植物性食物，能引起金黄色葡萄球菌产生肠毒素，豆制品、面类发酵食品，也会由于肉毒杆菌的繁殖产生毒素。

（4）霉菌

食品储藏不善受潮后，由于霉菌的生长繁殖导致食品发生霉变，在某些霉菌的代谢中会产生毒素，污染食品。其中黄曲霉毒素最受关注。

黄曲霉毒素属剧毒物质，其毒性比敌敌畏高100倍，比砒霜高68倍，是迄今为止发现的最强的化学致癌物质。黄曲霉毒素在人体和动物体内累积后，能诱发肝炎和肝癌，还可能诱发胃腺癌、直肠癌、肾癌和乳腺、卵巢、小肠等部位的肿瘤。

大量的调查材料证实，在粮食、油料以及用它们做原料的各种酿造食品中，都有可能受到黄曲霉毒素的污染。在油料作物中最易被黄曲霉污染的是花生及其加工制品花生油，其次是大豆、芝麻和棉籽等。在粮食作物中玉米和大米受污染的机会最多，其次是小麦、大麦、薯干、高粱。

预防黄曲霉毒素的措施有：

①食品防霉。食品防霉是预防食品被黄曲霉毒素及其他霉菌污染的根本措施。防霉最主要的办法是粮食收获后迅速降低粮粒水分至安全水分以下（一般粮粒小于13%，花生仁小于8%），就能有效防霉。另外，应尽快降低仓库的温湿度。

②去毒。粮食已被黄曲霉毒素污染后，应设法将毒素破坏或去除。但黄曲霉菌耐热，一般烹调不能达到去毒的目的，比较有效而又实用的方法有剔除霉粒法、辗轧加工法、植物油加碱去毒法、物理吸附法、加水搓洗法等。

③制定最高允许量标准。限制各种食品中黄曲霉毒素含量，也是防止黄曲霉毒素对人体危害的一项重要措施。我国规定黄曲霉毒素的含量为：玉米、花生油、花生及其制品小于等于20×10^{-9}，大米、食用油小于等于10×10^{-9}，其他

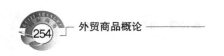

粮食、豆类、发酵食品小于等于 5×10^{-9}。婴儿和代乳食品不得含有。

10.2　外贸工业品商品的特性

10.2.1　工业品商品的成分

工业品商品的成分与其性质有密切的关系。它决定着商品受外界因素影响时的稳定性,是确定商品的储存、运输、条件和方法的重要依据,也是研究商品的科学分类、质量特征以及质量变化规律的重要因素。

1)工业品商品的分类

工业品商品的种类繁多,所含成分各不相同,有的成分比较单一,但多数工业品商品是由多种成分组成的。工业品商品按照组成的化学成分,可分为无机成分和有机成分两大类。无机成分的工业品商品又可分为金属和无机化合物工业品商品两类。有机成分的工业品商品又可分为低分子有机物和高分子有机物的工业品商品两类。

(1)金属成分的工业品商品

金属成分的工业品商品,有黑色金属和有色金属商品两类。黑色金属商品是指用铁及铁合金制成的商品。有色金属商品是指以黑色金属以外的所有金属及合金制成的商品。

金属成分制成的商品,主要有金属器皿、炊具、五金商品、日用机械商品、部分文化用品和家用电器等。金属材料制成的商品,具有坚牢、耐用、导电性和导热性高,以及耐热性较好等特点,但在外界环境的影响下,容易发生腐蚀,轻者影响制品外观,重者影响制品使用寿命。

(2)无机化合物成分的工业品商品

无机化合物组成的商品是指由不同的金属或非金属元素结合成的无机化合物所制成的商品。目前采用最多的无机化合物材料是硅酸盐材料,用于生产玻璃制品、陶瓷制品和搪瓷制品等。硅酸盐材料及其制品耐火性好,化学稳定性好,与金属材料及其制品相比,在正常环境中不易被腐蚀,质地坚牢又耐压,但抗张强度较低,且发脆。

此外,无机化工商品中的各种氧化物、酸、碱、盐等均属无机化合物成分的商品。

（3）低分子有机物成分的工业品商品

所谓有机化合物是指以碳元素为骨干，多数与氢元素，或氢氧两种元素结合，或再结合氮、硫、磷、氯等中的一种或几种元素所组成的化合物。构成有机化合物的元素种类虽然不多，但所组成的化合物却多种多样。一般将分子量低于 103 的称为低分子有机物，将分子量高于 103 以上的称为高分子有机物。

由低分子有机物构成的工业品商品很多，主要有洗涤用品、化妆用品和石油产品。洗涤用品中的肥皂，其主要成分是高级脂肪酸钠，合成洗衣粉的主要成分是烷基苯磺酸钠。化妆用品中的香水、花露水的主要成分是乙醇。高级脂肪酸钠、烷基苯磺酸钠的乙醇等都是低分子有机物。

（4）高分子有机物成分的工业品商品

高分子有机物成分构成的商品也很多，主要有塑料制品、橡胶制品、皮革制品、纸张及其制品等。这些商品中含有的树脂、橡胶烃、蛋白质、纤维素等成分都是高分子有机物。

高分子有机物根据其来源不同，分为天然高分子有机物和合成高分子有机物。天然高分子有机物是在动物饲养和植物栽培中通过动植物体的新陈代谢作用自然形成的。如皮革制品中的蛋白质和橡胶制品中的橡胶烃等就是天然高分子有机物。

合成高分子有机物，是由低分子有机物通过聚合或缩合而形成的一类高分子有机物。橡胶制品中的合成橡胶和塑料制品中的合成树脂都是合成高分子化合物。合成高分子有机物，在合成时所用的单体不同或生成的高分子有机物的结构不同，其性质也有明显的不同。

2）工业品商品的成分

由单一成分组成的工业品商品毕竟是很少的，绝大多数的工业品商品都是由多种成分组成。在研究工业品商品的性能和质量时，应区分商品中的有效成分和无效成分、主要成分和辅助成分、基本成分和杂质成分。

（1）商品的有效成分和无效成分

从商品的效用上分析，使商品具有使用性能的成分都是商品的有效成分，与有效成分共存的其他成分称为无效成分。如植物纤维中的纤维素是有效成分，造纸就是利用这种成分，而与纤维素共存的果胶质、木质素、灰分等属于无效成分。

商品中有效成分的种类,决定着不同工业品商品的性质。如以二氧化硅、氧化钠、氧化钙为主要成分的钠玻璃,机械强度、化学稳定性和热稳定性都较差,但易于生产,多用于制造平板玻璃;以氧化钾取代氧化钠成分的钾玻璃,其机械强度、稳定性较好,光泽度较高,多用于制造质量较好的日用器具和化学仪器;以二氧化硅、氧化钾和氧化铝为主要成分的铝玻璃,具有较高的折射率,光泽度较高,硬度较低,易于装饰加工,最适于制造光学仪器、雕刻艺术品和优质日用器皿。

商品中有效成分的含量在很大程度上决定着商品质量的高低,因此,在某些商品的质量标准中就规定了有效成分的含量。如铝制品质量高低通常是由有效成分铝的含量多少来衡量的。精铝制品纯度要求在98%以上。

商品中的无效成分是无用的,有的甚至是有害的。无效成分的存在往往或多或少地降低了商品中的有效成分的含量。因此,无效成分越多商品质量越差,甚至影响商品中的使用效果。因此,在某些商品质量的标准中,特别规定了各种有害成分的极限含量。如润肤乳液的卫生指标规定:砷含量不得高于10 mg/kg,汞含量不得高于1 mg/kg。

(2)商品的主要成分和辅助成分

在商品中发挥主要作用的成分,称为主要成分;在商品中辅助主要成分更好地发挥作用,使商品具备更全面的使用性能的成分称为辅助成分。例如在牙膏中摩擦剂和洗涤剂是其主要成分,摩擦剂是牙膏组成的主体,借助摩擦作用清洁牙齿;洗涤剂具有乳化、分散、悬浮和泡沫作用,可以清洗口腔。此外,调合剂、胶着剂可以使牙膏制成膏体而方便使用;甜味剂和香精可去除洗涤剂等成分的异味,使牙膏气味芬芳;加入某些药物可以防止疾病。再如,以聚氯乙烯合成树脂为主要成分制成的塑料制品,有的可软如海绵,有的则较坚硬,这是因为其组成中的辅助物及结构不同的缘故。前者加入大量的增塑剂和发泡剂,使其制品具有柔软性和多孔性,而后者则加入了较多的增强材料,显著地增加了制品的强度和硬度。加入商品中的辅助成分,不仅要考虑对该商品本身作用的改善和提高,同时还要考虑成本和环保等。如过去一直把磷酸盐作为合成洗衣粉的重要辅助成分,由于它的富营养作用对生态环境有害,目前已采用沸石替代而生产无磷合成洗衣粉。商品的主要成分还是某些商品分级的依据。例如化学试剂氢氧化钠,按其中氢氧化钠含量高低分为:优级纯含 NaOH 97%,分析纯含 NaOH 96% 和化学纯含 NaOH 95%。需要说明的,主要成分不一定是主体成分,如香水的主体成分酒精,占商品总体的90%,而决定着香水质量特征的却是不足10%的香精。

（3）商品的基本成分和杂质成分

对商品的化学成分进行定量分析,可把占商品组成中绝大部分的成分称为基本成分。其他成分则称为杂质成分。对杂质成分也应具体分析。有些杂质成分对商品质量无害,甚至有益,但也有些杂质成分可能给商品带来很大的危害。如硫和磷均是钢材的有害元素,硫在钢材中能与铁化合形成熔点为 985 ℃ 的硫化铁（FeS）,当钢材在 1 100～1 120 ℃ 进行压力加工时,由于硫化铁此时已熔融为液体,显著降低钢在高温下的塑性,从而破坏钢材的延展性,使钢发生断裂的"热脆"现象。磷在钢中虽能提高钢的强度和硬度,但能使钢的塑性和韧性剧烈下降有损钢质。磷还能使钢材发生冷脆,因此,钢材中硫、磷的含量越低越佳。

3）高分子物体的结构

（1）高分子链的几何形状

高分子的性能与其分子链的几何形状有密切关系。通常,高分子链的几何形状可分为线型、支链型和网型（又称交联）3 种,如图 10.1 所示。

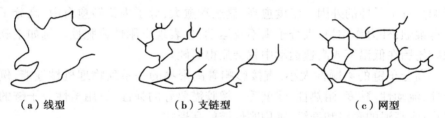

（a）线型　　　　　　　（b）支链型　　　　　　　（c）网型

图 10.1　高分子链几何形状示意图

线型高分子链如长线状,自由状态下呈卷曲状,每一链节仅与两个相邻的链节相连,大分子链之间没有任何化学键连接。线型高聚物柔软、弹性好,在加热和外力作用下,分子链之间可产生相互位移,并可在适当溶剂中溶解,加热时可熔化,可抽丝,也可成膜,可热塑成各种形状。此类高聚物又称热塑性高聚物。低压聚乙烯、聚丙烯、天然橡胶等都是线型高聚物。

支链型高分子主链上带有支链（又称侧链）,分子中某一链节能与两个以上的相邻链节相连接。支链的形状有枝型、星型和梳型等。按支链的长短又可分为短支链和长支链,支链的长短对其高聚物的性能影响也不同。短支链之间的距离增大,有利于流动,故流动性好,而支链过长则阻碍高分子流动,影响结晶,降低弹性。总之支链型高聚物分子堆砌松散,密度较低,结晶度也较低,因而硬度、强度、耐热性、耐腐蚀性等随之降低,但透气度增加。此类高聚物也能

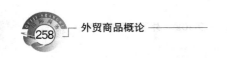

溶于溶剂中,加热也能熔融。支链型高聚物有高压聚乙烯、接枝 ABS 树脂等。

网型高分子是线型或支链型高分子之间以化学键交联而成。网型高聚物有硫化橡胶、环氧树脂、加交联剂后的酚醛树脂等。这类高聚物既不能溶解也不能熔融,又称热固性高聚物。其硬度大,耐热性较好,强度较高,形态稳定。

(2)高分子链的柔顺性

链状高分子是由无数个碳碳单键组成,这些单键能自由旋转。由于原子(或原子团)围绕单键内旋转的结果,使原子(或原子团)在空间的排列方式不断变换,出现许多不同的构象。高分子链的单键内旋转,赋予了高分子链的柔性(或称屈挠性)。分子链愈长,分子链的构象愈多,则链的柔性也就愈大。高分子链的这种卷曲的自然状态,在受外力时可伸直,当外力除去后,又会缩到卷曲状态,这种能拉长伸直又能回缩的性能,就是链状高分子普遍存在一定弹性的原因。

主链结构(指碳碳单键链以及碳与其他元素组成的杂链)对高分子链的刚柔性起决定作用,同时主链上取代基的性质、体积、比例及位置,对高分子的柔性均有影响。这是决定高分子柔性的内因。环境温度及外力作用快慢等,则是影响高分子柔性的外因。温度愈高,热运动愈大,分子内旋转愈自由,高分子链就愈柔顺;外力作用快,大分子来不及运动,也表现出刚性或脆性。例如柔软的橡胶轮胎在低温下或高速运动中就会显得僵硬。

高分子链的柔顺性大小,直接影响着高聚物的一系列物理机械性能,例如弹性、流动性、黏度、耐热性、强度等。橡胶需要好的弹性,故用柔性分子链的高聚物;耐高温的塑料和纤维,则用刚性链的高聚物。

(3)高分子间的作用力

高聚物中高分子的作用力,是使各种高分子单独或以共混方式聚集在一起,成为有用材料的内因。离开高分子间的相互作用,不可能对高分子聚集态结构及各种性质做出准确的解释。

分子间作用力有两种:一是范德瓦耳斯力,二是氢键力。范德瓦耳斯力又包括取向力、诱导力和色散力。范德瓦耳斯力与氢键力,对高分子来说称为次价力。它比主价力——化学键力(约为 125.604 ~ 628.02 kJ/mol)要小得多。取向力为 12.560 4 ~ 20.934 kJ/mol;诱导力为 6.280 2 ~ 12.560 4 kJ/mol;色散力为 0.837 36 ~ 8.373 6 kJ/mol。氢键键能为 20.934 ~ 41.868 kJ/mol。

对高分子来说次价力并不小,因为高分子链长,高分子链间的次价力有加和性。例如聚合度为 500 的高分子,其分子间次价力的总和相当于单体分子间次价力的 500 倍。这就大大地超过了主链的主价力(即化学键能)。因此,高聚物受外力破坏时,往往不是分子链之间相互滑脱,而是分子链的化学键首先断裂。由此可见高分子间的作用力对于高分子材料的机械强度有密切关系,这是高分子材料要求具有一定平均分子量的原因。

(4)高分子的聚集态结构

高分子的聚集态结构是指高聚物内部大分子与大分子之间的几何排列。高分子的聚集态结构是在加工成型过程中形成的。相同的高聚物,经过不同的成型工艺,可使其有不同的聚集态结构,其制品性能也会产生很大差别。高分子的聚集态结构是直接影响其性能的因素。

高分子的聚集态结构,主要包括非晶态结构、晶态结构和取向态结构。高分子材料以晶态和非晶态结构同时并存为特征。通常所说的结晶性高分子材料或非结晶性高分子材料,是指那些晶体结构占优势或非晶体结构占优势的高分子材料。多数高分子材料结晶度在 20% ~ 80% 之间。同时,高聚物中的结晶区和非结晶区没有一定的界限,同一大分子链还可以通过几个晶区和非晶区。不同种类的高聚物,结晶能力(指可否结晶、结晶难易和可达到的最大结晶度)相差很大。例如,聚乙烯和聚对苯二甲酸乙二酯能够结晶;无规聚苯乙烯和无规聚甲基丙烯酸甲酯不能结晶;聚乙烯又比聚对苯二甲酸乙二酯容易结晶得多;同样是聚乙烯,低压聚乙烯又比高压聚乙烯的结晶度高。

高聚物结晶度大小,对高聚物的性能有很大影响。结晶可使高分子链更紧密聚集,分子间作用力增强,因而高聚物的强度、硬度、密度、耐热性、抗溶剂性、耐气体渗透性等都有所提高。但结晶又可使分子链与链运动受到很大限制,因而高聚物的弹性、断裂伸长率、抗冲击强度等均有所降低。

高聚物在外力作用下,大分子链或链段沿力场方向有序排列或晶态物在拉伸形变后形成微纤晶结构(即新的结晶结构——微丝结构等),均称为高聚物的取向态结构,如图 10.2 和图 10.3 所示。

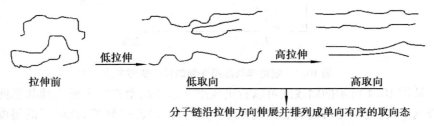

图 10.2　非晶态高聚物的取向

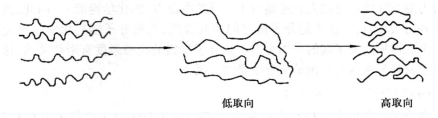

低取向　　　　　　　　　高取向

图 10.3　晶态高聚物的取向

　　高聚物的取向,因材料不同和使用要求不同,可分为单轴取向和双轴取向。单轴取向即高聚物材料只沿一个方向拉伸,大分子链和链段倾向于沿着拉伸方向的伸直链段数目增多了,从而提高了高聚物的强韧性。如合成纤维的拉伸即为单轴取向,其机械强度大幅度地提高。据资料记载,熔融纺丝的聚氯乙烯纤维经过拉伸53%后,其强度可提高4倍多。将高聚物薄膜材料沿着它的平面纵横两个方向拉伸,高分子链倾向于与薄膜平面平行的方向排列即为双轴取向。经双轴取向的薄膜强度提高,可用于电影基片、录音及录像磁带的带基等。

　　(5)高聚物的物理状态

　　低分子物的运动单元是整个分子。高聚物由于分子量大,分子链长,长链上还可能有侧基,分子间作用力大,因此,高聚物分子运动分为大尺寸(指整个高分子链)运动单元和小尺寸(指链段及链段以下)运动单元。线型和支链型非结晶高聚物,当作用力一定时,随温度升高,会出现不同类型的运动单元的运动形式,致使非结晶高聚物具有 3 种不同的物理状态:玻璃态、高弹态和粘流态。图 10.4 为典型的线型非结晶高聚物的热—机械曲线。

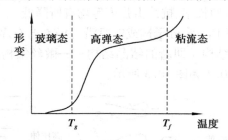

图 10.4　线型非结晶高聚物的热一机械曲线

　　从图 10.4 所示的曲线图可以看出线型非结晶高聚物的 3 种物理状态间存在着两个转变:一是由玻璃态向高弹态(也可称橡胶态)转变,此转变的温度称玻璃化温度 T_g;二是由高弹态向粘流态转变,此转变的温度称粘流温度 T_f(或称软化温度)。

高聚物处于玻璃态时,分子间作用力大,链段运动和整个分子链运动部被冻结,具有较大的硬度和较好的机械强度,能保持形状和尺寸。在室温下,硬质塑料和大多数纤维制品,都为玻璃态。玻璃化温度 T_g,应作为使用温度的上限。不同的高聚物,其玻璃化温度也不同。

高聚物处于高弹态时,链段可以自由运动,而整个分子链仍处于被冻结的状态,高聚物失去了刚性,若受外力作用,形变值很大,外力除去后,又能恢复原状,表现出柔软而富有弹性。在室温下,处于高弹态的材料有橡胶等,其使用温度不能低于玻璃化温度,也不能高于粘流温度。

高聚物处于粘流态时,其链段和整个分子链都能运动,成为黏稠的流动体。在室温时,处于粘流态的高聚物有粘合剂、油漆、涂料等。高聚物的加工成型,通常是利用它在粘流态时进行的。无论是塑料、合成纤维及橡胶加工成型时,都要加热熔融使之在粘流态下制成一定形状的制品。粘流温度随高聚物的种类不同而异。超过粘流温度后,如温度过高,流动性过大,会造成工艺上的麻烦,尤其严重的是可能引起分解,直接影响其质量。因此,高聚物加工成型的温度,必须控制在粘流温度与分解温度之间。这两种温度相距愈远,对加工成型工艺愈有利。粘流温度的高低还反映了高聚物的耐热形变性质。

结晶高聚物中,通常包括晶区和非晶区两部分,当然晶区比例要大些。非晶区的分子运动,虽然在不同程度上受晶区存在的牵动,但仍然具有上述非结晶高聚物(也会有比例较小的晶区存在)的 3 种物理状态,结晶区的链段不能运动,因而表现为既韧又硬的皮革状,称之为"皮革态"。这是高聚物玻璃化转变后的特点。"皮革态"的高聚物既有一定柔性,又有一定刚性,为韧性材料。如常温下的聚乙烯就处于这种状态。结晶高聚物状的晶区转变称熔融状态时的温度,称为熔点 T_m。结晶区在熔点以下时,总是处于坚硬固体状态。

10.2.2　工业品商品的性质

工业品商品的性质是决定工业品商品质量的主要因素,也是确定工业品商品包装、运输、储存和使用的重要依据。

工业品商品的性质包括:化学性质、物理性质和机械性质(内容介绍详见第二章"外贸商品的成分与性质",这里不再介绍)。

10.3 外贸纺织品商品的特性

我国纺织商品的生产、流通历史悠久。纺织商品是人类进入文明社会以来赖以生存和发展必不可少的基本条件之一。纺织商品的生产技术和水平的发展,对满足人民需要、满足各行各业的要求、繁荣市场经济都具有很重要的意义。外贸纺织品商品是我国出口贸易的主要品种。

纺织商品,从广义上说,凡以纺织纤维做原料,经过纺纱、织造、染整、成衣等部分或全部加工环节形成的产品,统称为纺织品。从生产领域进入流通领域的纺织品就成为纺织商品。因此,纺织商品必须有 3 个要素:首先,以纺织纤维原料为主体;其次,必须经过生产加工程序;第三,必须进入流通领域。否则,纺织品就不成为纺织商品,它的使用价值也就不能实现。

10.3.1 纺织品商品的构成成分

纺织商品在商业习惯上,被分为纺织品和针织品两大类。纺织品是指在织布机上由经纬纱线交织而成的各类织物,如梭织布类。针织品是指在针织机上将由纱线形成的线圈相互钩结而成的各类织品,如针织绒衫、汗衫等。但是,生产纺织商品的主要原材料都是由各种纺织纤维原料所组成,而纺织纤维的种类又有很多种,它们的纤维构成与结构均有差异,因此,由它们所组成的纺织织物,表现出的特性与特征也不相同。

制造纺织商品的原材料主要是各种纤维原料。纤维的定义是指将线密度很低,直径为几微米至几十微米,长度比直径大许多倍(上千倍以上)的细长物质。但并不是所有的纤维都可以用做纺织纤维,只有满足一定的基本条件(一定的物理和化学性质),适合加工生产和使用要求的纤维,才能作为纺织品的纤维原料。

在纺织纤维分类的方法中,最常用的分类方法是根据纤维的来源分类,然后按照化学组成、生物属性等分成小类。

1)天然纤维

天然纤维是指自然界生长或形成的适合于纺织用途的纤维。它又可分为植物纤维、动物纤维和矿物纤维。

（1）植物纤维

植物纤维是从植物的种子、叶、茎、果实上获得的纤维。主要成分是纤维素，因此又称天然纤维素纤维。它可分为种子纤维，如棉、木棉等；叶纤维，如剑麻、蕉麻等；茎纤维，如苎麻、亚麻、黄麻、大麻、罗布麻等；果实纤维，如椰子纤维等。

（2）动物纤维

动物纤维是从动物身上或体内获得的纤维。主要成分是蛋白质，因此又称天然蛋白质纤维。动物纤维主要分为毛纤维，如绵羊毛、山羊毛、骆驼绒、兔毛等；丝纤维，如桑蚕丝、柞蚕丝等。

（3）矿物纤维

矿物纤维是从纤维状结构的矿物岩石中获得的纤维，又称天然无机纤维，如石棉纤维等。

2）化学纤维

化学纤维是指以天然的或合成的高聚物做原料，经过化学方法加工制成的纤维。它又可分为再生纤维、合成纤维、无机纤维等。

（1）再生纤维

再生纤维是指用天然高聚物为原料，经过化学方法制成的并与高聚物在化学组成上基本相同的化学纤维。再生纤维包括再生纤维素纤维，如粘胶纤维、铜氨纤维等；再生蛋白质纤维，如大豆纤维、酪素纤维等。

（2）合成纤维

合成纤维是指以石油、煤、天然气及一些农副产品等低分子物质作为原料，经化学合成和机械加工制得的化学纤维。合成纤维原料来源广泛，发展迅猛，品种较多，主要有聚酯纤维、聚酰胺纤维、聚丙烯纤维、聚丙烯腈纤维等。

（3）无机纤维

无机纤维是指主要成分由无机物构成的纤维，主要有玻璃纤维、金属纤维、陶瓷纤维等。

在国内外市场上，由于化学纤维品种非常的多，各国实际使用的名称既有学名也有俗称，因此，有些相同的化学纤维纺织品名称却不一致。这势必给生产企业造成对化学纤维原料的选购、使用的极大不便，给消费者也带来了对化纤纺织品选购和使用的困难。为此，我国对化学纤维的名称做了统一的命名。

只要是国内生产和使用的化学纤维和纯纺、混纺及交织的纺织品中所使用的化学纤维,都要使用统一规定的商品名称。

化学纤维常见品种名称对照如表 10.1 所示。

表 10.1　化学纤维常见品种名称对照表

类　别	学术名称	统一名称		习惯名称或曾用名
		短纤维	长丝	
再生纤维	粘胶纤维 铜氨纤维 醋酯纤维 富强纤维	粘纤 铜氨纤 醋纤 富纤	粘胶丝 铜氨丝 醋酸丝 富强丝	粘胶、人造丝、人造棉、人造毛、虎木棉、富纤丝、波里诺西克、醋酯、醋酸纤维、铜氨
合成纤维	聚对苯二甲酸乙二酯纤维 聚酰胺 6 纤维 聚酰胺 66 纤维 聚丙烯腈纤维 聚乙烯醇缩甲醛纤维 聚丙烯纤维 聚氯乙烯纤维 聚氨基甲酸酯纤维	涤纶 锦纶 6 锦纶 66 腈纶 维纶 丙纶 氯纶 氨纶	涤纶丝 锦纶 6 丝 锦纶 66 丝 腈纶丝 维纶丝 丙纶丝 氯纶丝 氨纶丝	特丽纶、帝特纶、达可纶、的确良、尼龙 6、卡普隆、耐纶 6、尼龙 6 丝、尼龙 66、耐纶 66、阿米纶、奥纶、开司米纶、合成羊毛、维尼纶、维纳尔、库拉纶、帕纶、梅拉克纶、丙丝、天美纶、罗维尔、帝维纶、斯潘德克斯、尼奥纶、莱克拉

3)纺织纤维的组成和性能

(1)天然纤维的组成与性状

①棉纤维。棉纤维是一种种子纤维。它的主要成分是纤维素,其重量约占纤维总量的 94.5%。其他非纤维素成分是少量的蜡状物质、果胶质、含氮物、色素和灰分。非纤维素成分对纤维的润湿性、染色性、白度、手感影响较大,一般要在染色、印花前去除。棉纤维一般呈白色或淡黄色,为细长、中空、多孔而较扁的管状,具有天然转曲,纤维易抱合,可纺性好。棉纤维吸湿性和保暖性好,耐碱不耐酸,有一定的耐热性,但耐燃性、抗霉性较差。

②麻纤维。麻纤维主要是指苎麻和亚麻纤维。它们都是植物根茎的茎纤维,主要成分是纤维素,还有半纤维素、果胶质和木质素等。苎麻、亚麻的纤维素含量分别为 65% ~75% ,70% ~80%。苎麻纤维横截面呈椭圆或扁圆形,纵向有节。它强度高,居于天然纤维之首,吸湿性和散湿性很好,抗碱、抗霉和防蛀性好,但不耐酸、易燃。亚麻纤维横截面呈五角或六角形,纵向有裂节。它的

强度与苎麻相近,刚性大但比苎麻柔软,吸湿性和散湿性仅次于苎麻,其他性能与苎麻相似。

③羊毛纤维。羊毛纤维的主要成分是角朊,另外还有少量的动物角阮、色素和灰分。羊毛角阮大分子有千余种。它是由多种α-氨基酸的残基连接而成,排列较疏松,因此,纤维较柔软。羊毛大多呈白色或乳白色,纤维呈细长柱体,有天然形成的波浪形卷曲,纤维外层有鳞片,截面呈圆形或椭圆形。羊毛纤维具有较突出的耐酸性、耐燃性、缩绒性,良好的吸湿性、保暖性和弹性,但不耐碱、易虫蛀。

④蚕丝。蚕丝包括桑蚕丝和柞蚕丝,主要成分是丝素和丝胶,丝素是纯纤维的主体,占了70%～80%,丝胶包裹在丝素的外面保护着它。除了这两种成分外,还有少量可以为乙醚和乙醇所提取的化合物——蜡质和脂肪,此外还含有少量的色素与灰分等。丝素和丝胶的大分子是由多种α-氨基酸的残基通过肽键连接而成。在丝素、丝胶、蜡质、脂肪、色素与灰分这些成分中,只有丝素是织物所需要的,其他成分都是需除去的。桑蚕丝多为白色,光泽柔和圆润,富有弹性,吸湿性优于棉而输于羊毛,对人体无刺激性,是高级纺织原料。它的强度和绝缘性好,但不耐碱,耐日光性也较差,易脆化泛黄。柞蚕丝颜色淡黄,光泽柔和,强度、弹性、吸湿性以及耐酸碱性均优于桑蚕丝,耐热性强于其他纤维,但染色性较差。

（2）化学纤维的成分与性能

下面通过表10.2对化学纤维的成分与性能予以介绍。

表10.2　化学纤维的成分与性能

纤维种类	化学成分	主要性能
粘胶纤维	纤维素	柔软,吸湿性好,耐碱不耐酸,湿强度和弹性差
锦纶	聚己内酰胺	强度和耐磨性突出,弹性好,吸湿、耐热性差
涤纶	聚对苯二甲酸乙二酯纤维	抗皱和耐热性突出,强度和耐磨好,易生静电
腈纶	聚丙烯脂	弹性和保暖性好,耐晒性突出,不耐磨,生静电
丙纶	聚丙烯	密度小,强度、弹性好,热稳定性差,生静电
维纶	聚乙烯醇	吸湿性好,化学稳定性好,比重轻
氨纶	聚氨基甲酸酯	拉伸弹性和回弹性突出,强度、耐热优于橡胶丝

10.3.2　纺织品商品的结构

从以上的介绍中,我们知道了生产纺织商品的纺织纤维的种类有很多种,由于它们的纤维构成与结构有差异,从而使它们所组成的纺织织物表现出的特性与特征也不相同。纺织产品的种类非常多,其应用的领域也非常广泛。无论是工业、农业、军事、科研以及文艺、体育等都与纺织产品或多或少的有直接或间接的关系。因此,对纺织商品结构的认识是一个很重要的环节。

1)纺织商品的分类

(1)按纺织商品所用原料划分的方法

①按原料结构状况分类。

A.纯纺织物是指形成织物所使用的纱线是由单一的某种纤维纺制的,如纯棉织物、全毛织物、纯涤纶织物等。

B.混纺织物是指形成织物所使用的纱线是由两种或两种以上不同纤维按一定的比例混合后纺制的,如涤棉织物、涤粘中长织物等。

C.交织织物是指形成机织物所使用的经纬纱分别由某一种纤维组成的,如涤棉纬长丝织物、线绨被面、富春纺等。

D.交并交织织物是指形成机织物所使用的经纱(或纬纱)是由两种或两种以上不同原料的纱线并合再与纬纱(或经纱)交织的,如丝绸织物中的工农绸、色织物中的涤粘低弹纺毛花呢等。

②按原料线密度、长度分类。

A.棉型织物是指用原棉或长度、线密度等性能同棉纤维相仿的化学纤维做原料,在棉纺设备上加工成纱线再织制成的织物,如涤棉布、粘纤布等。

B.中长型织物是指用长度、线密度介于毛纤维和棉纤维之间的化学纤维做原料,经棉纺设备或专用设备加工成纱线再织制成的织物,如涤脂中长花呢、涤粘中长派力司等。

C.毛型织物是指用羊毛或长度、线密度等性能同羊毛纤维相仿的化学纤维做原料,在毛纺设备上加工成纱线再织制成的织物,如全毛花呢、毛腈女衣呢等。

D.长丝型织物是指用天然丝或各种化纤长丝做原料织制成的织物,如粘胶丝织锦缎、涤丝纺等。

(2)按纺织商品中纱线所采用的纺纱工艺划分的方法

①棉织物按纺纱工艺不同分为3种:采用精梳工艺生产的棉纱加工的织物是精梳织物;采用普梳工艺生产的棉纱加工的织物是普梳织物;采用废纺工艺生产的棉纱加工的织物是废纺织物。

②毛织物按纺纱工艺不同分为两种：采用粗梳工艺生产的毛纱加工的织物是粗梳毛织物；采用精梳工艺生产的毛纱加工的织物是精梳毛织物。

（3）按织造前纱线和织造后织物染整加工类型划分的方法

①按织造前纱线漂染加工状况可分为两种：用织造前未经漂白或染色的纱线织制的织物称为本白坯布；用织造前已经漂白或染色的纱线织制的织物称为色织布。

②按织物染整加工状况可分为4种：织物未经漂白、染色、印花、整理等加工的称为本色布；织物只经漂白加工的称漂布；织物经练漂、染色加工的称为色布；织物经练漂、印花加工的称为花布。

（4）按纺织商品所用纱线的结构形态划分的方法

①按所用纱线的结构分为3种：机织物经、纬均为单纱的，称为纱织物；经向采用股线，纬向采用单纱的，称为半线织物；经纬均采用股线的，称为全线织物。

②按所用纱线的形态分为两种：采用常规形态纱线织制的织物，称为普通纱线织物；采用膨体纱、空气变形纱等变形形态纱线织制的织物，称为变形纱织物。

（5）按纺织商品形成原理划分的方法

①机织物是指在织布机上由经、纬纱线按一定的规律交织形成的织物。

②针织物是指在针织机上使线圈按一定规律互相串套形成的织物。按编织方法不同又分为经编针织物和纬编针织物。

③编结物是指用手工或机器将纱线形成纱圈并且按一定规律串套编结形成的织物。

④非织造织物是指将纤维网或定向铺置的纱线，经过机械或化学加工，使它们黏合或缝编加工形成的织物。

⑤织编织物是指在织编机上，按一定规律联合运用机织与针织织造原理而形成的织物。

（6）按纺织商品的最终用途划分的方法

①服装及服用纺织商品。各种面料制作的服装；面料、里料、辅料、填充料、胆料、衬料；与服装配套使用的各类纺织制成品。

②装饰用纺织商品。用于各类装饰的纺织物。

③产业用纺织商品。如医用纱布、劳保用品、渔网等。

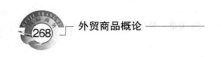

2）纺织品的形成过程

纺织商品按形成的原理大致分为机织物、针织物、无纺织布法制成的非织造织物3种。机织物是由经、纬两系统纱线在织机上互相交织而成的织物；针织物是由单独一组线编连而成的织物，有经编织物与纬编织物之分；非织造织物是将松散的纤维用粘合法或针刺法，予以粘合或缝结而成的织物。由于它们的加工设备、生产工艺、生产程序等过程不同，形成了风格各异、用途不同的纺织商品。

各种纺织品都要经过纺纱—织造—染整—成衣（部分或全部加工）等生产加工过程。

（1）纺纱

纺纱是指纺织纤维材料纺制成纱线的过程。各种纤维的纺纱工程虽有各自特点，但基本原理相同，都需要经过开松、梳理、牵伸、加捻等4个基本工序。开松是使用开松机械将压紧成包的大纤维块松懈成小块或小束的过程，其中所含较重的杂质如泥沙、绵籽等在此过程被清除。梳理是用密集梳针将纤维小块或小束进而松懈成单根纤维状，使之充分混合制成符合一定规格和质量要求的均匀棉条的过程，它也有去除纤维中叶屑、草屑、纤维结等细小杂质的作用。牵伸是将所制成的纤维条，经过均匀地抽长拉细，使纤维逐步伸直直至条子达到预定粗细的过程。加捻是利用旋转运动使纤维细条绕其自身回转，使纤维互相抱合成为具有一定强度的纱的过程。

（2）织造

织造是通过机械作用将纱线按照一定的纹织组织及规格进行经纬交织或将线圈与线圈相互串套形成织物的过程。其中，由经、纬两系统纱线在织机上互相交织而成的织物是机织物或梭织物；由单独一组线编连而成的织物是针织物，有经编织物与纬编织物之分。纱线按横向成圈串套形成的织物是纬编织物。纱线按纵向成圈串套形成的织物是经编织物；非织造物是通过定向或随机排列的纤维经过摩擦、抱合或粘合，或这些方法的组合而相互结合制成的薄片、纤网或絮垫。

（3）染整

织物染整在纺织品形成过程中起着非常重要的作用。经过染整可改善织物外观，改善使用性能，增加花色品种，提高纺织商品满足人们需要的程度。

染整就是从织物坯布（或半成品）开始直到成品的加工工艺过程。它包括精炼、漂白、染色、印花、整理等工序。机织物、针织物等由于其织制方法不同以及同类织物所用纤维的不同,其染整生产过程中所使用的染料及其生产工艺流程也不相同。

（4）成衣

经过纺纱、织造、染整生产过程后,所生产的纺织商品按最终用途可分类为服装及服用纺织商品、装饰用纺织商品、产业用纺织商品三大类。其中以将各种纺织纤维加工成用做服装面料、辅料等的服装及服用纺织商品与人们日常生活最密切。

服装面料的种类非常多,这是因为纤维成分不同导致面料的内在性能有差异,而织物组织的不同又会产生风格各异的外观表象以及不同的加工过程所形成的。但不同的纺织面料制作成各种服装经过的生产工艺流程大致相同,即裁剪、缝纫、熨烫定形、检验、整理、包装入库。

3）纺织品的织物组织

织物目前大致分为机织物、编织物以及无纺织布法制成的非织造织物3种。而织物组织发生变化时织物的外观及其内在性质也随之改变。因此,了解织物组织的构成,对认识纺织品的特性与特点有很大的意义。

（1）机织物组织

①织物组织的基本概念。机织物的织物组织是指在织物内经纬线按一定的规律相互浮沉交织,而这种相互浮沉交织的规律即为织物组织。

织物的局部图如图10.5、图10.6所示。图中纵向由左到右排列的是经纱,横向由下向上排列的是纬纱。经纬线交织之处称为组织点。当经线浮在纬线之上时称经组织点或经浮点,当纬线浮在经线之上时称纬组织点或纬浮点。一类纱线连续浮在另一类纱线上的纱线长度称为浮长。连续浮在纬纱上的经纱长度称经浮长;连续浮在经纱上的纬纱长度称纬浮长。

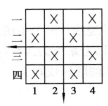

图10.5　织物组织图

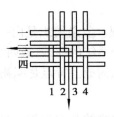

图10.6　织物结构简图

经组织点和纬组织点的排列规律在织物中每重复一次所需的纱线根数称一个组织循环或一个完全组织。构成一个组织循环的经线根数称经线循环数或完全经线数,用 R_j 表示;构成一个组织循环的纬线根数称纬线循环数或完全纬线数,用 R_w 表示。图 10.6 中箭头所示范围即为一个组织循环。图 10.5 中 $R_j = R_w = 2$。织物组织循环越大,所织成的花纹也越复杂。

织物组织可用图形来表示,这种表示织物组织的图形称为织物组织图。通常用印有小方格的意匠图纸绘制,格纸的纵向表示经纱,横向表示纬纱。经纱从左至右顺序编号,纬纱从下至上顺序编号。在所表示的经纬纱交错沉浮时,规定方格内打记号表示经纱浮起形成经组织点,方格内不打记号表示纬纱浮起形成纬组织点。图 10.5 即是对应于图 10.6 织物结构简图的织物组织图。

在认识织物组织时,会遇到"飞数"概念。飞数的定义是:在织物组织中,同一系统内的相邻两根纱线上,相应的经(或纬)组织点之间相隔的纬(或经)线数。经向飞数以 S_j 表示;纬向飞数以 S_w 表示。图 10.5 中 $S_j = S_w = 1$。即 1 与 2 两根经纱上,相应的两个经组织点间相隔一根纬纱;一与二两根纬纱上,相应两个经组织点间也相隔一根经纱。

②织物组织的分类。

织物组织种类繁多,根据参加交织的经、纬线组数以及交织规律等因素可做以下分类:

简单组织是出一组经线与一组纬线交织而成的组织,有原组织、变化组织、联合组织 3 种。

复杂组织是用多组经、纬线交织而成的组织,有重纬组织、重经组织、双层组织、多层组织、起绒组织、沙罗组织等。

A.简单组织。原组织是各种组织的基础,它包括平纹、斜纹、缎纹 3 种组织,故称为三原组织。其特点是在一个组织循环内每一根经线或纬线只具有一个经组织点,而其余的都是纬组织点;或者只具有一个纬组织点,而其余的都是经组织点。如果经组织点占优势,称为经面组织;如果纬组织点占优势,则称为纬面组织。

B.复杂组织。复杂组织是由一个系统的经纱与两个系统的纬纱,或两个系统的经纱与一个系统的纬纱,或两个及两个以上系统的经纱与两个及两个以上系统的纬纱交织而成。特点是织物坚牢度和耐磨性较好。

(2)编织物

①纬编针织物的基本组织。针织物的特征是由基本线圈相互串套钩结而成的。由于线圈的结构不同,可织制出各种组织结构不同的针织物。其基本组

织有纬编平针组织、罗纹组织、双反面组织、双罗纹组织等4种。其他的如变化纬编平针组织、提花组织、集圈组织、衬垫组织、毛圈组织、菠萝组织、沙罗组织、毛绒组织、衬经衬纬组织、复合组织等都是由基本组织演变而来的。

A. 纬编平针组织是由连续的单元线圈相互串套形成的。其结构简单,延伸性好,横向延伸比纵向延伸性大,有卷边性,脱散性较大,一般用来做内衣,如汗衫。

B. 罗纹组织是由正面线圈纵行和反面线圈纵行以一定的组合相间配置而成的。其横向弹性好,横向延伸性大,仅逆编织方向脱散。通常用来制作袖口、领口、下摆以及弹力衫等。

C. 双反面组织是由正面线圈横列与反面线圈横列相互交替配置而成的。纵向弹性好,纵向与横向的延伸性均好,无卷边,主要用于羊毛衫、袜子等生产中。

D. 双罗纹组织,又称棉毛组织是由两个罗纹组织彼此复合而成。其具有较好的弹性和延伸性,较柔软,无卷边,仅逆编织方向脱散,脱散性小,一般制作棉毛衫裤、运动衣裤等。

②经编针织物的基本组织。经编是由一组或几组经向平行排列的纱线,同时喂入织针编织成圈,线圈纵行之间相互连接而形成的织物。经编织物的外观结构由所用原料种类、线密度、颜色、经纱排列、机器型号、针数、导纱针等因素决定。其基本组织有单针床组织、双针床组织以及经编变化组织、经编花色组织等。

A. 单针床单梳基本组织是一切经编组织的基础。双梳和多梳组织是由各把梳栉所做单梳基本组织组合而成,有如下几种:

编链组织是指每根纱始终在同一针上垫纱成圈的组织,各根经纱所形成的线圈纵行之间没有联系。它可分为闭口和开口两种编链。编链组织纵行之间没有延展线,因此它本身不能成为坯布,需借别的梳栉形成的延展线联系。其拉伸性小,不太卷边,常作为衬衫布、外衣布等的基本组织。

平纹组织是指每根纱线轮流在相邻两根针上垫纱成圈的组织。在相邻导纱针均穿纱时,则每个纵行的线圈由相邻的经纱轮流形成。线圈的形成可以是开口,也可以是闭口,或是开、闭口交替使用。由两个横列组成一个完全组织。

经缎组织是指每根经纱顺序在3根或3根以上的针上垫纱成圈的组织。在一个完全组织中,导纱针的横移方向、大小和顺序可按花纹要求决定。

B. 双针床基本组织。双针床针相间配置时编结得到的组织称为罗纹经编组织。

C. 经编变化组织是由两个或两个以上的基本经编组织的纵行相间配置而成的组织。其特点是延展线较长,横向延展性较小。

D. 经编花色组织有双梳和多梳经编组织和衬纬经编组织。

双梳和多梳经编组织是由两把或两把以上的梳栉形成的经编组织,每把梳栉各做相应的垫纱运动。

衬纬经编组织是在经编针织物的线圈主杆与延展线之间周期性地垫入一根或几根纱线的组织。

10.3.3 纺织品商品的性质

纺织品商品的性质与商品品质、合理使用、包装、储存和运输等有极其密切的关系。它是判断商品品质的重要指标,是选择包装方式、储存和运输方式的依据。纺织商品种类繁多,使用范围广泛,非常复杂。因此,商品的性质对其使用价值影响甚大。综合起来,主要反应在纺织品的物理性质、机械性能、化学性质等方面。

1) 纺织品的物理性质

纺织品商品的长度、宽度、厚度、密度、单位重量等是判断其品质的重要指标。由于这些特征的关系,就要求从织物的经向和纬向以及厚度等方面研究织物的性能。

(1) 织物的长度、宽度和厚度

织物的长度以米为单位,工厂及贸易部门习惯以匹长来表示。匹长主要是根据织物的用途和织物的单位长度重量而定。一般匹长在 25 ~ 50 m 内。

织物的宽度亦称幅宽,一般以毫米为单位,外贸通常以英寸为单位。

织物的厚度以毫米为单位表示,因直接度量厚度不方便,常用织物的重量来间接表示,如丝绸以每米绸重(g/m)或每平方米绸重(g/m^2)为单位重量。

织物的厚度和织物的服用性能关系很大。例如,织物的坚牢度、保暖性、透气性、防风性、刚度和悬垂性等性能在很大程度上与织物厚度有关。纱线的粗细和织物组织与织物厚度有关。织物中纱线弯曲程度越大,织物越显得丰满厚实。

(2) 密度与紧度

织物单位长度中所排列的纱线根数称为织物密度,有经、纬密度之分,它表示织物中纱线排列的疏密程度。密度越大,表示织物中纱线排列得越紧密;反之密度越小,表示织物中纱线排列得越稀疏。一般以根/10 cm 表示。机织物的密度常用经纱密度乘纬纱密度来表示,例如 108×58。针织物的密度分直向密度(纵密)、横向密度(横密)和总密度。纵密是指针织物沿纵行方向 5 cm 内的线圈横列数;横密是指针织物沿横列方向 5 cm 内的线圈纵行数。总密度是指针织物在 25 cm 内的纱圈数。织物密度的大小,对织物的性状,如织物的重量、坚牢度、手感以及透通性、保暖性等都有重要的影响。

机织物的覆盖紧度分经向覆盖紧度、纬向覆盖紧度和总覆盖紧度。经向覆盖紧度是织物规定面积内经纱所覆盖的面积对织物规定面积的百分率;纬向覆盖紧度是织物规定面积内纬纱所覆盖的面积对织物规定面积的百分率;总覆盖紧度为织物规定面积内经纬纱所覆盖的面积对织物规定面积的百分率。机织物的覆盖紧度可用于比较由粗细不同的纱线织制的织物的紧密程度。针织物的紧密程度使用未充满系数表示,即指针织物线圈长度与纱线直径之比值。未充满系数越大,说明针织物越稀疏。

(3)织物质量

织物质量是指用织物的单位长度、单位面积或单位体积的重量表示。在纺织品中使用最多的是单位面积的重量,常用平方米重量(g/m^2)表示。织物质量的大小与织物的厚度、密度、覆盖紧度密切相关。

2)纺织品的机械性能

织物在穿着或其他使用过程中遭到损坏的原因很多。其中最基本的是由拉伸、弯曲、压缩与摩擦等机械力作用的结果。织物在服用时所受的外力作用可能是多次的反复,并且可能有不同的作用形式同时实施。因此,拉伸断裂、撕裂、顶裂等各项性能直接影响到织物的使用寿命。

(1)拉伸断裂性能

拉伸断裂性能有断裂强度与断裂伸长率两个指标。

断裂强度是指织物受拉伸至断裂时,所能承受的最大负荷。单位为牛顿。断裂强度也常用来评定织物经日照、洗涤、磨损以及各种整理后对织物内在质量的影响。

断裂伸长率是指试样被拉断时的长度与原试样长度差占原试样长度的百分比。

通常分别沿织物的经纬向来测定强度与伸长率,但有时也沿其他不同方向测定,因为衣服的某些部位是在织物不同的方向上承受着张力与变形。织物拉

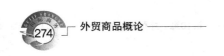

伸断裂的性能主要决定于纤维性能、纱线结构和织物结构、后整理等诸因素。

（2）撕裂（破）性能

撕裂是指衣服经过一段时间穿用后会因织物内局部纱线受到集中负荷而撕破或裂缝。织物被物件钩住，局部纱线受力而断裂也形成裂缝。织物抗撕破的能力用最大的撕破强力表示。织物撕破强力常用于评价织物经树脂整理后的织物坚韧程度。影响织物抗撕破性能的主要因素是纱线的性质、织物的组织和密度以及后整理等因素。

（3）顶裂（顶破）性能

顶裂是将一定面积的织物周边固定，从织物的一面给以垂直的力使其破坏。顶裂和衣着用织物的膝部和肘部手套和袜子等的受力情况相似。影响织物抗顶破性能的主要因素有织物的厚度，机织物经、纬向性能的差异程度和针织物的纱线钩接强力、线圈密度等。

（4）耐磨性能

耐磨性能用耐磨强度表示，是指织物抵抗摩擦坏损的能力。它直接影响织物的耐用性，是织物的重要质量指标。测试时，可用标准磨料摩擦织物试样直至出现指定特征（如纱线断裂两根或出现破洞）所需的次数表示，也可以用试样承受一定摩擦次数后某些性质变化率（如试验前后强度变化率、重量变化率等）来表示。影响织物耐磨性的因素主要有纤维的性质、纱线的结构、织物的结构、试验条件以及后整理等。

（5）织物的刚柔性

织物的刚柔性是指织物的抗弯刚度和柔软度。织物抵抗其弯曲方向形状变化的能力称为抗弯刚度。抗弯刚度常用来评价相反的特性——柔软度。硬挺度和悬垂系数是表示刚柔性的两个指标。前者用斜面悬臂发测试织物试样因自重而达到一定程度弯曲变形时所悬空的长度的半值表示，其值越大，该织物越挺括。后者用悬垂仪测定一定面积的圆形试样因其自重和刚柔性影响而下垂的投影面积和试样原面积的百分比值表示，该值越小，其试样越柔软，悬垂性越好。抗弯刚度大的织物，其悬垂性较差。影响织物的刚柔性因素主要是织物的厚度、织物的组织和紧度以及染整工艺等。

（6）织物的抗皱性

折皱性是指在搓揉织物时发生塑性弯曲变形而形成折皱的性能。抗皱性是指织物抵抗由于揉搓而引起的弯曲变形的能力。它与织物的外观及耐用性有关,因为容易起皱织物不仅严重影响织物的外观,还因沿着织物弯曲和皱痕处容易产生剧烈的磨损,降低织物耐用性。织物的抗皱性主要与纤维的几何形态、纤维弹性、纤维表面摩擦性质、纱线结构、织物厚度、组织、密度以及后整理等因素有关。

(7) 织物的透气性和透汽性

织物能被空气透过的特性称为透气性,常用透气量表示。透气量是指织物试样两面在规定的压力差下测量出的在单位时间内所流过试样单位面积的空气体积。织物能被水蒸气透过的特性称为透汽性。透汽性是指通常在一定温度下,使织物试样两面的单位水蒸气存在压差(和水蒸气浓度差),在单位时间内透过单位面积试样的水分量来表示。影响透气性的因素主要是织物的密度和厚度,其次是纤维的截面形态、纱线的粗细以及染整后加工等。

(8) 织物的抗起球性能

织物在实际穿用与洗涤过程中,不断经受外力作用,使织物表面的纤维端露出于织物,在织物表面呈现许多毛茸,即为"起毛";若这些毛茸在继续穿用中不能及时脱落,就互相纠缠一起,被揉搓成许多球形小粒的现象,通常称为"起球"。织物起毛起球后,使织物的外观变差,耐用性下降。织物的抗起球性能与纤维的性质、纱线结构、织物组织结构及后整理等因素有关。

(9) 织物的尺寸稳定性

尺寸稳定性是指织物在使用过程中,经水洗、干洗、水浸、汽蒸、熨烫等作用后,织物能保持原有外形和尺寸能力的性能,也称缩水率。织物的经、纬向的缩水率并不相同。经(纬)向缩水率是指水洗前后织物试样经(纬)向的长度(宽度)差与水洗前试样经(纬)向长度(宽度)的百分比值。导致织物缩水的原因主要是两个:其一是纤维吸湿后引起膨胀变形,使织物中纱线直径变粗,从而引起纱线在织物中弯曲程度增大,使织物面积缩小;其二是织物在加工时,不断受到外力的拉伸作用,使经纬纱不能及时恢复原状,因此,织物本身就存在着潜在的回弹力,一遇水洗就收缩。

3) 纺织品的化学性质

纺织品在生产过程和消费使用过程中,都会不同程度地接触水、酸、碱、盐以及其他的化学物质,如纺织品染整加工中使用的各种染料,纺织品在使用中接触到的洗涤剂、整理剂等。因此,纺织品必须具备一定的耐化学性能,才能满足纺织染整加工和产品使用的要求。由于纺织品是由各种纤维经过生产加工

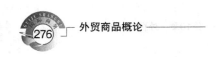

而成的织物,因此,只有了解各种纺织纤维的耐化学性能,才能合理地选择适当的加工工艺条件,正确使用各种纤维制品。

(1)棉织物

棉织物是纯植物棉纤维织物,具有保暖、吸湿、导电等性能。而棉纤维主要由纤维素组成,其次还附有少量的纤维伴生物,如多缩戊糖、蛋白质、脂肪、蜡质、水溶性物质和灰分。纤维素纤维对碱的抵抗力较强,而对酸的抵抗力很弱。棉纤维是多孔性物质,并且其纤维素大分子上存在很多亲水性基团,故其吸湿性较好,一般大气条件下,回潮率可达8.5%左右。

棉纤维耐无机酸能力差,对碱的抵抗能力较大,但会引起横向膨化,可利用稀碱溶液对棉布进行"丝光"。

(2)毛织物

毛织物是动物毛纤维所织成的,其中又以羊毛为主。羊毛纤维的主要组成物质是一种不溶性蛋白质,称为角朊。它是由一些α-氨基酸以肽键方式连接缩聚而成。羊毛大分子中的羧基、氨基等是羊毛的主要官能团,它使羊毛纤维比较耐酸不耐碱,并具有良好的吸湿性。一般大气条件下回潮率可达16%,在非常潮湿的空气中,吸收水分能高达40%。

羊毛对酸有较好的稳定性和抵抗性,但对碱不稳定。碱对羊毛角朊有很大的破坏作用。

(3)纯丝织物

纯丝织物是动物纤维蚕丝所织成。蚕丝的主要组成物质是丝朊,它属于天然蛋白质纤维。蚕丝大分子的基本结构单元是α-氨基酸。和羊毛角朊相比较,丝朊大分子的侧基R基团较小,组成α-氨基酸的种类也较少。蚕丝是一种多孔性物质,并且蚕丝的大分子中具有大量的亲水性基团,因此,吸湿性较好,回潮率可达9%左右。

蚕丝较耐酸不耐碱。丝蛋白质在碱液中可以引起不同程度的水解。酸对丝的破坏性不如碱液强。弱的无机酸及有机酸对丝的作用比强无机酸要弱得多,但随着浓度和温度的增高、pH值的变化、时间的加长,也会使丝受损,影响质量。此外,丝还不耐盐,如丝织品受汗侵蚀后出现黄斑。总的来说,蚕丝对酸的抵抗力比纤维素纤维要强,而对碱的抵抗能力则远比酸弱。

(4)麻织物

麻织物也是植物纤维的一种,用于服装方面的主要有苎麻和亚麻。麻纤维的主要成分是纤维素,其次还有胶质、木质素、蜡质和水分等。麻纤维的吸湿能力较强,其中又以黄麻的吸湿性最好,回潮率可达 14% 左右。由于麻纤维的吸、散湿速度快,特别适合制作夏季服饰。麻纤维与棉纤维同属于天然纤维素纤维,因此,麻纤维与棉纤维一样,较耐碱而不耐酸,在浓硫酸中,纤维麻会膨润溶解。

（5）粘胶纤维

粘胶纤维是纤维素纤维,其大分子排列不紧密,因此,具有较好的吸湿性,一般大气条件下,回潮率可达 13% 左右。粘胶纤维耐碱性能较好,但不耐强酸。在室温下,59% 的硫酸溶液即可将其溶解。由于粘胶纤维的纤维素分子量和结晶度均比棉低,在水中易膨润,故染色性比棉、麻等天然纤维素要好,但也容易引起染色不均匀。

（6）锦纶

锦纶纤维分子结构中含有大量极性酰胺基和非极肟性亚甲基,具有中等程度的吸湿率,回潮率达 4.5% 左右,比天然纤维、再生纤维素纤维要低些,但比其他的合成纤维要高些。锦纶耐碱不耐酸,在 95 ℃下用 10% 氢氧化钠处理 16 小时后,强度可忽略不计。但锦纶可溶解于各种浓酸（盐酸、硫酸、硝酸等）中。锦纶纤维由于分子结构中含有大量的酰胺基,又含有氨基和羧基,对酸性染料的亲和性大,也可采用分散性染料染色。

（7）涤纶

涤纶纤维结晶度高,内部大分子中没有亲水基团,只在分子的端基上有两个醇羟基具有很小的吸湿能力,因此,涤纶的吸湿性能低,染色困难,必须用分散性染料在高温高压下染色。涤纶的回潮率低,只有 4%,其织物具有易洗快干的特点,但吸汗性和透气性差。涤纶纤维对酸有一定的稳定性,如对有机酸、浓度 80% 的硫酸（室温）等较稳定。但对浓硫酸、浓硝酸,因酯键被分解而溶解。涤纶纤维因分子中含有较多酯基,所以不耐碱。涤纶纤维受强碱作用时,从纤维外侧同心地向内芯溶解,但残余部分纤维的强度和染色性可保持不变。

（8）腈纶

纯聚丙烯腈纤维结构紧密,吸湿性低,回潮率为 2% 左右,染色性不太好。但腈纶纤维在纤维的组成中加入第二单体和第三单体后,不但能降低纤维结构的紧密程度,改善分散性染料的染色效果,并且由于第三单体使纤维上带上了酸性或碱性基团,而能采用阳离子染料（包括碱性染料）或酸性染料染色。腈纶具有较好的化学稳定性,耐酸、耐弱碱、耐氧化剂和有机溶剂。腈纶纤维的耐碱性比锦纶差,在热稀碱、冷浓碱溶液中会变黄,在热浓碱溶液中立即被破坏。

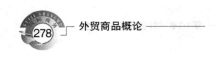

（9）维纶

维纶大分子中存在相当数量的羟基,在合成纤维中,维纶的吸湿性最高。一般维纶纤维在标准状态下的回潮率是 4.5% ~5%,但仍比天然纤维、再生纤维素纤维要低。用维纶制作的衣服,穿着透气、吸汗。维纶纤维染色性能较差,染色不鲜艳。维纶的化学稳定性较好,但相对耐碱而不耐酸,它不怕霉蛀,长期放于海水或土中均无影响,因此,适宜做渔网、水产养殖网等。

（10）丙纶

丙纶纤维分子结构中没有极性的基团,不吸水,难以染色,回潮率接近于零。丙纶的耐酸耐碱性、耐化学溶剂性能较其他合成纤维要好,适合于用做过滤材料和包装材料。

（11）氯纶

氯纶的吸湿性极小,几乎不吸湿,染色困难。氯纶耐酸耐碱、耐氧化剂和还原剂的性能极佳。氯纶织物适宜制作工业滤布、工作服和防护用品等。

（12）氨纶

氨纶的吸湿性较差,一般大气条件下回潮率是 0.8% ~1%。但是,氨纶的染色性能较好。氨纶的耐酸耐碱性能也比较好,适合于制作有弹性的织物。

4）服装商品的质量要求

随着科学技术和生产技术的发展,社会经济水平的不断提高,人们对服装质量的要求也越来越高。它与一次性消费的商品不同,是可经过多次使用或逐渐消费完其使用价值的消费品。因此,消费者对服装类商品的质量要求与一次性消费类的商品不同,他不仅要考虑其用途因素,还要考虑其使用性能。总的概括起来,服装类商品的质量要求基本上有:舒适性、耐用性、安全性、方便性、美观性及经济性等 6 个方面。

（1）舒适性

服装商品的穿着舒适性包含合体舒适性、微气候舒适性、触感舒适性。

①合体舒适性。人们对衣着商品的合体舒适性要求是其穿在身上感觉能否适应人体的体形,有纵横适度的舒展性,并且面料的质地是否轻便,使人体无压迫感以及行动自由。服装过长、过短、过大、过小都会使人感到不舒服。据研究资料所知,人体动作时,皮肤伸长范围大致为 20% ~50%。依随动作服装的伸长比皮肤的伸长少,其减少的多少取决于服装的宽裕度和皮肤与织物间的滑

动。在穿着过程中反复伸长易起拱变形的织物,其伸长率大。因此,由于衣着用途不同,不同类服装要求的伸长率也不同,如衬衣应为 10% ~ 15% ,成套服装为 10% ~ 25% ,泳衣为 50% 等。

②微气候舒适性。微气候是指衣服内层与人体皮肤之间空气层的温湿度状态。微气候舒适性则是要求衣服在各种气候环境中,其微气候都能使人体保持生理热平衡,从而有舒适的感觉。一般空气层的状态保持在温度为 32 ℃ ±1 ℃ ,相对湿度为 50% ±10% 时,是较舒适的状态。因此,衣服所用材料的保暖性、透气性、透湿性、吸水性以及款式对其空气层状态的稳定性起着很重要的作用。

③触感舒适性。人体皮肤与服装材料接触时产生不同的感觉,这些感觉会使人体反射出不同生理、心理现象,这就是触感的舒适性。如穿着外衣或内衣时,由于面料选择得过厚、过硬、柔软不够、弹性不足,就会产生压迫力;因制作衣服的材料性质的差异,有的透气性、吸湿性、柔软度较好,用于内衣接触皮肤穿着较舒适;衣物材质纤维对皮肤的刺激作用会引起诸如搔痒类的反应等。新内衣或其他衣服穿用之前,应该经过清水浸泡,洗去残留化学物质,增加柔软度和舒适感。

（2）耐用性

服装是需要经受反复穿戴、洗涤的商品,它的耐用性能是消费者考虑的重要指标之一。因此,在穿用和洗涤过程中抵抗外界各种破坏因素影响的能力,是衡量服装质量优劣的具体体现。

服装商品的耐用性是指其在穿用和洗涤过程中抵抗外界各种破坏因素作用的能力。它包括抗拉伸强度、撕裂强度、顶破强度、耐磨牢度、耐日光性、耐热性、染色牢度以及耐霉性等内容。这些方面决定了衣服的使用期限和合适的使用寿命。

衣服在实际穿用、洗涤过程中,所受的各种外力使之破损的力度并不太大,它是一个有一定时间积累的反复作用的结果。由于衣服的不同部位所受的力度不同,受到的内外界力破坏的次数不同,因而出现破损的部位先后不一。在选用服装材料时,要注意内、外衣对人的不同使用性质、用途等,依据纺织材料的不同特性而选用符合内、外衣特点的纺织物做衣料。

（3）安全性

衣着纺织商品的安全性主要是指两个方面,一是对人体健康因素;二是对人体安全因素。它包括衣服材料的抗燃性、抗静电性和织造染整后有害物质残

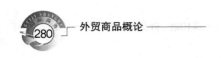

留等方面。

一般服装商品所用的纺织纤维都属于易燃或可燃纤维。棉、麻、粘纤、丙纶、腈纶等属于易燃纤维,易点燃并且燃烧速度快;羊毛、蚕丝、锦纶、涤纶等属于可燃纤维,易点燃但燃烧速度慢。因此,提高纤维的抗燃性能力,是改善人体安全的重要因素。提高抗燃性的方法可采取阻燃纤维和对易燃、可燃纤维进行阻燃处理的方法。如对服饰材料进行抗静电处理,消除因静电起火而伤人的可能性。

由于服装材料在染整加工过程中,要使用染料及其各类助剂等化学物质,达到使衣料能符合对服装的穿着要求,因而在衣用商品上会残留一些对人体有害的物质,从而影响人的身体健康。如染色中使用的重铬酸盐、膨润剂等,漂白时的增白剂,柔软剂中的硫酸酯等,如果超过一定浓度,对皮肤就有刺激作用引起皮炎。因此,对残留的有害物质种类和残存量的限制是非常重要的。

（4）方便性

方便性的要求是指在服装商品的穿用及整理过程中,具有易洗涤、易整烫（或免烫）、易干燥、易保管等以及穿着时能方便工作、生活。

（5）美观性

服装的美观要求是一个综合性的审美范畴,它包含衣着材料、色彩搭配、款式设计等方面的内容。

①材料。衣服所用的面、里料的布面对外观疵点、刚柔性、悬垂性、抗起毛球性、缩水率以及丰满度、手感等都有一定的要求。服装给人的感觉首先是视觉、触觉所引起的,因此,织物的内外在质量直接影响服装的外在美。根据穿着内、外衣的不同要求,选用不同衣料,可使衣服给人的视觉、触觉效果有很大差异。如蚕丝缎面织物做女士内衣,使人觉得华丽丰满、手感细腻,而呢料大衣材料则要求挺括、悬垂性好,有一种骨感美的效应。

②色彩搭配。色彩的感觉在一般美感中是最直接的、最大众化的表现形式。色彩及其搭配在服装上的运用既具有独特性,又具有一般性。衣着色彩的搭配有一般基本对比、调和的规律,是色彩搭配反映在衣着上的内在有机联系。但色彩又有其独特的一面,不同颜色表现的个性各不相同,使得服装的色彩表现出流行和前卫。衣服的色彩及搭配是与人所处的环境（如季节、工作环境、活动场合、宗教意识、风俗习惯等）有关联,也要求和人的肤色、体型、发色、社会地位、内在气质、性格等特征相统一。

③款式设计。服装的式样美是由点、线、面、三维体等式样构成要素按形式

美的法则以及人体体型和活动特征综合体现出来的美学特性。服装的变化主要是外观特征,通过对点、线、面、体以及配件饰物、色彩搭配的变化,可使服装呈现出千变万化的款式。它与色彩一样,与人所处的环境（如季节、工作环境、活动场合、宗教意识、风俗习惯等）有关,也需与人的肤色、体型、发色、社会地位、内在气质、性格以及时代潮流等特征相适应。

（6）经济性

服装作为商品进入流通领域,其商品的使用价值与价值之比值,是消费者必须要考虑的因素。因此,服装商品的成本和价格不能脱离其实用价值。只有设计美观、大方,适合市场需求的服装,并尽量减少其生产成本,避免库存积压,才能提供物美价廉的服装商品。

10.4　外贸家用电器商品的特性

随着人民生活水平的提高,家用电器的使用已经越来越普及,大到空调、电冰箱、洗衣机,小到电动剃须刀、计算器等家用电器商品已成为消费品的重要组成部分进入到千家万户,从衣、食、住、行等各个方面,给人们带来了极大的方便。随着科学技术的发展,模糊理论、微电脑技术、激光技术、数字信号处理技术、高密度记录技术等高新技术在家用电器上的应用,使得家用电器商品的性能越来越优良,功能越来越强大,自动化程度越来越高,为人类创造出更轻松、更舒适的生活和工作环境。同时,家用电器商品也是我国出口贸易的最主要产品。

10.4.1　家用电器的分类和品种

家用电器商品是指日常家庭使用条件下或类似使用条件下电子器具和电器器具的总称。电子器具是指以电子线路为主的器具,如电视机、录音机、录像机等。电器器具是指以电动机为主的电工器件组成的器具,如洗衣机、电冰箱、空调器等。它们的共同特点是以电力为能源,进行电能与机械能、热能、光能的转换。它们能够减轻人们的家务劳动,给人以精神上的享受,美化生活环境,提高生活质量。

1）家用电器商品的分类

经过 100 多年的发展,家用电器商品已形成了完整的商品分类体系,一般

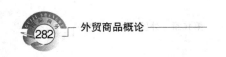
估计,现有品种近 300 余种。常见的分类方法主要有按工作原理和用途分类两种。

（1）按工作原理分类

家用电器商品按工作原理分类主要考虑能量转换方式,适用于组织生产和学术研究,可分为以下 5 类:

①电动器具。此类电器以电能转换为机械能,由电动机带动工作部件完成各种规定作业,如洗衣机、电风扇、吸尘器等。

②电子器具。此类电器以电能转换为声能和视像,以电子元件为基础,通过电子技术完成各种功能,如收音机、录音机、电视机等。

③电热器具。此类电器以各种电热元件完成电能与热能的交换,实现加热功能,如电熨斗、电热炊具、远红外取暖器等。

④制冷器具。此类电器消耗电能进行热交换,获得制冷效果,如房间空气调节器、电冰箱等。

⑤电光器具。也称照明器具,使用电光源实现电能与光能的转换,如各类灯具。

（2）按用途分类

电子电器类商品按照用途分类主要考虑使用方向,适合商业部门和用户的需要,可分为以下 11 类:

①声像器具。它们主要用于家庭文化娱乐,如音频设备和视频设备。

②空调器具。它们用于调节室内温湿度,加速空气流动,清洁改善室内环境,如空调、电风扇、去湿机、阴离子发生器等。

③取暖器具。它们用于生活取暖,如取暖电炉、电热褥、空气加热器。

④冷冻器具。它们用于食品冷冻或冷藏,如电冰箱、冷藏柜。

⑤清洁器具。它们用于个人卫生的清洗和环境卫生的清洁,如洗衣机、吸尘器、消毒柜。

⑥整容器具。它们用于个人容貌的整理和保健,如电吹风机、卷发器和电动剃须刀。

⑦厨房器具。它们用于食品加工、烹饪和食品炊具的洗涤,如微波炉、电磁炉、电饭锅、洗碗机。

⑧照明器具。它们用于室内照明及艺术装饰,如吊灯、台灯和壁灯。

⑨电动工具。它们用于家庭修理和加工,如电钻、电刨。

⑩计时、计算器具。它们用于计时和计算,如电子表、电子计算器。

⑪其他器具。凡不能归入以上各类的器具,如电动缝纫机、电动自行车等。

2)家用电器商品的主要品种

按用途分类,家用电器商品的主要品种如下:

①视频设备,包括电视机、投影电视机、录像机、监视器、激光影碟机等。

②音频设备,包括录音机、单放音机、半导体收音机、音频功率放大器、电唱机、激光唱机、组合音响等。

③家用制冷电器,包括电冰箱、冷藏箱、冷藏柜、冷饮水器。

④家用空气调节器,包括空气调节器、加湿机、去湿机、电风扇等。

⑤家用取暖用具,包括取暖器、电热卧具、电热服、电热鞋、电围腰、电热桌等。

⑥家用整容器具,包括电动剃须刀、电推剪、电卷发器、电烘发器、电吹风器、电热梳、电刷牙器等。

⑦家用清洁卫生器具,包括洗衣机、脱水机、干衣机、电热淋浴器、吸尘器、擦窗器、地板打蜡机、地板擦洗机、擦鞋器、被褥干燥器等。

⑧熨烫器具,如电熨斗、蒸汽电熨斗等。

⑨家用保健器具,包括负离子发生器、超声波洗浴器、电子凉枕、电热敷器、电按摩器等。

⑩家用厨房电器具,包括电饭锅、电火锅、电蒸锅、电烤箱、三明治炉、面包烤炉、电炒锅、电煎锅、电水壶、电热水瓶、电咖啡壶、微波炉、电磁灶、电炉、食品切碎机、混合搅拌器、洗碗机、餐具干燥器、抽油烟机、泔水处理器等。

10.4.2 家用电器商品的质量要求

家用电器商品从价格上看,一部分属于高档耐用消费品,在家庭消费中所需开支较大。一般来说,使用期限都要求在 5 ~ 10 年以上,其质量要求侧重在坚固耐用性。另一部分属于中小型电器商品,在日常生活中使用频繁,其质量要求侧重于功能有效性和使用方便性。这两类电子电器商品都以电为能源,共同的基本质量要求是安全可靠,不能造成触电的人身伤害事故,这一点尤为重要。电子电器商品的基本质量要求,总括起来有如下 4 个方面。

1)性能要求

尽可能完善的使用性能是构成家用电器类商品使用价值的基本条件。性能要求是指商品必须具有满足用途的主要功能。如电冰箱必须要有满足冷冻、冷藏食品的降温功能;电视机必须要有清晰的图像和伴音。至于不同档次的使用要求可以由不同型号和规格来满足,如电冰箱的星级标准和电视机的荧光屏尺寸。

在提供完善使用机能方面还包括多功能性要求和操作方便性要求。一件商品的合理的使用性能的综合多样性是现代商品发展的趋势。集洗涤、漂洗、脱水功能于一体的全自动洗衣机往往比单一功能的洗衣机更受用户欢迎。电子电器类商品随着功能的增加,带来了操作复杂的问题。有些消费者由于难以掌握繁多的操作程序,致使商品有些功能不能得以充分发挥。因此,现代化的电子电器商品大多采用微电子技术提高操作的自动化程度,即所谓电脑控制。

此外,对电子电器类商品的性能要求中还要兼顾造价和便于维修等经济性方面的问题。因为增加和完善商品功能都会使产品成本有所提高,在我国目前的消费水平条件下,尚不宜过分追求商品性能的尽善尽美,如果超出消费者购买力的水平必然会制约它的发展。电子电器商品的性能发挥,有赖于使用过程中的维护和保养。因此在产品设计时还要考虑到维修的方便性,使用户在发生小故障时可以自己动手更换零配件,减少修理费用的开支。

2) 耐用要求

作为耐用消费品的电子电器类商品,重要特征就是"耐用",即质量稳定可靠和使用寿命长。许多大件的电子电器商品重量沉、怕碰撞、搬运不便,如果可靠性不佳经常发生故障,不但修理费用开支大,而且往返修理的搬运也很费力费事。在电子电器商品的耐用性还达不到较好的要求时,经常听到消费者发出"买得起、用不起"、"花钱买气受"的感叹。因此,电子电器类商品的坚固耐用性是很重要的质量要求。

3) 安全要求

确保电子电器商品的使用安全十分重要。各国及各有关国际组织对此均有严格的要求。例如,国际电工委员会明确提出:电子电器类商品应做到"设计与结构应使其在正常使用中能够安全地运行而不会给人和外界环境带来危险,即使有在正常使用中可能出现的错误操作时,也应如此"。

电可能造成的危害是多方面的。电流通过人体可以引起电击伤;通过人体电流达到 50 mA,触电时间超过一秒钟,即可致命;电流的热效应可以引起火灾;强电磁场辐射能量会对人的中枢神经产生有害影响。因此,电子电器商品必须有良好的绝缘性能,并要求有一定的安全系数以承受各种恶劣使用环境和意外原因造成的过电流、过电压。新式的电子电器商品多采用双重绝缘结构,绝缘材料要有足够的耐热性。一般在使用时最好采用接地保护措施,正式出售的产品应有安全合格标记。

4)节能要求

我国电力资源还比较紧张,对电子电器类商品的节能要求也是不可忽视的因素。电器商品的耗电量和民用电费水平关系到电子电器商品的使用成本。目前我国家庭每月总用电量和同时使用耗电商品的总电流量还受到一定限制,这是国家对民用电节能政策所规定的。设计节能型的电子电器商品于国于民都是有利的。

10.4.3 家用电器商品的包装、储运和销售要求

电子电器类商品一般都是多元件组成的精密贵重商品,因此,特别要注意包装质量、储运条件和在销售中保护消费者的权益。

1)电子电器商品的包装要求

电子电器商品的包装基本要求可参照国家标准《家用电器包装通则》(GB 1019—1989),主要的要求如下:

①包装环境应清洁、干燥、无有害介质。产品包装应在室温条件下,相对湿度不大于85%的环境中进行。

②产品检验合格后,应在附件、备件及产品使用说明书、合格证、装箱清单等齐全后才能包装。

③产品包装作业应严格按照产品的包装技术文件进行。

④产品在包装箱内要防止松动、碰撞,不应与包装箱的内壁直接接触,以免受外力的冲击而损伤产品。

⑤包装材料必须保持干燥、整洁,符合标准要求,与产品直接接触的包装材料无腐蚀作用和其他有害的影响。

⑥采用集装箱和托盘运输的包装应符合有关规定。

电子电器类商品包装外箱体应有各种包装标志,主要有识别标志,如品名、型号、体积、重量等;指示标志:如"易碎"、"防潮"、"向上"、"小心轻放"等文字或图形说明。

电子电器商品包装内必须有符合规定的使用说明,国家标准《家用和类似用途电器的使用说明》(GB 5296.2—1987)中有明确规定。使用说明的项目一般置于产品的铭牌、销售包装和说明书上。使用说明的主要内容有:产品标志;各种控制和调节标记;必要的操作、安装、维修的警示语和标志;产品名称;型号;商标;重量和数量;识别标志;包装外型尺寸;消费者须知的储存、运输注意事项;必要的开启包装指示;产品概述;额定电压和电源种类;额定频率;输入功率;主要使用性能指标;接地说明;组装和安放、安装事项;使用事项;维护保养事项;产品附件名称、数量、规格;常见故障及其处理方法一览表;售后服务事项和生产者责任;制造厂名和厂址等。

电子电器商品的包装质量要强调防震性和防潮性。因为在运输和装卸中可能会有各种冲击和震动,这将影响商品的开箱合格率;电子电器类商品储运期间,空气中的潮气侵入,会造成金属部件的锈蚀和电气绝缘性能的下降。大件的电子电器商品一般采用单机包装,使用单层或双层瓦楞纸箱,箱体内采用可发性聚苯乙烯,泡沫材料衬垫。小件的电子电器商品可用摺叠瓦楞纸、白卡纸、硬纸板包装。整机应用防潮底或塑料袋包裹防潮,防潮层内一般还要加入防潮硅胶。

2) 电子电器商品的储运要求

电子电器商品在运输过程中应避免各种强烈的机械震动和冲击,严格按照包装指示标志的要求作业。对于不得倒置的商品尤其要注意码放方向。对于不得过分倾斜的商品要注意搬运角度。如电冰箱压缩机密封罐的底部装有润滑油,超过 45°倾斜会使冷冻油进入制冷系统,从而影响制冷剂正常循环,此外,也易造成压缩机减震弹簧脱落,使压缩机无法正常工作。

3) 家用电器商品的销售要求

家用电器商品在销售时应开箱通电验机,为顾客当面调试。售出的商品在保证期限内发现质量不符合国家有关法规、质量标准以及合同规定的要求时,应由生产企业或经销企业负责对用户实行包修、包换、包退,承担赔偿实际经济损失的责任。由原国家经济发展委员会、原商业部等八部委联合颁发的《部分国产家用电器"三包"规定》中有明确规定。

本章小结

食品商品特性是食品自然属性的重要组成部分,食品商品中的糖类、蛋白质、脂肪、维生素、矿物质、水等化学成分及食品商品的卫生特性,是决定食品商品内在质量的基础。食品的色、香、味、形等感官特性,将随着可持续发展战略的实施和绿色革命的进展更加显示出它们的重要性。食品商品化学成分中的糖类、蛋白质、脂肪等的性质及生理功能,环境与微生物对食物的污染等是本章的难点内容。

工业品商品的化学成分以及宏观、微观和内部结构又是工业品商品性质的基础,也是鉴定商品质量的前提。通过运用和提高理化知识,把握商品化学性质、物理性质和机械性质,并应用于商品实际之中,从而为商品营销、储运、养护和新产品开发奠定基础。工业品商品的化学成分和高分子结构是本章的难点。

纺织商品的构成、结构以及性质等是纺织品商品特性的主要内容。首先是纺织纤维的分类和各种纤维性状的内容;其次是纺织品商品的分类、纺织品形成的生产过程和织物组织的基本知识;最后是纺织商品的物理、机械、化学性质及服装质量要求。

生产纺织商品的主要原材料都是由各种纺织纤维原料所组成,而纺织纤维的种类又有很多种,它们的纤维构成与结构均有差异,因此,由它们所组成的纺织织物,表现出的特性与特征也不相同。即使纤维相同,织物的组织结构不同、生产加工过程的差异,也会使织物所表现出的特征和特性有很大的区别。因此,服装选料与织物的性质(物理、化学、机械)有非常直接的关系。

家用电器商品特性主要介绍了家用电器商品的种类、分类方法、质量要求等知识。

习 题

一、名词解释

1.必需氨基酸;2.蛋白质的等电点;3.必需脂肪酸;4.脂肪的酸价;5.纤维;6.织物组织;7.飞数

二、填空

1.食品商品的营养素包括:_____、_____、_____、_____、_____、_____。

2.根据糖的结构不同,可将它们分为____、____和____3类。

3.人体必需的9种氨基酸是:____、____、____、____、____、____、____、____、____。

4.在动、植物食品组织中,存在的水分按其存在的形式和特性不同,基本上分为两种,即____和____。

5.纺织纤维根据纤维的来源分类可分为:____、____、____。

6.纺织品的形成过程一般包括:____、____、____3个过程。

思考题

1.水分活性与食品稳定性的关系如何?

2.试述食品污染的途径有哪些?

3.防止食品污染的措施有哪些?

4.纺织商品的分类方法有哪些?并简单叙述之。

5.简述家用电器商品的种类和分类方法。

6.家用电器商品主要有哪些方面的质量要求?

实 训

深入本地外贸管理部门,了解本地企业进出口商品主要品种、数量、贸易额等基本情况。

案例分析

阜阳"怪病"调查:劣质奶粉怎成"婴儿杀手"

头大、浮肿、低烧,鲜花般娇嫩的幼小生命,刚来到世间几个月就枯萎、凋谢,罪魁祸首竟是本应为他们提供充足"养料"的奶粉。一度泛滥于安徽阜阳农村市场、由全国各地不法奸商制造的"无营养"劣质婴儿奶粉,已经残害婴儿六七十名,至少已有8名婴儿死亡,给这里还相当贫困的一个个农民家庭以无情的打击。

阜阳市人民医院小儿科住院部病房里,小李看,出生时 4.25 kg 重,是个健健康康的胖小子,而 6 个月后的现在,体重比刚出生时还要轻 0.25 kg 多,嘴唇青紫、头脸胖大、四肢细短,比例明显失调,成了畸形的"大头娃娃"。

指着他"胖乎乎"的脸、皮包骨头的躯干,儿科医生赵永告诉记者,这是重度营养不良造成的浮肿,他刚进院时全身肿的捏起来都感到硬硬的,现在头、脸的水肿还没有消,躯干浮肿已好转,因此,显得头大身子小。

住在隔壁病房、3 个月大的杨洋也是个像这样的"大头娃娃"。她的妈妈——阜南县地城镇农民刘海英说,在住院前,杨洋显得很胖,家人高兴,左邻右舍也夸"这娃养得好",可是慢慢地,她吃得越来越少却越来越"胖",到后来眼睛都不怎么睁开。送到阜南县一家医院,才知道这是严重营养不良造成的高度浮肿,医生说县里治不了,赶紧送市医院吧。

据阜阳市人民医院郭玉淮大夫介绍,一年多来,仅他们医院就收治了 60 多个得"大头怪病"的娃娃,有时候一来就好几个,而且基本在 6 个月以下、来自农村。因为严重缺乏营养,这些婴儿多已停止生长,有的甚至越长越轻、越小。阜南新村镇陈娃 3 个月时 7.5 kg 重,到 7 个月时锐减到 6 kg,头发脱落,不吃不喝,头脸肥大、全身水肿;利辛县马店镇王宝成,出生时 4 kg,3 个月后却减至 3 kg,全身浮肿、低烧不退、时常呕吐。

"大头怪病"正吞噬着农村娃娃嫩芽般的生命。赵永医生告诉记者,前些天一位婴儿全身浮肿得特别厉害,感觉积水要从皮肤向外渗,后医治无效,不幸身亡。

令人震惊、愤慨的是,摧残、扼杀这些幼小生命的"元凶",正是蛋白质等营养指标严重低于国家标准的劣质婴儿奶粉。

据阜阳市疾病预防控制中心食品监督科齐勇介绍,去年以来共有 13 位患婴家长送检了佳农牌婴幼儿配方奶粉、健康牌婴幼儿铁锌钙奶粉、金宝宝牌黄金搭档二段幼儿奶粉等 13 种品牌的奶粉,经检测全部是不合格产品。按国家卫生标准,婴儿一级奶粉蛋白质含量应不低于 18% ,二级、三级是 12% ~ 18% 。而这些奶粉蛋白质含量大多数只有 2% ,3% ,低的只有 0.37% ,0.45% ,钙、磷、锌、铁等含量也普遍不合格。齐勇说:"像这样的奶粉基本上没有营养可言了,比米汤还要差,婴儿吃了哪能不出事!"

李看血清中总蛋白质含量只有常人的一半。其母亲陈一道说,李看生下来就没有吃母乳,一直喝的是她从镇上一个小店批发的澳蒙牌婴儿奶粉,一袋 8.5 元。一个月前,家里感觉李看身体不对劲,送到医院,医生诊断是重度营养不良导致低蛋白、低免疫力,把李看吃的奶粉送到卫生防疫部门检测,发现这种奶粉蛋白质含量仅为国家标准的1/6。刘海英说,杨洋住院前吃了1个月她从镇上买的一种奶粉,全身肿得像个大馒头。住院后,医生立即让她换了一种价格比较高的奶粉,以前小杨洋连笑都不会了,这几天好多了。

"以前孩子没有母乳,喂面糊、米汤也没有出现这么严重的营养不良!"郭玉淮和赵永、儿科副主任医师叶玉兰等介绍,劣质奶粉不仅蛋白质含量奇低,有些产品细菌、铁元素还超标,长期食用就导致婴儿营养不良甚至心脏、肝、肾等器官功能受损,免疫力下降,很容易产生并发症、综合症,如果发现、抢救不及时,就会因器脏功能衰竭而死亡。

阜阳市妇幼保健院小儿科医生周薇告诉记者,这些来自农村的婴儿们吃的都是金童贝贝、飞鹿、庆丰源等没听说过的品牌,几乎没有正常奶粉的奶香味,只有浓浓的葡萄糖味,用手捏起来感觉也大不一样。"我们分析这些劣质奶粉不仅蛋白质含量太低,有的还含有亚硝酸盐之类的杂质,因为有些患儿嘴唇青紫,这种肠源性青紫是中毒的表征。"

患婴年龄绝大多数都在6个月以下,这是他们一生中发育最迅速、最关键的阶段。医生们指出,重度营养不良恢复起来非常慢,而且即使后期营养跟上了,也可能产生后遗症,因为大脑和内脏发育已经受损,会影响婴儿将来的智力和体格、体质,特别是免疫力。

安徽阜阳市的"毒奶粉"事件发生后,有关部门专家向消费者介绍了识别奶粉真假的4种方法:

①听声。用手捏住奶粉包装袋摩擦,真奶粉质细,发出"吱吱",假奶粉拌有糖,颗粒粗,发出"沙沙"声。

②观色。真奶粉呈天然乳白色,假奶粉色较白,细看呈结晶状,或呈漂白色。

③闻味。打开包装袋,真奶粉有牛奶特有的奶香味,假奶粉乳香甚微或没有乳香味。

④品尝。把少许奶粉放入口中,真奶粉细腻发粘,溶解慢,无糖的香味,假奶粉入口溶解快,不粘,有不纯正的香味。

分析

1. 根据所学过的知识并结合本案例提供的材料,说明决定奶粉品质的主要成分是什么?

2. 结合案例说明商品的成分和商品的使用价值之间的关系。

3.在案例中国家标准对婴儿奶粉的营养成分的含量要求是什么？采用的是何种表示方法？

4.案例中专家向消费者介绍识别奶粉真假的方法是根据奶粉的哪些性质做出的？

5.从商品学的角度看,本案例给我们哪些启示和教训？

附 录

中华人民共和国商标法

（1982 年 8 月 12 日）

第一章 总 则

第一条 为了加强商标管理,保护商标专用权,促使生产者保证商品质量和维护商标信誉,以保障消费者的利益,促进社会主义商品经济的发展,特制定本法。

第二条 国务院工商行政管理部门商标局主管全国商标注册和管理工作。

第三条 经商标局核准注册的商标为注册商标,商标注册人享有商标专用权,受法律保护。

第四条 企业、事业单位和个体工商业者,对其生产、制造、加工、拣选或者经销的商品,需要取得商标专用权的,应当向商标局申请注册。

第五条 国家规定必须使用注册商标的商品,必须申请商标注册,未经核准注册的,不得在市场销售。

第六条 商标使用人应当对其使用商标的商品质量负责。各级工商行政管理部门应当通过商标管理,监督商品质量,制止欺骗消费者的行为。

第七条 商标使用的文字、图形或者其组合,应当有显著特征,便于识别。使用注册商标的,并应当标明"注册商标"或者注册标记。

第八条 商标不得使用下列文字、图形:

（1）同中华人民共和国的国家名称、国旗、国徽、军旗、勋章相同或者近似的;

（2）同外国的国家名称、国旗、国徽、军旗相同或者近似的;

（3）同政府间国际组织的旗帜、徽记、名称相同或者近似的;

（4）同"红十字"、"红新月"的标志、名称相同或者近似的;

（5）本商品的通用名称和图形;

（6）直接表示商品的质量、主要原料、功能、用途、重量、数量及其他特点的;

（7）事业带有民族歧视性的;

（8）夸大宣传并带有欺骗性的;

（9）有害于社会主义道德风尚或者有其他不良影响的。

第九条 外国人或者外国企业在中国申请商标注册的,应当按其所属国和中华人民共和国签订的协议或者共同参加的国际条约办理,或者按对等原则办理。

第十条 外国人或者外国企业在中国申请商标注册和办理其他商标事宜的,应当委托国家指定的组织代理。

第二章 商标注册的申请

第十一条 申请商标注册的,应当按规定的商品分类表填报使用商标的商品类别和商品名称。

第十二条 同一申请人在不同类别的商品上使用同一商标的,应当按商品分类表分别提出注册申请。

第十三条 注册商标需要在同一类的其他商品上使用的,应当另行提出注册申请。

第十四条 注册商标需要改变文字、图形的,应当重新提出注册申请。

第十五条 注册商标需要变更注册人的名义、地址或者其他注册事项的,应当提出变更申请。

第三章 商标注册的审查和核准

第十六条 申请注册的商标,凡符合本法有关规定的,由商标局初步审定,予以公告。

第十七条 申请注册的商标,凡不符合本法有关规定或者同他人在同一种商品或者类似商品上已经注册的或者初步审定的商标相同或者近似的,由商标局驳回申请,不予公告。

第十八条 两个或者两个以上的申请人,在同一种商品或者类似商品上,以相同或者近似的商标申请注册的,初步审定并公告申请在先的商标;同一天申请的,初步审定并公告使用在先的商标,驳回其他人的申请,不予公告。

第十九条 对初步审定的商标,自公告之日起 3 个月内,任何人均可以提出异议。无异议或者经裁定异议不能成立的,始予核准注册,发给商标注册证,并予公告;经裁定异议成立的,不予核准注册。

第二十条 国务院工商行政管理部门设立商标评审委员会,负责处理商标争议事宜。

第二十一条 对驳回申请、不予公告的商标,商标局应当书面通知申请人。申请人不服的,可以在收到通知 15 天内申请复审,由商标评审委员会做出终局决定,并书面通知申请人。

第二十二条 对初步审定、予以公告的商标提出异议的,商标局应当听取异议人和申请人陈述事实和理由,经调查核实后,做出裁定。当事人不服的,可以在收到通知 15 天内申请复审,由商标评审委员会做出终局裁定,并书面通知异议人和申请人。

第四章　注册商标的续展转让和使用许可

第二十三条　注册商标的有效期为 10 年,自核准注册之日起计算。

第二十四条　注册商标有效期满,需要继续使用的,应当在期满 6 个月内申请续展注册;在此期间未能提出申请的,可以给予 6 个月的宽展期。宽展期满仍未提出申请的,注销其注册商标。每次续展注册的有效期为 10 年。续展注册经核准后,予以公告。

第二十五条　转让注册商标的,转让人和受让人应当共同向商标局提出申请。受让人应当保证使用该注册商标的商品质量。转让注册商标经核准后,予以公告。

第二十六条　商标注册人可以通过签订商标使用许可合同,许可他人使用其注册商标。许可人应当监督被许可人使用其注册商标的商品质量。被许可人应当保证使用该注册商标的商品质量。商标使用许可合同应当报商标局备案。

第五章　注册商标争议的裁定

第二十七条　对已经注册的商标有争议的,可以自该商标经核准注册之日起一年内,向商标评审委员会申请裁定。商标评审委员会收到裁定申请后,应当通知有关当事人,并限期提出答辩。

第二十八条　对核准注册前已经提出异议并经裁定的商标,不得再以相同的事实和理由申请裁定。

第二十九条　商标评审委员会做出维持或者撤销有争议的注册商标的终局裁定后,应当书面通知有关当事人。

第六章　商标使用的管理

第三十条　使用注册商标,有下列行为之一的,由商标局责令限期改正或者撤销其注册商标:

(1)自行改变注册商标的文字、图形或者其组合的;

(2)自行改变注册商标的注册人名义、地址或者其他注册事项的;

(3)自行转让注册商标的;

(4)连续 3 年停止使用的。

第三十一条　使用注册商标,其商品粗制滥造,以次充好,欺骗消费者的,由各级工商行政管理部门分别不同情况,责令限期改正,并可以予以通报或者处以罚款,或者由商标局撤销其注册商标。

第三十二条 注册商标被撤销的或者期满不再续展的,自撤销或者注销之日起一年内,商标局对与该商标相同或者近似的商标注册申请,不予核准。

第三十三条 违反本法第五条规定的,由地方工商行政管理部门责令限期申请注册,可以并处罚款。

第三十四条 使用未注册商标,有下列行为之一的,由地方工商行政管理部门予以制止,限期改正,并可以予以通报或者处以罚款:

(1)冒充注册商标的;

(2)违反本法第八条规定的;

(3)粗制滥造,以次充好,欺骗消费者的。

第三十五条 对商标局撤销注册商标的决定,当事人不服的,可以在收到通知 15 天内申请复审,由商标评审委员会做出终局决定,并书面通知申请人。

第三十六条 对工商行政管理部门根据本法第三十一条、第三十三条、第三十四条的规定做出的罚款决定,当事人不服的,可以在收到通知 15 天内,向人民法院起诉;期满不起诉又不履行的,由有关工商行政管理部门申请人民法院强制执行。

第七章 注册商标专用权的保护

第三十七条 注册商标的专用权,以核准注册的商标和核定使用的商品为限。

第三十八条 有下列行为之一的,均属侵犯注册商标专用权:

(1)未经注册商标所有人的许可,在同一种商品或者类似商品上使用与其注册商标相同或者近似的商标的;

(2)擅自制造或者销售他人注册商标标识的;

(3)给他人的注册商标专用权造成其他损害的。

第三十九条 有本法第三十八条所列侵犯注册商标专用权行为之一的,被侵权人可以向侵权人所在地的县级以上工商行政管理部门要求处理。有关工商行政管理部门有权责令侵权人立即停止侵权行为,赔偿被侵权人的损失,赔偿额为侵权人在侵权期间因侵权所获得的利润或者被侵权人在被侵权期间因被侵权所受到的损失;对情节严重的,可以并处罚款。当事人不服的,可以在收到通知 15 天内,向人民法院起诉;期满不起诉又不履行的,由有关工商行政管理部门申请人民法院强制执行。对侵犯注册商标专用权的,被侵权人也可以直接向人民法院起诉。

第四十条 假冒他人注册商标,包括擅自制造或者销售他人注册商标标识的,除赔偿被侵权人的损失,可以并处罚款外,对直接责任人员由司法机关依法追究刑事责任。

第八章 附 则

第四十一条 申请商标注册和办理其他商标事宜的,应当缴纳费用,具体收费标准另定。

第四十二条 本法的实施细则,由国务院工商行政管理部门制定,报国务院批准施行。

第四十三条 本法自 1983 年 3 月 1 日起施行。1963 年 4 月 10 日国务院公布的《商标管理条例》同时废止;其他有关商标管理的规定,凡与本法抵触的,同时失效。本法施行以前已经注册的商标继续有效。

参考文献

［1］谈留芳.商品学［M］.北京:科学出版社,2004.

［2］郭洪仙.商品学［M］.上海:复旦大学出版社,2005.

［3］苗述风.外贸商品学概论［M］.北京:对外经济贸易大学出版社,2000.

［4］马德生.商品学基础［M］.北京:高等教育出版社,2001.

［5］万融.现代商品学概论［M］.北京:中国财政经济出版社,2005.

［6］窦志铭.商品学基础［M］.北京:高等教育出版社,2005.

［7］张烨.现代商品学概论［M］.北京:科技出版社,2005.

［8］刘敏.商品学基础［M］.北京:科技出版社,2005.

［9］潘绍来.商品学［M］.南京:东南出版社,2004.

［10］牛变秀.现代商品学基础［M］.北京:人民邮电出版社 ,2002.

［11］周厚才.国际贸理论与实物［M］.北京:中国财政经济出版社,2001.

［12］姚新超.国际贸易运输［M］.北京:对外经济贸易大学出版社,2004.

［13］严启明.国际货物运输［M］.北京:对外贸易教育出版社,1994.